モダン・エコノミックス 5

企業の経済学

青木昌彦
伊丹敬之

岩波書店

はしがき

　現代の産業社会における企業行動とその構造そのものを経済分析の眼から説明する理論を体系的に紹介すること，それが本書の基本的な目的である．現実の企業行動と企業のつくる構造的関係のなかで企業にとって特に重要とわれわれが考えたものについて，なぜ企業はそのような行動をとるのかを経済的な論理で説明しようとした本である．

　そのような本の主たる読者としてわれわれが想定したのは，大学で経済学，経営学を勉強している学生，あるいは企業についての経済学的な勉強をしようと思っているビジネスマン，などである．経済学のごく初歩的な知識があることを一応の前提にしているが，とくに不可欠と言うほどのものではない．

　われわれの身の回りの経済生活に占める企業の重要性や現代の経済社会において企業が果たしている大きな役割からすれば，このような主題と読者をもった教科書が数多くあっていいはずなのだが，実はそうではない．企業行動の経済分析は，奇妙にも経済学における大きな隙間になっていた分野なのである．

　たしかに，企業の行動をよりマクロな経済や市場の経済理論をつくるためのひとつのステップとして考える，簡単な企業行動の経済分析はあった．あるいは多くの企業からなる産業の構造を説明しようとする理論の一部に企業行動の分析を行なう試みもあった．産業組織論とよばれる分野がそれで，その分野での蓄積をこの本でも大いに使ってはいるが，やはり企業行動が説明の中心的対象ではなかった．

　つまり，多少誇張していえば，企業行動とその構造そのものを説明しようとする分野は経済学の中でまだ十分にでき上がっておらず，それゆえに企業行動の経済分析を中心的テーマとする教科書がまだほとんどないのである．こうした隙間を埋めようとする試みとして，本書は世界的にみても類書のほとんどない本であると，われわれは自負している．

　そんな試みが曲りなりにもこうして本の形に実を結んだひとつの大きな理由

は，この本が経済学者(青木)と経営学者(伊丹)の共同作業であったことであろう．この本の内容に関する議論を始めたのは1982年の秋，二人ともスタンフォード大学で教鞭をとっていた頃であった．その時はまだ，二人とも現在のような概要の本になるとは思ってもいなかった．新しい分野の本だけに，また二人の専門分野の違いゆえに，そもそも本の中心的視点をどこにおくか，説明の対象にすべき企業行動は何か，本の流れをどう作るか，など当初は議論すべきことが多かった．

こうした議論の過程から生まれてきたのがこの本の構成であり，執筆の分担である．分担は第1章から第5章までが伊丹，第6章から第10章までが青木，第11章が伊丹である．もちろん，お互いに原稿を交換して調整は行なったが，それぞれの章の責任は基本的にはその章の担当者が負っている．そのために，取り上げる個々の問題の性質，分析のアプローチや書き方のスタイルについてはそれぞれ二人の個性が残っていると思われるが，基本的な企業の捉え方や本の流れについては認識の一致があり十分に調整がついているので，あえて各章ごとの大幅な統一は行なわなかった．二つの異なったアプローチやスタイルにはそれぞれの良さがあろうし，そういった異質性に読者が触れられるのも共著の本ならではのメリットでもあるからである．

この本で扱ったもの以外にも，企業についてはさまざまなレベル，さまざまな観点からの経済分析がありうることはすでにのべた．このモダン・エコノミックス・シリーズの中では『ミクロ経済学』I，IIおよび『産業組織』I，IIが特に関係が深い．読者の興味に応じて参照されるとよい．

地理的に遠く離れた共著者の間でご苦労なさるのはいつも編集担当の方である．岩波書店の竹田行之氏，杉田忠史氏のお二人には大変な御尽力と適切なアドバイスを頂いた．心からの感謝の意を表したい．

1985年春　青木昌彦・伊丹敬之

目　　次

はしがき

第1章　企業の概念と企業行動・・・・・・・・・・・・・・・1
　1.1　企業とは何か・・・・・・・・・・・・・・・・・・・1
　　　イメージ，機能，存在　　企業の定義と分析のレベル
　1.2　企業の特質・・・・・・・・・・・・・・・・・・・・5
　　　市場との構造的関係　　組織体としての企業　　経営者の役割　　企業の中核としての技術
　1.3　本書の概要・・・・・・・・・・・・・・・・・・・11
　　　本書の流れ　　市場の理論と企業行動の理論

第2章　生産量と価格の決定・・・・・・・・・・・・・・19
　2.1　企業活動の基本的モデル・・・・・・・・・・・・・19
　　　基本的概念　　費用関数
　2.2　限界分析による企業行動・・・・・・・・・・・・・26
　　　基本モデルの生産量と価格の決定　　簡単な応用：価格差別と多工場企業
　2.3　寡占的相互依存・・・・・・・・・・・・・・・・・31
　　　寡占下の製品需要関数　　クールノー・モデル　　屈折需要曲線モデル

第3章　需要関数と費用関数の制御と価格決定・・・・・・・41
　3.1　制御のための企業行動・・・・・・・・・・・・・・41
　3.2　広告と研究開発のモデル分析・・・・・・・・・・・42
　　　製品差別化とコスト・ダウン　　製品差別化と価格決定　　コスト・ダ

ウンと価格決定　　製品差別化とコスト・ダウンのバランス　　広告と研究開発の立場から

 3.3　経験効果と価格決定・・・・・・・・・・・・・・・・・50
  2つの経験効果　　学習価格のモデル分析　　浸透価格のモデル分析

第4章　製品構造の決定・・・・・・・・・・・・・・・・・・61
 4.1　製品構造の多角化・・・・・・・・・・・・・・・・・61
  多角化の動機
 4.2　多角化の経済的根拠・・・・・・・・・・・・・・・・64
  成功のための能力　　範囲の経済　　情報の経済　　危険の分散
 4.3　未利用資源の継続的発生と多角化の範囲・・・・・・・・72
  未利用資源の継続的発生　　未利用資源の内部利用　　多角化の範囲
 4.4　多角化と企業の経済成果・・・・・・・・・・・・・・・77
  利潤率と成長率に関する仮説　　最適な多角化

第5章　業務構造の決定・・・・・・・・・・・・・・・・・・85
 5.1　業務の流れと業務構造・・・・・・・・・・・・・・・85
  業務の流れの基本的意思決定
 5.2　垂直的統合・・・・・・・・・・・・・・・・・・・・87
  垂直的統合とは　　統合の便益　　統合の費用
 5.3　業務構造の中間的形態・・・・・・・・・・・・・・・97
  業務構造の第2の基本的決定　　市場原理と組織原理　　市場取引の制御の手段　　中間組織の発生　　取引の制御と相互浸透

第6章　投資と財務構造の決定・・・・・・・・・・・・・・・109
 6.1　株価最大化と最適成長・・・・・・・・・・・・・・・110
  株価の決定　　均衡投資率
 6.2　モジリアーニ＝ミラーの定理・・・・・・・・・・・・114
 6.3　税制の効果・・・・・・・・・・・・・・・・・・・・116

銀行の役割
　6.4　株式会社のリスク負担能力・・・・・・・・・・・・・・・122
　　　企業家のリスク負担能力　　株式会社企業のリスク負担能力　　不確実
　　　性と株価最大化

第7章　雇用構造の決定・・・・・・・・・・・・・・・・・・・・・133
　7.1　長期雇用契約とリスク・コストの節約・・・・・・・・・・・135
　7.2　見えざる手 対 見える手・・・・・・・・・・・・・・・・・140
　　　見えざる手の失敗　　見える手の効率性　　労働財の特殊性と雇用構造
　　　の内部化
　7.3　モニタリング・・・・・・・・・・・・・・・・・・・・・・146
　　　労働者の相互規範　　ウィリアムソンの取引費用理論

第8章　企業の目的と経営者の役割（Ⅰ）
　　　――伝統的「企業の理論」の再検討――・・・・・・・・・153
　8.1　新古典派的企業の理論・・・・・・・・・・・・・・・・・・156
　　　消費者余剰最大化のワルラス理論　　準地代最大化仮説　　独占的利潤
　8.2　株価最大化仮説・・・・・・・・・・・・・・・・・・・・・162
　　　プリンシパル・エージェンシーの問題　　テーク・オーバー　　経営者
　　　の競争的市場メカニズム
　8.3　経営主義理論・・・・・・・・・・・・・・・・・・・・・・167
　　　経営者の効用最大化　　管理者の俸給構造　　組織的効用関数
　8.4　労働者管理企業の理論・・・・・・・・・・・・・・・・・・173
　　　右下がりの供給関数

第9章　企業の目的と経営者の役割（Ⅱ）
　　　――連合体としての企業――・・・・・・・・・・・・・179
　9.1　共同利益最大化・・・・・・・・・・・・・・・・・・・・・180
　9.2　交渉ゲーム・・・・・・・・・・・・・・・・・・・・・・・182
　　　交渉過程とその均衡

9.3 経営者の裁定機能・・・・・・・・・・・・・187
9.4 内的効率性・・・・・・・・・・・・・・・190
　　マクドナルド＝ソローのモデル　投資決定再考

第10章　企業の法制的構造・・・・・・・・・・・199
10.1 株主主権＝団体交渉モデル・・・・・・・・・201
　　団体交渉の企業別化傾向　団体交渉の視野　協定期間の長期化と株価最大化
10.2 経営参加モデル・・・・・・・・・・・・・209
10.3 コーポラティブな経営主義モデル・・・・・・211
　　コーポラティゼーションの歴史的発展　経営者のコントロール

第11章　イノベーションと企業家精神・・・・・・・221
11.1 企業のイノベーション機能・・・・・・・・・221
　　イノベーションの意義　イノベーションの段階
11.2 イノベーションの本質，技術の本質・・・・・・226
　　イノベーションの本質　技術の本質
11.3 イノベーションへの誘因・・・・・・・・・・231
　　イノベーションへの外的誘因　イノベーションの内的誘因
11.4 イノベーションに必要なインプット・・・・・・237
　　3つのインプット　イノベーションと模倣
11.5 イノベーションと企業組織・・・・・・・・・241
　　イノベーションと企業の役割　イノベーションと企業規模，独占

参　考　文　献・・・・・・・・・・・・・・・・249
索　　　　引・・・・・・・・・・・・・・・・253

第1章　企業の概念と企業行動

1.1　企業とは何か

イメージ，機能，存在

　企業とは何かといったとき，読者はどんなイメージを頭に描くだろうか．トヨタ自動車，日立製作所，新日本製鉄といった巨大なメーカーを思い起こす人もいるだろう．あるいは，自分の身近なアルバイト先，勤め先の会社を思い出す人もいるだろう．世界的なスケールで事業を展開している総合商社を考えた人もいるだろうし，地方で地道に経営をやっている地場産業の企業を連想する人もありうる．工場での生産の現場をイメージする人もいるだろうし，ビルの事務所を想像するかも知れない．企業をひきいる経営者の姿を連想する人もいるだろうし，倒産した会社から去っていく労働者の姿を思い起こすかも知れない．実に多様なイメージが描かれる可能性がある．

　これらのイメージはそのいずれもが正しい．いま，日本には100万をこす数の企業がある．われわれの身のまわりは，企業だらけといっていい．消費者としてのわれわれが買うものやサービスの大半は，企業によって提供されたものである．生計を立てる人間としてのわれわれは，やはり大半が企業から収入を得ている．企業は現代の経済社会で最も重要な経済的な機能を果たしている経済主体で，きわめて多様な形でわれわれの生活を取り巻いているのである．だからこそ，さまざまなイメージを人は企業に対して抱くのである．

　こうしたさまざまなイメージをもった企業という存在は，一体なにか共通した機能を持っているのだろうか．『企業の経済学』というタイトルの本で扱えるような共通性があるのだろうか．それは，たしかにある．さまざまなレベルで，共通性はある．

経済学的に企業というものを考えるときの最も基本的な捉え方は，市場経済において財やサービスの生産と販売を行なう経済主体，という捉え方である．市場経済において，とは企業が必要とするさまざまな財やサービスを市場から調達してくるという意味であり，また企業が自らが生産し販売しようとしている財やサービスをさばく場が市場であることをも意味している．企業が生産や販売を行なう，とは企業がなんらかの意味での「変換」を行なうことを意味している．鉄鋼メーカーは鉄鉱石を鉄に技術的に変換し，商社は仕入れた商品を空間的あるいは時間的に変換したのちにそれを販売する．種類は違うが，いずれも変換である．

このように，購入市場と販売市場との間をつなぎその間で投入されるものから産出へと変換を行なうのが企業の基本的な経済的機能である．そこに企業が経済社会に価値を生み出しうる源泉がある．その点に関しては，どのようにイメージされる企業でも共通している．トヨタ自動車でも地場の企業でも同じである．

そのような経済的な機能を果たすために，企業はさまざまな生産的資源の集合体を自らの管理のもとにおき，自らの責任においてそれらの資源の利用の仕方を決定する．自動車メーカーは工場を持ち，労働者を雇い，設備を持ち，技術を持ち，流通網を持って，それを一つの意思のもとに動かすことによって原材料から製品への変換活動を行なっている．さまざまな生産的資源が集まって，この企業は存在しているのである．同じようなことは，デパートについても，小さな部品メーカーについてもいえる．つまり，企業は一つの管理組織のもとの生産的資源の集合体として存在している．この点もすべての企業に共通することである．

企業の定義と分析のレベル

つまり，経済学的な意味での企業の最も基本的な定義は，

> 「一つの管理組織の下にある生産的資源の集合体で，購入市場から入手する財やサービスにおもに技術的な変換をして市場で販売する経済主体」

ということになる.

この定義によれば，企業の境界(つまり企業の内と外とを区別する境界線)は法律上の登記された法人としての会社とは異なる場合が十分にありうる．たとえば，工場を100%所有の子会社として持っている企業の場合，その子会社が親会社の管理のもとにあるのであれば，その子会社は企業の内なる存在とみなされる．法律上は明らかに企業の外の存在であるが，経済的な意思決定の面からすれば，一つの意思のもとにある生産的資源だからである．

こうして企業を定義したとしても，企業を対象にする経済分析の分析のレベルはさまざまなものがありうる．抽象度のレベル，逆にいえば企業というものの実態をどこまで詳しく分析に明示的に組み込むかのレベルについて，さまざまなレベルがありうるのである．

たとえば，国民経済の分析に企業部門というものを登場させ，それをあたかも一つの分析単位のごとくに扱うというのは，一つのレベルとしてありうる．この場合，日本中の企業が一つの主体かのごとくに扱われているという意味で，集計度はきわめて高い．逆に，一つの企業をそこに参加する人々の集合体と見て，人々の個人的な利害や能力のからみ合いとマネジメントの場として企業を捉えるというのも，他方の極端としてありうる．さらには，数理経済学でよく行なわれるように，企業というものを投入物を生産物に変換する技術単位として捉え，企業をその変換の写像によって表現するというきわめて抽象のレベルの高い企業の概念もありうる．そのとき，企業は1本の数式になってしまう．

この本は，現実の企業が市場経済の中で行なっているさまざまな「企業としての」行動を経済分析の立場から説明する理論を解説しようとする本である．「現実性」という観点からは，より具体的な，より抽象度の低い企業の概念が望ましい．しかし「分析的に」企業行動を説明しようとする観点からは，あまりに複雑に企業を捉えるのは望ましくない．複雑さの泥に足をとられて，分析が身動きできなくなる．したがって，この本ではいわば中程度のレベルの企業の概念を分析の対象として狙いたい．上にあげた3つのレベルの例のいずれでもない，それらの中間的レベルである．それをこの段階で十分に説明するのは

難しいが，いわば，市場経済という海の中に浮かぶ多くの島が企業である．その島の一つ一つの，他の島とはちがうあり様を説明できるようなレベルで企業を捉えたい．また，島をただの点として扱うことはせず，その島の構造をある程度明示的に捉えられるレベルで，企業を扱いたい．それが，われわれの意図である．

より具体的にいえば，この本で扱われる企業は一つの組織体としての個別企業である．市場経済の中で，生産要素を市場から購入し，生産物を製品市場へ売り，金融市場から資金を導入し，そして自ら技術開発によって革新の担い手となって行く，そんな企業である．しかも，その企業は組織体として内的構造をもっている．法的な構造，人的な構造，管理の構造，などさまざまな内的構造をもっている．そして，その内部構造の中心には経営者がいる．企業の最高意思決定者としての経営者がいる．さらに，こうした企業の本質的な核として，技術がある．企業の本質的な変換（生産）機能を果たすための基盤としての技術である．そんなふうに企業を捉えようとするのが，この本での「企業とは何か」である．

もとより，この本で捉えようとしている「企業とは何か」から洩れてしまっている，しかし非常に重要な側面を企業は持っている．たとえば，人々の社会生活の場としての企業という面である．経済活動の場としての企業に人々が集まり，共同でさまざまな仕事を行なう．すると，そこには必然的に人々の社会が生まれる．一つの組織に働く人々がともに時間を過ごし，生活を共有し，時には共感をし，時には敵対をし，生きがいを見いだしあるいは挫折をする，人間の社会が生まれる．その社会のなかで，きわめて多くの人がその人生の時間の過半を過ごしている．企業というものが現代の産業社会できわめて重要なのは，なにもそれが経済活動の主要な場であるからだけではない．人々の社会生活の場としても主要な場だからである．この本は経済活動の場としての企業を考察の対象とする本であるから，こうした社会生活の場としての企業を取り扱うことはしないが，そこにきわめて重要な現象と問題があることは意識しておく必要がある．

1.2 企業の特質

 この本でのべようとする企業の経済分析で特にわれわれが強調したいと思っている企業の特質は，つぎの4つである．企業行動を本格的に理解する上で，われわれが不可欠と考える企業の4つの本質的側面である．
 第1の側面は，企業が自分の直面するさまざまな市場(製品市場，原材料市場，金融市場，……)で取引相手とのスポットの取引を行なうだけでなく，彼らとの間に作り上げていくさまざまな構造的関係である．
 第2には，組織体という内部構造を持った企業という側面．企業は自分の取引相手との間に構造的関係を作ろうとするばかりでなく，自分自身も組織体としてさまざまな意味での内部構造を持とうとする．
 第3の側面は，その組織としての企業の意思決定に中心的な役割を果たす経営者である．経営者は，時には企業者として，時には組織体の管理者として機能する．さらには，企業を取り巻くさまざまな利害関係者の間で，その利害の仲裁者としても機能する場合がある．いずれの場合にせよ，経営者を抜きにして企業は語れないという面がある．
 企業の第4の本質的側面は，技術という無形資源である．技術は企業の生産流通活動の基盤である．生産技術であれ，流通技術であれ，あるいはサービスの技術であれ，技術というものを持たなければ，企業はその事業活動をやってはいけない．しかも，企業は技術を革新し生み出していくもっとも重要な母体にもなっている．技術は企業の中核をなしている．
 以下では，これら4つの側面についてもう少し詳しい説明をして，この本で扱われる企業というものがどのような概念として捉えられているか，考えてみよう．

市場との構造的関係

 すでに述べたように，企業は市場経済の中で財の売買や技術的変換(つまり

生産)を行なう最も重要な行動単位である．その企業が直面する市場は，次の図のように，4つに大別することができる．企業の生産する製品を売る市場としての製品市場，企業がその生産，販売活動に必要な投入要素を入手する3つの市場，労働市場，金融市場，原材料市場，である．

企業を一つの行動単位として考えるとき，この市場環境の中で企業が行なう活動の最も基本的なことは，おのおのの市場での経済的な取引(財，サービスの売買)と投入要素の製品への技術的変換(つまり生産)，この2つである．取引は市場で行なわれ，生産は企業内で行なわれる．そして，この生産の範囲が企業という行動単位の範囲，あるいは境界を決めている．

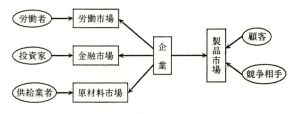

1-1図　市場経済の中の企業

企業の行なう取引は，労働市場では労働者，金融市場では投資家，原材料市場では供給業者，製品市場では顧客，といった取引相手の動向を考えた上で行なわれる．さらに，製品市場では，競争相手の動向が企業行動に大きな影響をもたらすだろう．

こうした4つの市場で，企業はスポットの取引契約を結び，1回限りの取引を何回となく反復しているだけではない．その取引には定型的なパターンとでもいうべきものが発生し，企業と取引相手の間に構造的関係が生まれてくることも多い．あるいは，企業の側から見れば，企業行動の重要な側面の一つが，こうした市場での構造的関係をどのように作り上げていくか，という問題になる．

たとえば，製品市場においてどんな製品を扱うかという製品構造を決めること，あるいは流通業者の組織化を行なうこと，原材料市場において下請けの協力会社制度を作ること，金融市場において株式による資本調達の依存度と借入

金への依存度の構造を決めること，労働市場において，長期労働契約(たとえば終身雇用)をある種の職種についてつくること，などが構造的関係をつくることの例である．

これらの構造的関係の決定は，各市場での取引条件の数量的側面(たとえば価格，購入量，生産量)の決定と優るとも劣らない重要性を企業に対してもっているにもかかわらず，これまでの企業の経済分析では取引の数量的側面に比べて取り扱いが十分でなかった．この本では，企業をこのような構造的関係の選択を主体的に行なう単位として積極的に位置づけ，各市場ごとにそこでの構造的関係の選択の基本的論理を考えていきたい．

構造的関係を重視したいとわれわれが考えるのは，それが企業の基本的性格をかなり決めてしまうからである．金融市場において金融機関との関係をどう作るかで，企業のとりうるリスクの程度が変わりうるし，企業戦略の自由度にも影響が出る．労働市場での雇用形態の選択次第では，人的資源を媒介とした企業の技術蓄積の可能性に差が出るかもしれない．これらは単に例にすぎないが，企業の本当の性格を決める上で，市場との構造的関係の選択の仕方が重要な役割を果たすことはわかるであろう．

組織体としての企業

企業は，市場との間に構造的関係を作るだけではない．企業内部にも，内的構造を作る．企業は中身のない質点ではなく，組織体としての内部構造をもっているのである．

企業はさまざまな意味で，組織体である．たとえば，企業はヒトの集まりという意味で組織体である．企業が労働市場と構造関係をもち始め，長期的な雇用を始めれば，そこにある程度固定したメンバーの間での働く人々の組織がうまれる．一つの管理組織によって管理される，ヒトの集まりとなる．企業はカネの集まりという意味でも，組織体である．企業に出資する人々の集まりという意味で，一種の組織体である．株式会社は，株主という資格をもった人々の集合体である．そして，大半の企業は株式会社として組織されながらも，銀行

などからも借入金という形で出資をあおいでいる．その意味では，企業は株主と債権者との組織体というべきかも知れない．

　企業は法律的な意味でも，組織体である．株式会社は株主を企業の所有者とし，しかも株主の有限責任と株式の分割譲渡の可能性を制度的に保証された法人組織である．企業の経営者と労働者の間にも，雇用と賃金交渉のあり方あるいは労使協議のような経営参加のあり方についての法律的制度がある．その意味でも，企業は法律的な組織体である．

　このような組織体としての企業ということを考えると，そこに2種類の疑問が出てくる．まず第1は，なぜそもそも組織体として企業は組織されるのか，という疑問である．なぜ人々はある程度固定的なメンバーの間で協働をはじめるのか．なぜたんにその場その場の必要に応じてスポットの契約を結んで必要な投入要素を手にいれようとしないのか．あるいは，なぜ人々は株式会社という形の共同出資をしようとするのか．

　組織体としての企業についての第2の疑問は，その組織体の内部の構造を企業はどのような論理によって選択するのか，という疑問である．企業の内部構造は，意思決定の権限の分散と集中の構造であり，それによってひきおこされる内部的な資源配分のメカニズムの構造でもある．さらには，企業の内部構造のあり方は企業の生み出す付加価値を企業の関係者の間でどのように分配するかという企業内分配のメカニズムも決めていく．

　こうした組織体としての企業の構造の決定によって，企業を一つの経済的行動単位としてみたてたときの企業の目的関数自体が変わってくる．利潤の最大化が企業の目的であるとよく仮定されるが，企業の内的構造次第では利潤の最大化は妥当な目的ではなくなる可能性がある．たとえば，経営者の力がきわめて強くなるような内部構造をもった企業では，たとえその企業が株式会社として組織されていたとしても，単純な利潤最大化という決定原理が企業の意思決定に用いられなくなり，ときには成長の最大化が企業の意思決定の目的になることも十分考えられる．あるいは，労働者自主管理企業では，労働者1人当たりの所得の最大化がより妥当な目的関数となるであろう．

そうして企業の目的関数が変われば，企業の市場での経済的行動も変化すると考えるのがふつうであろう．つまり，企業の内的構造の選択によって，企業の市場行動に変化が生まれる可能性があるのである．企業の内的構造の問題はたんに企業内部にとどまらない影響をもつのである．

経営者の役割

企業が組織体であるといっても，それはたんなるヒトの集まりという意味での組織体であるのではない．企業は，そのなかに階層構造を持った組織体である．その階層の頂点に経営者がいる．あるいは，経営者層がある．企業という組織体で最も中核的な役割を果たす人（あるいは人々）である．

ふつう，経営者は3つの顔をもっている．第1の顔は，企業者としての顔である．企業が外部環境にはたらきかける基本的行動を決めるいわば企業者的意思決定とでもいうべきものを行なう人間としての顔である．第2の顔は仲裁者としての顔である．企業のあげる経済成果の分配をめぐって発生する利害の対立（とくに資金の拠出者としての投資家と労働サービスの提供者としての労働者の間の対立）の仲介人としての顔である．経営者の第3の顔は，企業の内部組織の管理者としての顔である．企業内資源の効率的編成の在り方をきめ，企業内の資源配分メカニズムをつかさどる人間としての顔である．

企業組織の最高意思決定者としての経営者はこうした3つの役割をたくみに使いわけながら，企業をひきいていかなければならない．その役割の重要性はあまり多言をようしないであろう．われわれが「企業の意思決定」とよぶものの大半は，実は「経営者によって行なわれる意思決定」なのである．

したがって，経営者がそれぞれの役割をどう果たすのかによって，また3つの役割をどうバランスをとっていくかによって，市場における企業の経済行動も変わってくる可能性があるのである．

企業の中核としての技術

さきに，企業の行なう基本的行動の一つが，投入を製品に変換するという生

産活動だといった．その生産活動をになうのが企業のもつ技術である．企業の最も基本的な性格を決めているものといってもよい．

エレクトロニクス企業が自動車メーカーと違うのは，その持っている技術がちがうからである．鉄鋼業の高炉部門で，日本に7社しか企業がないことの大きな理由の一つは，高炉の技術の特性から大規模生産が至上命令となり，あまり小さい企業では技術上の効率が悪くなるからである．こうして，企業の持つ技術の性格によって企業の在り方の可能性が大きく制約されているばかりではない．社会の変化に適応して自らの技術を変化させていくことのできない企業はいずれ産業社会から脱落していく．たとえば，これからの高度情報化社会は，広い意味の情報技術を持った企業の時代となるだろう．

このように，技術は企業行動の可能性を最も基本的なところで規定している．またそれ故に，技術というものは企業が経済社会に存在していく存在意義を与えている．流通業では流通の技術が，製造業ではモノ作りの技術が，金融業では金融取引の仲介の技術が，それぞれ企業の中核にあればこそ，企業は経済社会に貢献している．

その技術は，天から降ってきたもの，外生的に与えられたものではない．企業の不断の研究開発への努力と基礎的な科学の進歩によって，生み出されてきたものである．そのプロセスに企業が果たす役割は大きい．技術革新のすべてが企業活動によるものでは決してないが，その基となる科学的知識を作り出すことにも企業は貢献をしているし，それらの知識を技術として応用して経済社会へ新しい財やサービスを提供する実験をしてそれが本当に社会の欲するものかどうかを試す仕事をやってきたのは，ほとんど企業である．社会に新しい需要の変化が生まれ，産業構造の変化が推進されてくるイノベーションのプロセスでの最大の立役者の一人はまちがいなく企業なのである．

企業にとっては，生産すべき製品の種類もあるいは需要の量も外生的に与えられたものではない．企業は需要を実験によって探り出し，その需要を満たすのに必要な投入と技術を自ら生み出す作業を行なっている．そしてその投入物市場も技術も不確実性によって彩られたものである．安全な世界でたんに最適

な経済計算だけをしていればいいのではないのである.そんな不確実性に満ちた経済社会で,企業は技術を生み出し,技術の応用の実験を行ない,そしてその技術によって大量の財を社会に供給する.そこに企業の最大の社会的貢献がある.こういった活動が企業の最も本質的な活動であるとすれば,その中核に常に技術があるのである.

1.3 本書の概要

本書の流れ

以上のような企業の概念を念頭に,企業行動のさまざまな側面をこれから説明していこう.そこで取り上げられる企業行動は,これまでの経済学の企業の理論の教科書で典型的に取り上げられてきた現象とはかなり違う.上にあげた企業の4つの本質に即してわれわれなりに重要な説明されるべき現象と思われるものを取り上げたからである.そのために,まだ決定的な説明の論理のない現象もかなり多く取り上げた.決定的な理論はなくとも,経済分析的な考え方によってそれらの企業行動を説明するとすれば,どのような論理の組み立てになるかというおおよその方向性を示せればよいとわれわれは考えた.その意味では,本書は既成の理論の解説書というよりは,これからも建設が続いていくであろう理論のわれわれなりの見取図という性格が強い.

まず第2章では,伝統的な企業の理論に登場する簡単な企業のモデルから出発する.扱われる現象は製品市場における価格と生産量の決定という,企業の数量的意思決定である.価格理論の限界分析の考え方を中心的な論理として,簡単なモデルによって価格決定についてのかなりの洞察が得られる.この章の目的は,企業行動の経済分析への最も簡単な分析への導入と,本書の以後の分析の一種の参照点となる伝統的な企業の理論の骨格の紹介である.

第3章では,第2章のモデルが所与の条件とした企業の需要関数や費用関数が,じつは企業の意思決定によってある程度制御可能である点に着目する.そして,その制御のための企業行動が企業にとって重要な行動であるにかんがみ,

それらの行動への洞察が比較的簡単なモデル分析によって得られることを示す．広告，研究開発，learning by doing（体験学習）などがかなり単純化された形ではあるが，扱われる．

第4章からは，企業と市場との構造的関係の選択という企業行動を扱う．第4章は製品構造の選択である．第2章，第3章の理論が一つの製品市場で企業が事業活動を行なうことが決まった後の製品の価格やその他の資源配分の決定を扱ったのに対して，その製品市場そのものの選択の問題が扱われる．この章の基本的な問いかけは，企業はなぜ多角化をするのか，ということである．製品構造の決定は，企業と市場との構造関係のうちで，最も基本的なものであろう．

第5章は，製品市場と原材料市場にまたがった，企業の業務活動（原材料の供給，生産，販売などの活動の全体）の構造決定の問題を扱う．企業は，どの業務活動を自分で行ない，どの活動を他人に任せるか，という問題がその最も基本的な問題である．その一例が，垂直的統合の問題である．垂直的統合とは，ある生産，流通の段階を社内化することで，その段階で生まれる財（たとえば部品）について市場を利用せず企業内生産を利用するということである．つまり企業組織の中の内部取引が市場取引にとって変わるわけである．この例でもわかるように，業務構造の決定の本質の一つは，市場取引と組織内取引の間の選択にある．

第6章では，金融市場と企業との間の構造的関係の決定の問題を，企業の財務構造の決定という形で取り上げる．企業の財務構造とは，企業活動に必要な資金をどのようなタイプの投資家（たとえば株主と銀行）からどのくらいの割合で提供してもらうか，という問題である．この財務構造によって，企業の資金コストが影響を受けるばかりでなく，企業の意思決定（つまり経営者の意思決定）がどのように制御されるかという点にまで影響が及ぶ．法律的な意味での企業の所有構造が企業の財務構造によって影響されるからである．

第7章は，労働市場と企業との間の構造的関係の選択の問題を扱う．とくに，企業による労働力補充がおもにスポット・マーケット取引によらずに，長期の

雇用契約という形式をとるのはなぜか，またそのような方法によって補充された労働力の配分と価格づけ（賃金俸給表の決定）が，価格メカニズムからある程度独立に企業内の管理的方法によって行なわれるのはなぜか，という問題を扱う．視点は，内部雇用構造の形成によっていかに市場使用のコストが節約されるか，ということである．

　第8章と第9章は，企業の目的と経営者の役割について扱う．第2章においては，企業の生産量と価格決定の問題が最大限単純化されたモデルについて論ぜられたが，その際，企業の目的としては簡単に利潤の最大化が仮定された．このことは企業の目的は投資家の利益と同一視されうるということに他ならない．しかし，ひきつづいて第4章から第7章でみるように，企業は生産物，原材料，資金，労働サービスなどの市場をつうじて消費者，系列企業，投資家，債務者，従業員などとある程度継続的にかかわり，それらとの関係を構造化している．またこれらの構造化において単に投資家の代理人とはいえない経営者の独自の機能が生まれてくる．このようなものとして企業を捉えたときに，その目的はどのように捉えられるか．第8章は古典的な利潤最大化仮説を再検討することからはじめて，第9章では企業をさまざまな構成母体からなる一つの連合体とみなしたときに，企業目的がいかに理論化されうるか，その最近の試みまでを展望する．

　第10章はこれらの議論をふまえて，企業の意思決定の法制的構造のバラエティをあつかう．すなわち，企業を投資家の利益という視点からばかりでなく，従業員の利益をも包摂したものとしてみる場合，投資家や従業員の利益がいかに企業の意思決定に反映されるか，という制度構造上の問題である．企業の発展してきた歴史的環境や法思想的な枠組に応じて，企業の組織体としての意思決定構造にはいくつかのバラエティがありうることが述べられる．そしてそのようなバラエティに応じて，企業の市場行動にも変化が生じてくる可能性がある．

　第11章では，企業というものの中核である技術についての分析と，企業のイノベーション活動とそれを推進していく企業の企業者機能と企業家精神に関

する見方が説明される．われわれの企業行動についての見取図の最終の要素であり，企業の最も本質的な活動についてのわれわれの考え方を述べた章である．

こうした本書の議論の流れは，各章ごとに企業の概念が深化していくプロセスとみることもできる．

まず第2章では，企業は単純な生産者として登場する．需要関数と費用関数をあたえられて，最適な経済計算をする生産者である．ここでの企業は1本の生産関数に等しい．第3章では企業は需要関数と費用関数を制御することを考え始める．製品市場には広告や新製品の開発，市場への浸透という形で働きかける．技術には，研究開発や生産経験の蓄積という形で働きかけて，費用を安くしようとする．そんな企業が，この章で登場する．もはや，企業は単純な生産者ではない．

第4章の企業は，はっきりと資源の集合体となる．そして蓄積されていく資源のポテンシャルに合わせて，企業は需要の発見をし，市場の創造を行なっていく．企業は市場の選択と生産関数の選択すらも自らの意思で行なうようになるのである．第5章の企業は製品市場と原材料市場との間で行なわれる技術的な変換プロセスと流通のプロセスの組織化を考え始める．その業務構造を選択する経済主体としての企業である．この企業は，市場と企業との境界線を他律的にあたえられたものとは考えず，自らの意思決定でその線を引こうとする企業である．

第6章で企業の出資者の集合体という側面が表に出てくる．その出資者の構成が企業の資金コストと企業の所有構造を決める．さらに，その所有構造が企業の目的を左右するという側面がある．企業の概念としてわれわれが考えなくてはならないものとして，企業の目的は何かという問題が付け加わってくるのである．

第7章の企業はヒトの集合体としての企業である．そこでは，個人という最も基本的な経済主体がなぜ寄り集まって(つまりバラバラに経済活動を行なわずに)組織としての企業をつくるのか，というきわめて根本的な問題が登場し，

組織体としての企業という概念が前面に出てくる．そして，企業内部の雇用の構造が大きな問題として浮かびあがってくる．その雇用構造が長期的なものとなり，労働者が企業組織にコミットし，そこで技能を積むようになると，「企業は一体だれのために存在するのか」ということが再び本質的な問題となるのである．

　第8章と第9章では，あらためて企業とは何かという問題を企業の目的と経営者の役割という観点からふりかえる．これまでの経済学における議論をレビューすると同時に，経営者の役割の本質を考えた真の経営者主義の企業理論とはどのようなものかを考える．第10章はそうした経営者の役割を中心的に考えたうえでの，企業内部の雇用をめぐる意思決定の法制的構造について考える．ここでは企業は，すぐれて法律的存在である．

　最終の第11章では，ある意味で企業の概念はまたその最も基本的なレベルにもどる．技術的な変換体としての企業である．しかしこの章での企業は自らの技術を革新しようとする存在である．革新というものがつねになにがしかの（あるいは時には大量の）破壊を伴うものだとすれば，ここでの企業は自己破壊をしていく，自らの企業の概念を壊していく存在である．そんな技術革新を行なっていく企業者としての企業の概念が，われわれが最後に提示する企業の概念である．

市場の理論と企業行動の理論

　以上の概要からもわかるように，本書は企業行動そのものを理論的説明の対象としようとして書かれた本である．その点で，伝統的な「企業の理論」とよばれる経済学の一分野が，「企業が主役となる市場の動きの理論」であるのと対照的である．つまり，伝統的な企業の理論は「企業の」理論ではなく，市場において均衡価格がどのように決まるか，そしてその市場価格が環境与件の変化に応じてどう変化するかを予測することにおもな目的があるという意味で「市場の」理論なのである．

　たとえば，マクラップは次のように書いている[1]．

「この理論(完全競争)における企業のモデルは……現実の企業の行動を説明し予測しようとしてつくられたものではない．むしろ，それは価格の変化を，環境条件の変化の結果としておきる価格の変化を説明し予測することを目的につくられたものである．……この因果の連鎖のなかで，企業は理論的な連結項であるにすぎない．いかにして因から果が生まれるかを説明するのに役立つ思考上の概念にすぎない．」

　伝統的な「企業の理論」がじつは「市場の」理論だからといって，それは批判さるべきことでも何でもない．理論の説明の究極的な対象が市場の働き，とくにそこでの価格決定のメカニズムと市場構造の決定のメカニズムにあったことを了解して，企業行動そのものを比較的詳しく説明しようとはしていないことを理解すればよいのである．さらに，「企業の理論」にも，もちろん「企業の」理論としての側面が皆無なわけではない．企業行動についてのさまざまな洞察が「企業の理論」の概念や分析の道具立てを用いることによって得られるのである．次に続く第2章がそういった洞察を得ようとする「企業の理論」のモデルの使い方の一つの例である．

　これまで，経済分析の分野で企業行動そのものを理論的に説明の対象としようとする本当の意味での「企業の」経済学が体系的に展開されてきたとは言いがたい．多くの経済学者の中心的興味が「企業行動の」理論にあったとも言いがたいであろう．

　しかし，時代は今少しずつ変わろうとしているかのように見える．現代の産業社会では企業の重要性がますます大きくなってきている．企業行動の理解を抜きにしては，もはや産業の変化も国民経済の動きも十分な理解は不可能な時代となってきた．そのために企業行動を経済分析の目でもっと深く理解しようとする動きが世界中のあちこちの国でしばらく前から起きてきている．そういった研究が本格的に始まってきたのである．この本は，そうして大きくなりつつある研究成果の蓄積の一部をわれわれなりの体系で紹介しようとする，「氷山の一角」である．その「氷山の一角」が読者の中に企業の経済学への研究意欲を生み出すきっかけになるとすれば，これにまさる幸せはない．

第1章 注

1) F. Machlup, "Theories of the Firm: Marginalist, Behavioural, Managerial," *American Economic Review 57*, 1967.

第 2 章　生産量と価格の決定

2.1　企業活動の基本的モデル

基本的概念

　経済学的に企業というものを考えるさいの，最も単純化されたモデルからわれわれの議論をまず出発させることにしよう．その単純なモデルの中の一つ一つの部分を捉えてそれをより複雑にしていくことによって，単純なモデルの中での何の議論をしているかという大きな視野を失うことなく，より現実的な企業行動への説明に近づけるであろう．前章で強調した企業にかかわる構造的関係（市場との構造的関係，企業の内部構造）も，じつはこれからのべる単純な企業モデルの各要素の背後にある構造を問題とするものなのである．

　その単純化された企業モデルというのは，次の図のようなものである．

　つまり企業を，生産要素を取り入れ，それを生産物に変換して製品市場に提供し，売り上げを得る，という存在として捉えることである．すべての企業活動の基本にこのようなプロセスがあることは，疑いを容れない．生産要素をどれくらい投入すれば，どのくらいの生産物が生み出せるか，という技術的関係を示したのが，生産関数と呼ばれる関数である．この基本モデルでは，企業とはこの生産関数そのものであり，この関数にもとづいて要素投入量を決め，したがって生産物の生産量を決める意思決定主体である．

　その意思決定のさいに，企業は製品市場と生産要素市場の状況を考え合わせ

ながら自己の目的に最も適った意思決定を行なう．そのさいに，3つの関数が与えられなければ，企業の意思決定はできない．まず第1に企業の目的関数．これに関しては当分の間，利潤の最大化を企業の目的として議論を進める．次に，製品の需要関数．企業が提供する製品の量がどのくらいの価格で市場で売れるかを示す関数である．第3に，生産要素の供給関数．つまり，生産要素市場で企業が購入したいと思う要素投入量が，どれくらいの価格で購入できるかを示す関数である．

　製品需要関数，要素供給関数がどのような性質をもったものになるのか，さまざまなケースがありうる．たとえば製品需要関数を考えてみよう．製品市場が競争的であれば，この企業の生産量によって価格が変わることはなく，市場で一般的な価格を企業は所与のものと考えてよいであろう．きわめて簡単な需要関数で，水平線のグラフになる．しかし，企業が少しでも独占的要素をもてば，企業の生産量の大小によって企業が市場で要求できる価格は変化するのが普通である．大量の製品を提供すれば価格は下がり，生産量を小さくすればより高い価格でも売れるであろう．いわゆる右下がりの需要曲線である．さらには，市場が寡占的であれば，自社の生産量の大小をみて他企業が反応して彼らの生産量を決める．これらの各企業の生産量の合計によって市場全体への供給量が決まり，その供給の全体量に対して需要者側によってその全体量を購入してもよいと思う価格が決められる．一企業の立場からすれば，自分の生産量がどのくらいの価格で売れるかという意味での自分にとっての製品需要関数は，需要者の反応のみならず他企業の反応をも考えた上で決まってくる複雑な関数となるであろう．

　事情は要素供給関数についても同様である．要素市場の競争状態によって，この供給関数の複雑さも，さまざまに変わりうる．しかしポイントは，さまざまに複雑さの程度のちがうケースがありうるにせよ，企業にとっての製品需要関数，要素供給関数というものがあるということと，これがなくては企業の意思決定はできない，ということである．

　したがって，企業活動の基本モデルには4つの関数関係が不可欠となる．目

的関数,生産関数,製品需要関数,要素供給関数,である.今,1種類の製品を2種類の生産要素(たとえば資本と労働)を用いて生産している企業について,これらの関数を書いてみよう.記号として,つぎのように決める.

- x …………… 製品生産量
- p …………… 製品価格
- y_i …………… 第 i 生産要素の使用量 $(i=1, 2)$
- q_i …………… 第 i 生産要素の価格
- R …………… 収入
- C …………… 費用
- π …………… 利潤 $(R-C)$

とすると,

目的関数	$\max \pi = R - C$
生産関数	$x = f(y_1, y_2)$
製品需要関数	$p = h(x)$
要素供給関数	$q_i = g_i(y_i) \quad (i=1, 2)$

となる.$R = px$, $C = q_1 y_1 + q_2 y_2$ である.

これらの関数を,19 ページの図に書き加えて,企業活動の最も単純化された基本モデルを図にしてみると,次のようになる.

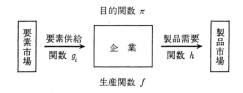

2-1図 企業活動の基本的モデル

この図から明らかなように,企業の内容はこの基本モデルでは目的関数と生産関数によって表現されている.この2つの関数の背後にどのような構造があるかを明らかにするのが企業の内部構造の問題であり,企業と市場をつなぐ2つの価格関数の背後にどのような構造関係があるのかを明らかにするのが企業

と市場との構造関係の問題である．

例えば，生産関数 f は，技術的に最善な手段が用いられたときの最も効率的な生産方法によって，(y_1, y_2) という要素投入量から最大限生産しうる生産量はどれくらいの量か，を示したものである．その背後には企業の内部構造についての少なくとも2つの問題が隠れている．1つは，技術構造の決定という問題．もう1つは，管理構造の問題．現実の企業にとっての技術とは，たんに天から与えられるものではない．企業は技術を選択し，さらには自ら新しい技術をつくり出している．イノベーションとはまさに新しい技術を生み出し，あるいは古い技術の新しい組み合せをつくって，企業の生産関数をつくり変えていく作業に他ならない．

さらに，企業の内部の生産活動や販売活動は，常に考えられうる最も効率的な仕方で行なわれているとは限らない．むしろ，最大限の効率性が達成されていないのがふつうであろう．働く人々のモチベーション，内部のコミュニケーションのロス，調整の不手際，さまざまな理由で非効率性が発生しうる．そもそも，経営学という学問分野の起源が，この内部非効率性の源の追求と効率性の向上のための努力にあったといってよい．したがって，一つの生産関数の背後には，企業の内部管理の構造が必ずある．生産関数を真に「効率的な技術的関係」たらしめるための内部管理構造の問題が隠れているのである．

企業の目的関数の概念の背後にも，企業の支配構造，法制的構造，あるいは人的構造といった内部構造問題が隠れている．労働者自主管理という支配構造をもつ企業では，単純な利潤最大化はもはや妥当な目的関数ではないであろう．労働者1人当たりの所得の最大化が企業目的になる可能性が強い．株主支配という株式会社組織の基本的な法的構造を重視すれば，企業の目的は利潤そのものではなく，利潤が株式市場で評価された価値尺度としての株価の最大化になるであろう．経営者支配の構造をもつ企業では，経営者自身の経済的利益の最大化が企業目的となったり，あるいはその代理変数として成長率の最大化が企業の意思決定の目的になることも考えられる．企業の内部構造のいかんで，目的関数は微妙に変わりうる．

こうした構造的問題が背後にあるからといって，2-1 図のような基本モデルにもとづいた企業行動の分析が全く無意味だというわけではない．生産関数が所与という仮定は第一次的な近似としては許されるものとわれわれは考えるし，企業の目的についてもさまざまなバリエーションの多くは利潤を基礎にしているものが多い．単純なモデルはその操作性と簡明さのゆえに，大きな洞察をわれわれにあたえてくれる．それを狙って，しばらくはこの単純なモデルとその拡張をベースに，企業行動の理論的説明を試みてみよう．

費用関数

2-1 図のモデルによれば，企業は生産量 x と要素投入量 (y_1, y_2) を決め（この2つの決定は，生産関数によって互いに結びつきあっている），それによって製品価格 p が決まり，要素価格 q_i が決まり，そして利潤 π が決まる．数式でこれを表現すれば，

(2-1) $$\max_{x,y_1,y_2} \pi = xh(x) - (y_1 q_1(y_1) + y_2 q_2(y_2))$$
$$\text{ただし} \quad x = f(y_1, y_2)$$

となる．

つまり，このモデルは基本的に要素投入量 (y_1, y_2) を決めるモデルになっている．要素投入量を決めれば，要素価格は決まり，生産量 x も決まる．x が決まれば製品価格 p も決まり，利潤が決まる．したがってその利潤 π を最大にするよう要素投入量を決めてやればよいことになる．企業行動の基本的決定は，このモデルでは要素投入量の決定ということになる．

それで論理的には不都合なことはない．しかし，企業行動の最も基本的な決定事項として人々がイメージするのは，ここで扱っているような単一製品の簡単な企業の場合，ふつうは製品の生産量と価格の決定であろう．このモデルでは，生産量と価格は $p=h(x)$ という需要関数で結ばれているため，一方を決めれば他方は自動的に決まることになる．したがって，生産量と価格のどちらを決定変数として考えてもいいが，仮に生産量 x の決定を企業の基本的意思決定と考えたとき，2-1 図のモデルを生産量 x の決定のモデルにつくり直すにはど

うしたらよいか．

そのためには，費用関数 $C(x)$ という概念を導入して，(2-1) のモデルを2段階の問題に分けて考えてみればよい．まず第1の段階として，

(i) 任意の生産量 x を生産するのに最も費用の小さい生産要素の組み合せを求め，そのときの費用を $C(x)$ と書く．x のさまざまな値についてこの費用最小化問題を解くことによって，費用関数 $C(x)$ が x のあらゆる値に対して求められる．

(ii) この費用関数を用いて，最も利潤の多い生産量 x を求める．

つまり，数式で表わせば，(i) の問題は

$$\min_{y_1, y_2} y_1 q_1(y_1) + y_2 q_2(y_2)$$
$$\text{ただし} \quad f(y_1, y_2) = x$$

となる．この最小化された費用を x の関数として $C(x)$ と書き，これを用いて (ii) の問題は

(2-2) $$\max_x \pi = R - C = xh(x) - C(x)$$

となる．

こうして求められた費用関数という概念は，企業活動の基本的モデルから派生してくる，企業についての第5の基本的な関数であり，これからの分析に中核的な役割を果たす概念である．この費用関数が，たんに「x だけ生産するのに実際に使った費用」というだけのものとはちがうことに注意して欲しい．「実際には」必ずしも費用を最小にするような生産要素の組み合せが用いられないかも知れない．その点で，非効率性が入り込むことは現実にはよくある．しかし，ここでの費用関数はあくまでも「要素価格の動向を考えた上での費用最小の生産要素の組み合せ」を企業が選んだときの費用の額を示すものなのである．

この費用関数がどのような性質のものとなるかは，その導入プロセスからもわかるように，生産関数の性質と強い関係をもっている．もっと強くいえば，生産関数の性質が費用関数の性質を規定しているといってよい．たとえば，$C(x)$ は x の増加関数であろうが，その増加の仕方は逓増的か逓減的か．つまり，

限界費用(生産量を現在の水準からもう1単位ふやすときの費用の増加分)は生産量の拡大とともに増加するのか,かえって減少していくのか.それは生産関数の性質に基本的には依存して決まってくる問題である.こうした生産関数と費用関数の対応関係および2つの関数の間にある双対性の問題については,本シリーズの『ミクロ経済学』を参照して欲しい[1]｡

この本では費用関数は基本的に2-2図のような形をしているものと考える.

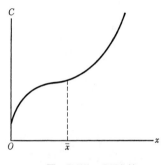

2-2図 典型的な費用曲線

このグラフの縦軸との切片の高さは,生産ゼロのときの費用,つまり固定費用の大きさを示す.生産量$\bar{x}$までは,曲線は凹型で,限界費用は減少している.$\bar{x}$を超えると曲線は凸となり,限界費用は増加していく.費用逓減の理由として,生産量の拡大によって大規模な効率的設備の利用が可能になることなどがあげられる.逆に費用逓増の理由としては,生産量がかなり大きくなると資本設備や経営者の管理能力の限界に近づいて生産効率が落ちることなどが挙げられる.ただ,現実の多くの企業で生産量を変化させられる現実的な範囲の殆どで,限界費用はあまり変化しないともいわれる.そのときには費用関数は線型の関数となる.以後,分析を簡単化するためにもしばしば使われる仮定である.

これ以後の分析では,しばらくの間(2-2)のモデルとその拡張が中心となる.つまり,製品需要関数と費用関数を中心的な関数とみたてた,利潤最大化を目的とする生産量の決定という企業行動である.生産量の決定は,需要関数を通じて直ちに価格の決定につながるので,生産量の決定と価格の決定とは裏腹の

関係にある。したがって，以下の分析を価格決定の分析と考えてもよく，製品市場における企業行動の最も簡単な分析である。

2.2 限界分析による企業行動

基本モデルの生産量と価格の決定

いま，企業の収入を $R(x)$ とすると，
$$\pi = R(x) - C(x) = xh(x) - C(x)$$
となる。これを x について最大化する条件は
$$\frac{d\pi}{dx} = 0$$
となるよう x を定めることである[2)]。つまり，
$$\frac{dR}{dx} = \frac{dC}{dx}$$
dR/dx は限界収入とよばれ(MR, marginal revenue と以後あらわす)，dC/dx は限界費用(MC, marginal cost)とよばれる。

この式を書き直せば，

(2-3) $$MR = MC$$

が最適化の条件である。これが限界分析による生産量決定の基本式である。以後の数多くの利潤最大化の条件は，基本的には(2-3)式をより複雑な状況の下で書き直したものにすぎない。限界分析(あるいは限界収入と限界費用の均等条件)は，伝統的な経済学の企業の理論における，企業行動を説明する基本論理である。

いま，MR を書き直してみると，
$$MR = h(x) + x\frac{dh}{dx}$$
$$= p + x\frac{dp}{dx}$$
ここで，需要の価格弾力性を e とおくと，$e = -\frac{p}{x}\frac{dx}{dp}$ だから

$$(2\text{-}4) \qquad MR = p\left(1 - \frac{1}{e}\right)$$

となる．つまり，生産量を1単位ふやすことによって得られる限界収入は，pではなく，pから生産量増加による価格の下落の影響($p \cdot 1/e$)を差し引いたものとなる．(2-4)式は以後しばしば使われる．

(2-3)と(2-4)より，企業の利潤最大化行動の基本式は，

$$(2\text{-}5) \qquad p\left(1 - \frac{1}{e}\right) = MC$$

あるいは

$$(2\text{-}6) \qquad p = MC\left(1 + \frac{1}{e-1}\right)$$

ここで $1/(e-1)$ はマーク・アップ率ともよばれ，企業が望もうとする価格 p が，限界費用の何パーセント増になっているかを示している[3]．

(2-6)は，企業の最適生産量の決定が自己の費用関数の状況(MC)と企業にとっての需要状況(e)とを両にらみしたものであることをきわめて簡明に示している．限界費用が高ければ，価格を高いレベルに保つよう少ない生産量が最適となる．価格弾力性が大きければ(つまり，企業への需要が価格の少しの変化に敏感に反応すれば)，価格を低く保って大きな生産量を確保すべくマーク・アップ率は小さくなる．マーク・アップ率は価格弾力性に逆比例する．

きわめて価格競争の激しい市場では，企業にとっての価格弾力性は大きいのがふつうである．そのとき，(2-6)によれば，価格は MC に近づく．つまり，企業の限界利潤はゼロに近づくのである．完全競争の状況の下では，$e = \infty$ なので，$p = MC$ となってしまう．

(2-6)式をさらに書き直すと，

$$\frac{p - MC}{p} = \frac{1}{e}$$

が得られる．この式の左辺は限界利潤率とでも呼ぶべき指標である．この式によれば，限界利潤率は価格弾力性の逆数に等しい．価格弾力性の小さい製品の典型はたとえば化粧品であろうか．逆に弾力性の大きな製品の典型は鉄，繊維，

紙・パルプなどの素材製品であろう．確かに一般的にいって，化粧品メーカーの利潤率の方が素材メーカーの利潤率より高いであろう．(2-6)式は，きわめて単純なモデルから出てきた企業行動を示す式であるが，その含意するところは直観的にも納得のできるものであり，また現実ともある程度符合するもののようである．

簡単な応用：価格差別と多工場企業

　以上の分析は，恐らく考えられうる限り最も単純な企業活動のモデルによる限界分析であった．単純なだけに，現実との距離がある一方，企業の生産量と価格の決定の本質をズバリとついている．また，これからも繰り返しつかわれる基本的な関係式がわかりやすい形で登場している．この単純なモデルを応用して，ほんの少しだけ複雑な状況の分析を行なってみよう．とり上げるのは，価格差別と多工場企業の生産決定の場合である．

　価格差別とは，2つの異なった市場に企業が同一の製品を提供しているとき，しばしば2つの市場で異なった価格がつけられていることをいう．たとえば，日本の自動車メーカーの作る車が日本の国内市場とアメリカ市場とで，ほとんど同じ車であるにもかかわらず違った価格で売られているという現象がその例である．なぜそれが可能なのか．価格差を決める要因はなにか．

　そもそも価格差別が可能なのは，転売が不可能（あるいはきわめて高い費用が転売にともなって発生する）だからである．もし転売がきわめて低費用で可能なら，低い価格のついている市場でこの製品を購入して，高い価格のついている市場で転売しようとする人がかならず現われて，価格差別が維持できなくなってしまうであろう．たとえば，アメリカで売られている日本車を日本へ持って来て売るには輸送や輸入手続の費用あるいは日本国内での販売に要する費用が大きいだろう．だから，転売が起きないのである．しかし，なぜ価格差が発生するのか．それは，需要関数が2つの市場でちがうからである．企業はそれを利用している．

　いま，2つの市場をそれぞれ第1市場，第2市場とよび，それぞれの市場で

の価格, 販売量, 需要関数を $p_1, p_2 ; x_1, x_2 ; h_1, h_2$ とする. この企業の利潤は, 次のように書ける.

$$\pi(x_1, x_2) = p_1 x_1 + p_2 x_2 - C(x_1 + x_2)$$

ここで, 同一製品であるという仮定から生産は x_1, x_2 を区別して行なわれず, 費用は2市場あわせた販売量に依存する.

この企業の利潤を最大にする x_1, x_2 をもとめるには, x_1 と x_2 についてそれぞれ限界分析を適用してやればよい. つまり, $MR=MC$ が両方の変数について同時に成立すれば, 利潤は最大となるはずである. それぞれの市場についての MR を MR_1, MR_2 と書けば, (2-4)式を応用して

$$MR_1 = p_1\left(1-\frac{1}{e_1}\right)$$

$$MR_2 = p_2\left(1-\frac{1}{e_2}\right)$$

ただし, e_1, e_2 はそれぞれの需要関数の価格弾力性である.

MC の方は, 両方の変数について共通で, x_1+x_2 にのみ依存する. それを留意してこの企業の利潤最大化条件を(2-5)にならって書けば, 次の2つの条件が同時に成立するよう x_1, x_2 が決定されることである.

(2-7)
$$p_1\left(1-\frac{1}{e_1}\right) = MC$$
$$p_2\left(1-\frac{1}{e_2}\right) = MC$$

この式より

(2-8)
$$\frac{p_1}{p_2} = \frac{1-\dfrac{1}{e_2}}{1-\dfrac{1}{e_1}}$$

(2-7)式の意味するところは, 企業は共通の限界費用 MC へのマーク・アップとして, 2つの市場の異なった弾力性の値を用いることによって, 2つの市場の需要条件の差と転売不可能性を利用した利潤の最大化をする. したがって, (2-8)の示すように, 価格比率は2市場の価格弾力性の差に起因する. 価格弾

力性のより大きな市場ではより低い価格がつく．$(p_1 > p_2 \leftrightarrow e_1 < e_2)$

　日本の自動車市場とアメリカの自動車市場を比べれば，1984年現在ではアメリカの自動車市場での日本車への価格弾力性の方が低いといえるだろう．アメリカの輸入規制により日本車は品薄となり，さらに日本車への人気が高く，プレミアム付きで売られるような状況になっているからである．逆に国内市場での競争は激しいという．価格差もたしかにこのモデルの予測する通りで，アメリカでは国内よりもかなり高く売られている．

　価格差別の例は，共通の1つの費用関数と2つの異なった需要関数を持った企業の問題であった．その逆に，共通の1つの需要関数と2つの異なった費用関数を持った企業の例が多工場企業の問題である．

　費用関数はしばしば工場の資本設備や技術のタイプによって異なる．新旧とりまぜた多数の工場で同じ製品を作っている企業は多い．そのような場合，各工場での生産のレベルはどのように決められるのが最適なのか．いま，第1工場と第2工場で同じ製品を作って1つの市場に提供しているとする．それぞれの工場での生産量を x_1, x_2，費用関数を C_1, C_2 とすれば，この企業の利潤は，

$$\pi = p(x_1 + x_2) - C_1(x_1) - C_2(x_2)$$

となる．

　価格差別のときと同じように，x_1, x_2 それぞれに限界分析を適用してやれば利潤の最大化となる．この企業の場合，限界収入 MR は両工場の生産量の合計にのみ依存して，したがって両工場について同一と考えることができる．そこで，(2-5)を応用すれば，利潤最大化のためには次の2式が同時に成立するように x_1 と x_2 を定めればよい．

$$p\left(1 - \frac{1}{e}\right) = MC_1 = dC_1/dx_1$$

$$p\left(1 - \frac{1}{e}\right) = MC_2 = dC_2/dx_2$$

したがって，

$$MC_1 = MC_2$$

が最適化の条件となる．

つまり，2つの工場の限界費用が相等しくなるように2つの工場の生産量を調節するのが最適で，その限界費用からマーク・アップしたレベルに価格がくるように全体の生産量を定めればよい．これも，直観的に納得のいく条件であり，企業行動である．

2.3　寡占的相互依存

寡占下の製品需要関数

前節の基本モデルでは，いくつかのことが暗黙のうちに前提されている．そのうちで最も重要と思われる前提は，まず第1に自社にとっての製品需要関数 $p=h(x)$ と費用関数 $C=C(x)$ があらかじめ所与のものとして与えられている（逆にいえば企業にとって操作可能な余地がない）ということ．そして第2には，企業がそれらの関数をあらかじめ知っているということである．

第1の仮定については，ただちにいくつかの反論が考えられる．例えば，広告という企業行動は，需要関数を自社に有利なように動かそうとする行動ではないか．研究開発によってコスト・ダウンの方法を発見しようとする企業行動は，費用関数を動かそうとしているのではないか．これらの企業行動の例が見られるように，需要関数や費用関数そのものをシフトさせよう，操作しようとする企業行動は多い．この種の企業行動については，次章でまとめて扱うことにする．

第2の仮定についてはどうだろうか．厳密にいえば，自分の決める生産量に対して，実際に価格がどのレベルに決まるか，費用がどれくらいかかるか，不確実性があるのがつねであろう．

その不確実性も，2つの種類に分けて考えるのが有益であろう．1つは，市場での競争相手の出方がわからないために発生する需要関数や費用関数の不確実性．第2には，それ以外の要因で発生する不確実性．消費者のニーズの変化が不確実，需要のレベルに影響をあたえる国民所得の動向が不確実，技術上の

トラブルや石油危機の再発の可能性がよくわからない，等々がその例である．第2の不確実性の例は，需要関数や費用関数にいわば確率変数が入ったようなものである．その取り扱いには不確実性の経済学の準備を必要とするが，紙幅も限られているのでこの本では特に正面から扱わないこととする．

　しかし，第1の種類の不確実性は企業行動にとって本質的な不確実性である．とくに製品市場での競争状態は企業の生産量や価格の決定に本質的な影響をおよぼすものであるからである．もとより，製品市場の競争状態によって，話は変わってくる．たとえば，市場が独占的であるならば，この不確実性はなくなる．独占の場合には，市場の需要関数がすなわち自社の需要関数となり，他社の出方による不確実性はなくなってしまうのである．完全競争の場合にも，$p=h(x)$ はじつは x に依存しない定数になり，需要の価格弾力性は無限大になり，競争相手の出方に依存する不確実性はない．独占的競争の場合，各企業はお互いに十分小さくて影響し合うことはないと仮定がそもそもおかれているから，これも大丈夫である．したがって独占，完全競争，独占的競争，いずれの場合でも，前節の限界分析とその結果出てきた利潤最大化のための基本式(2-6)はきわめてストレートに通用する．

　しかし，少数の企業が1つの製品市場で競争し合うという寡占的市場の場合はどうだろうか．そのような状況では，他社の出方を意識して自社の決定をするのがふつうであろう．そんな寡占的相互依存の下で，「自社への需要関数」とはどのようなものになるのか．そのどこに不確実性があるのか．

　いま，製品市場に2つの企業が全く類似の製品を提供している複占の例でこの問題を考えてみよう．x_1, x_2 を2つの企業の生産量とし，$p=D(x_1+x_2)$ を市場全体のこの製品への需要関数とする．この関数は与えられているものとする．いま，第1企業にとっての自社の製品需要関数を $h_1(x_1)$ とすれば，

$$(2\text{-}9) \qquad h_1(x_1) = D(x_1+x_2(x_1))$$

と表わせるだろう．ここで $x_2(x_1)$ は，第1企業の「推測」する第2企業の生産量で，自分の生産量 x_1 に対応して第2企業が決めてくると思われる量である．つまり，$x_2(x_1)$ は「相手の出方」についての第1企業の読みである．

(2-9)式の意味するところは、第1企業が自分の生産量に対して想定する価格($h_1(x_1)$)は、結局は市場全体の需要関数から決まってくるもので、自分の供給量と相手の供給量の反応の読み($x_2(x_1)$)とで決まる市場全体への供給量に依存する。Dという関数は既知のものと仮定すると、$x_2(x_1)$だけが分かれば、第1企業にとっての自社の製品需要関数は決められることになる。そして、ここに不確実性が存在する。相手の出方が確実には読めない可能性が強いからである。読みがはずれるのである。

したがって、$x_2(x_1)$が確実にわかっている状況では、(2-9)式によってh_1をつくり、それを用いて前節の分析を行なえば、第1企業の生産量は決められるし、価格もh_1から決まってくる。寡占的相互依存があっても、何ら差しつかえないのである。自社への製品需要関数は一義的に定まる。

しかし、$x_2(x_1)$が確実にわかっていない場合、自社への製品需要関数は定まらなくなる。現実に市場価格は市場への全体的供給量できまり、$D(x_1+x_2)$となる。一方で、第1企業の想定する価格は$h_1(x_1)=D(x_1+x_2(x_1))$となり、$D(x_1+x_2)$とは、$x_2=x_2(x_1)$でない限り等しくないのである。

そこで、寡占市場で他社の出方が完全にわかっていない場合に、各企業の生産量の決定を説明する理論やそれらの総和としての全体供給量から定まる市場価格がどの水準に落ち着くかを説明する理論は、前節までの理論よりさらに複雑な理論が必要となる。しかし、そのような統一的理論はまだない。寡占企業間の相互依存関係は統一的な説明を付けるのにはあまりに複雑なのかも知れない。

1つの市場での企業間の相互依存と相互作用の結果、どのような市場構造が生まれるかを主たるテーマとしたのが本シリーズの『産業組織』であり、また寡占の相互依存を解明する基本的な説明の論理と期待されているゲームの理論を主たるテーマとしているのが『経済のゲーム分析』である。寡占的相互依存関係への本格的取り組みはこの2つの本にゆずるとして、ここでは寡占下の企業行動モデルの古典的モデルを2つ紹介することにとどめよう。一つは、オーギュスト・クールノー(A. Cournot)の寡占下の市場均衡モデル。このモデルの

議論を通じて，この種の寡占分析ではどこに本質的な難しさがあるのかをみることができる．第2のモデルは，ポール・スウィージー(P. Sweezy)による寡占下の価格硬直性を説明するモデルである．このモデルは，寡占的相互依存関係を考慮にいれた自社への製品需要関数の性質についてある種の想定ができると，現実の興味深い説明ができるようになるという好例である．

クールノー・モデル

いま前項の複占の問題を考え，2つの企業の費用関数を $C_1(x_1), C_2(x_2)$ とする．2つの企業の利潤を π_1, π_2 とすれば，

$$\pi_1 = x_1 D(x_1+x_2) - C_1(x_1)$$
$$\pi_2 = x_2 D(x_1+x_2) - C_2(x_2)$$

となる．π_1, π_2 いずれも x_1, x_2 という2つの変数の関数となってしまう．

π_1 を最大にするために第1企業が動かせるのは x_1 だけ，π_2 を最大にしようとして第2企業に操作できるのは x_2 だけだから，それぞれの企業の利潤最大化の条件は

$$(2\text{-}10) \qquad \frac{d\pi_1}{dx_1} = p + \frac{\partial D}{\partial x_1}x_1 + \frac{\partial D}{\partial x_2}\frac{\partial x_2}{\partial x_1}x_1 - MC_1 = 0$$

$$(2\text{-}11) \qquad \frac{d\pi_2}{dx_2} = p + \frac{\partial D}{\partial x_2}x_2 + \frac{\partial D}{\partial x_1}\frac{\partial x_1}{\partial x_2}x_2 - MC_2 = 0$$

となる．ここで，両式の第3項にある $\frac{\partial x_2}{\partial x_1}, \frac{\partial x_1}{\partial x_2}$ が前項でいった「相手の行動の読み」を，「自分が生産量を変化させたら，相手の生産量はどの程度変化するか」という形で示したもので，推測的変動とよばれる．

この利潤最大化条件から，実際に利潤を最大にするような企業行動が生み出されてくると考えるのには，3つの問題がある．まず第1に，第1企業が自分で解けるのは(2-10)式である．この式を自分1人で解くには，まず $\frac{\partial x_2}{\partial x_1}$ がどんな関数になるかを知らなければ(あるいは仮定しなければ)ならない．次に，推測的変動の関数を仮定できたとしても，(2-10)式は x_1 や推測的変動ばかりでなく x_2 の値そのものも変数としてあらわれている．(たとえば $p = D(x_1+x_2)$

である.)したがって,(2-10)を解いて自分のx_1を決めるには,x_2の値についての想定(あるいは$x_2(x_1)$という読みそのもの)がいる.これを$x_2{}^*$と表わせばこれをどうして手に入れるかが第2の問題である.第3の問題は,そのように$x_2{}^*$を想定して解いたとしても,第2企業が自分の利潤最大化条件である(2-11)を自分なりに解いて決めてくるx_2の値(これを$x_2{}^\circ$と表わす)が,第1企業が想定した$x_2{}^*$の値と同じになる保証がどこにあるのか,という問題.読みのはずれという問題である.$x_2{}^*\neq x_2{}^\circ$であれば,$x_2{}^\circ$が実際のx_2になるのだから,その$x_2{}^\circ$を(2-10)に代入したとき,第1企業が苦労して決めた$x_1{}^\circ$では利潤最大化になっていない.なぜなら$x_1{}^\circ$は$x_2{}^*$に対応する利潤最大化のx_1であって,$x_2{}^\circ$に対応するものではないからである.つまり,相手の行動についての読みがはずれれば,その読みが正しいことを前提にした最適行動はもはや最適でなくなってしまうのである.

クールノーはこの3つの問題に対して,どのような想定をすることによって対応したか.まず推測的変動については,ゼロと仮定した.相互依存を考えるモデルとして奇妙といえばいえるが,相手の反応なしという仮定を置いたのである.第2,第3の問題については,お互いの想定($x_1{}^*, x_2{}^*$)が,それをもとにしたお互いの最適行動($x_1{}^\circ, x_2{}^\circ$)に「たまたま」一致するような状態になったらx_1とx_2はどこに定まるか,という問題に分析を限定することによって一気に解決した.それが「均衡」という概念で,お互いに相手の生産量を所与としたら,自分の利潤が最大になっているような生産量に落ち着いているケースを扱おうとしたのである.そうなっていれば,各企業とも自分の生産量を変化させてさらに利潤を大きくしようとする動機をもはや持たなくなっている.その意味で最適な状態に達しており,均衡なのである.この均衡状態は,じつは推測的変動ゼロという仮定と整合的になっている.

このような均衡状態の解を推測的変動ゼロの仮定の下で見つけるとは,(2-10),(2-11)から

$$p+\frac{\partial D}{\partial x_1}x_1 = MC_1$$

$$p + \frac{\partial D}{\partial x_2} x_2 = MC_2$$

という2つの式を同時に満たす(x_1, x_2)を，2式を連立方程式として解くことに等しくなる．

この均衡状態は，相手の行動についての想定(x_1^*, x_2^*)がその想定の下でとられる実際の行動$(x_1°, x_2°)$と一致しているという意味でも均衡である．そのような状態における2つの企業の行動を探すことによって，クールノーは「読みのはずれ」という，寡占の相互依存関係の下で各企業がそれぞれ独自に意思決定をする(つまり相談しない)ことによって発生しがちな問題を避けることができたのである．競争相手の行動についての不確実性という問題を避けることができたわけである．実際，クールノーの解はゲーム理論的にも意味のある解となっていることが知られている[4]．

屈折需要曲線モデル

多くの寡占市場で見られる現象の一つに，価格があまり変化しない(つまり価格が硬直的)という現象がある．たとえば，日本のビール市場は典型的な寡占(四社寡占)であるが，この市場では価格は硬直的である．ビールの原材料やその他の費用項目が変化しても，価格がそれをすぐに反映して変わるということはない．ビールに限らず，きわめて広範に見られる現象である．この価格硬直性を寡占的相互依存関係をもちいて説明しようとするのが，スウィージーの屈折需要曲線モデルである[5]．

このモデルでは，企業は2-3図のDdD'曲線のような需要曲線を自社の需要曲線として想定して価格決定をすると仮定されている．

つまり，需要曲線は屈折点をもっており，この点より価格を上げると需要は急速に減り，この点より価格を下げても需要はあまり増えないのである．さらにこの点は，現在の市場価格とそれに対応してこの企業が生産している生産量を示していると仮定される．

需要曲線がこうした屈折点をもつのは，競争相手の反応のためであるとスウ

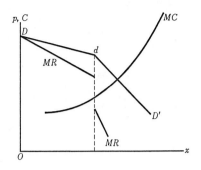

2-3図 屈折需要曲線モデル

ィージーはいう．まずこの企業が現在の価格よりも低い価格をつけてより大きな需要を獲得しようとした場合のことを考えてみよう．そのとき，競争相手もこれに対抗して値下げをする可能性が強い．この企業に需要をとられてはかなわないからである．その結果，値下げによる需要増加効果はあまり大きくならない．しかし，この企業が値上げをしたときには，競争相手はそれに追随しない可能性が強い．値上げした企業の需要が価格を据え置いた企業に流れて，需要増につながるからである．したがって，値上げした企業の需要は大きく減ってしまう．つまり，寡占的相互依存のために値下げは追随され，値上げは追随されないというのが，スウィージーの仮定である．

このとき，この企業の限界収入曲線をグラフに描いてみると，2-3図の MR 曲線となる．現在の生産量の点で不連続なグラフである．したがって，限界費用曲線(MC 曲線)が多少変動しても，この不連続なギャップの部分を通る程度の変動である限り，この企業にとっての最適な生産量は現在の生産量であり続ける．つまり，この企業は価格を変化させる動機をもたないことになる．このような状況が他の企業にもあてはまるのなら，この市場では，価格は硬直的となる．

屈折需要曲線モデルでは，現在の価格がどのようにして決まったかは説明されない．それがこのモデルの一つの欠点である．しかし，いったん決まった価格がその後硬直的になってしまうことについては，かなり説得的な説明を与え

ている．寡占的相互依存関係を明示的に考えたうえで，不確実性なく各企業の需要曲線が仮定できると，それが説明のポイントになって興味深い分析ができるといういい例である．

以上の分析ではすべて，企業はすでになんらかの理由で既定のものとなっている需要関数と費用関数のもとで企業として最適な生産量と価格を決めた．そこでの企業は，基本的にたんなる生産者であった．生産関数とそれから導き出される費用関数がこの企業のすべてであった．確かにきわめて簡単な企業の概念ではあるが，それゆえに企業の行動のある一面を簡明に説明することのできるモデルであったこともたしかであった．

第2章 演習問題

1. つぎの企業について，2-1図の4つの関数がどのような関数になるか考えてみよ．たとえば，変数は具体的にどんなものになるか，関数関係を定めるためには分析のレベルをどこに決めればよいのか，関数の性質はどのようなものか，など．
　　新日本製鉄，日本国有鉄道，電通，大学祭でサークルが開く模擬店．
2. 費用関数の異なる2つの工場をもって1つの製品をつくっている企業が，その製品を需要関数の異なる2つの市場で販売していて価格差別をできる可能性があるとする．この企業の利潤最大化の条件を求めよ．
3. 複占の市場を考える．企業2の行動原理がつぎのような受動的なものであると仮定する．すなわち，企業1がどのように生産量を決めてきても，それに応じて自分のマーケット・シェアをつねに一定の値 a に維持するよう自分の生産量を決める．このとき，企業1の利潤最大化モデルを定式化してこの企業の利潤最大化条件を求めよ．この仮定の下では，どのような推測的変動が仮定されていることになっているのか．

第2章 注

1) 生産関数と費用関数との間の双対性とは，ここで行なったように生産関数から費用関数を導くことができると同時に，ある費用関数からその背後の生産関数を逆に導くことができるという，ちょうどコインの表裏のような対応関係があることをいう．

2) これは利潤最大化の必要条件で，1次条件である．この1次条件を満たす x が利潤を最大化していることを保証するには，2次条件とよばれる π の2次導関数についての条件が必要となる．この本の分析では，2次条件はつねに満足されているものと仮定して，明示的には扱わない．論理のエッセンスの理解に必ずしも必要でない数学的な煩雑さを避けるためである．

3) いずれの式からも明らかなように，$e>1$ でなければ式の経済的意味がなくなってしまう．したがって，以後では，$e>1$ を仮定する．

4) クールノー解は，複占を2つの企業の非協力ゲームとみたときの，ナッシュ解と呼ばれる均衡点になっている．クールノーのモデルについては，今井賢一他『価格理論Ⅱ』岩波書店，1971年に詳しい．原著は，A. A. Cournot, *Recherches sur les Principles Mathématiques de la Théorie des Richesses*, 1838.

5) P. Sweezy, "Demand under Conditions of Oligopoly," *Journal of Political Economy* 47, 1939.

第3章 需要関数と費用関数の制御と価格決定

3.1 制御のための企業行動

　前章の終りにすでに触れたように，前章のモデルでは，企業は需要関数や費用関数を所与として，生産量と価格を決定する．しかし，現実の企業は，需要関数や費用関数を自分に有利なようにシフトさせる努力をしながら，その努力の成果をにらみ合わせて生産量や価格を決めている．たとえば，コスト・ダウンのための研究開発を一方でしながら，その下がったコストにもとづいた価格決定を行なっている．あるいは，製品差別化の努力(たとえばブランド・ロイヤルティの確保)をしながら，差別化された自社の製品の魅力をつかって比較的に高価格戦略をとったりする．こうした，需要関数や費用関数へ影響をあたえる(あるいは制御する)企業行動が生産量と価格の決定という企業行動とどうからみ合いながら行なわれるか，簡単な経済分析をこの章で試みてみよう．

　こうした制御行動には，どんな手段をもちいるかについて，大別して3つのタイプがある．第1のタイプは，直接的な資源投資をするもの．たとえば需要関数をシフトさせるために広告活動に資源を投入すること．あるいは，コスト・ダウンのための研究開発投資をすること．第2のタイプは，製品が実際に工場で生産され，消費者が実際に使用するというプロセスを通じて，需要関数や費用関数がシフトしてくることを狙うもの．消費者の使用経験がその製品の品質に対する信頼を深くさせ，ブランド・ロイヤルティが高まり，あるいは口コミで顧客層が広がる．その結果，同じ価格で売れる製品の需要がふえる．いずれも使用経験による需要関数のシフトである．あるいは，生産経験を大量に積んでいくと，習熟や経験による生産ノウハウの蓄積が進みコスト・ダウンが可能になることもよくある．生産経験による費用関数のシフトである．これら

の経験効果を制御するには,生産量や販売量(したがって消費者の使用量)を制御することがカギとなる.つまり,生産量の決定そのものが関数のシフトを制御する手段となる.

　関数制御のための第3のタイプの企業行動は企業の活動全体の構造の調整によるものである.たとえば,下請けとの構造関係を改善することによって,コスト・ダウンが図られる.これまで内製していた部品を専門技術をもつ企業に外注に出すことによってコスト・ダウンを図るのがその一例である.あるいは,流通網の組織化を強化して市場への浸透を深めるのは,やはり業務構造をいじることによって需要関数がシフトする例であろう.さらには,金融機関との関係を変え,企業の財務構造を変化させることにより(たとえば,「財務体質の改善」)金融コストを引き下げる努力をするのも,企業活動の構造的関係そのものを調整することによる費用関数のシフトの例である.

　この章では,第1と第2のタイプの企業行動が企業の生産量と価格の決定と連動してどう行なわれるかを分析する.第3のタイプ,構造の調整あるいは選択については,第5章以下で詳しく取り上げたい.

3.2　広告と研究開発のモデル分析

製品差別化とコスト・ダウン

　需要関数を自社に有利なようにシフトさせるための企業行動のうちで,そのために直接的に資源投入をするものは数多くある.広告はその典型であるし,製品の品質を高めることに資源投入して,他社の類似製品と差別化しようとするのもその一例である.いずれの例も,ブランドや品質によって他社の類似製品とは少しでも違うところをつくり,価格競争の脅威から少しでも逃れようとする企業努力である.別なことばでいえば,その製品が独占的な要素を少しでも多くもつように企業が努力するのである.これらの需要関数のシフトを狙った資源投入行動の全体を,製品差別化行動と呼んでよいであろう.

　一方,費用関数のシフトを狙った資源投入行動をコスト・ダウン行動と呼ぶ

ことにしよう．コスト・ダウン行動の典型例はたびたび例に出している工程改善や代替技術開発のための研究開発である．あるいは，新型の高性能機械との設備取り替えもその一例であろう．

製品差別化行動とコスト・ダウン行動の具体例は多くあるだろうが，その中心的な役割をになうのが広告と研究開発であることはまちがいないであろう．広告は製品差別化に，研究開発は製品差別化とコスト・ダウンの両方に，それぞれ大きな役割を果たす．以後の分析は製品差別化とコスト・ダウンに企業がどのくらいの資源投入を行なうかを簡単なモデルで分析して，その本質を探ってみる．それが，広告と研究開発の一つの側面を分析することにもなるであろう．

製品差別化と価格決定

いま，前章の基本モデルに，需要関数をシフトさせるための製品差別化行動の加わったモデルを考えてみる[1]．a を製品差別化活動の水準を金額で計った変数とする(広告費を典型的に想起せよ)．この a は，次のように需要関数に影響を与えるとする．

$$(3\text{-}1) \qquad x = k(p, a) \qquad \frac{\partial k}{\partial a} > 0$$

ここで，説明の便宜上，需要関数は前章の関数の逆関数として表わすことにする．(つまり，x を p の関数とする．) $\partial k/\partial a > 0$ の意味は，製品差別化に資源投入をすれば，同じ価格でより多くの量が売れ，したがって生産できるということである．

この企業の利潤は

$$\pi = pk(p, a) - C(x) - a$$

これを最大化するように，p と a を決めるのがここでの企業行動である．(p と a を決めれば(3-1)より x は自動的に定まる．) そのためには，π を p と a とで偏微分して，

$$\text{(3-2)} \quad \frac{\partial \pi}{\partial p} = x + p\frac{\partial x}{\partial p} - \frac{dC}{dx}\frac{\partial x}{\partial p} = 0$$

$$\text{(3-3)} \quad \frac{\partial \pi}{\partial a} = p\frac{\partial x}{\partial a} - \frac{dC}{dx}\frac{\partial x}{\partial a} - 1 = 0$$

この両式を同時に満たす p, a が求める解である．

(3-2)は基本的には，前章の $MR=MC$ という式と同じものである．(3-2)を変形して，

$$\text{(3-4)} \quad p\left(1-\frac{1}{e}\right) = MC$$

が得られる．ここで，e は(3-1)の需要関数の価格弾力性である．

(3-1)の製品差別化弾力性(つまり，製品差別化活動を1%変化させると需要が何パーセント変化するか)を α とおけば，

$$\alpha = \frac{a}{x}\frac{\partial x}{\partial a}$$

(3-3)に a を掛けて，さらに整理すると

$$a = \alpha(px - MCx)$$

(3-4)より

$$px = e(px - MCx)$$

この2式から，$R=px$ とあらわせば，

$$\text{(3-5)} \quad \frac{a}{R} = \frac{\alpha}{e}$$

が得られる．

この式が，製品差別化への資源投入が最適価格決定と同時になされるとき，最適な資源投入水準を最も簡明に示す式である．つまり，売上高(R)のうち，α/e だけを製品差別化に投入するのが最大利潤をもたらすのである．

解釈を簡単にするために，a がすべて広告費支出であるケースについて(3-5)式の経済的含意を考えてみよう．この式によれば，企業が限界分析にしたがって行動していれば，その売上高広告費比率は需要の広告費弾力性を価格弾力性で割ったものに等しい．したがって，広告費弾力性が大きくなれば，広告費

比率は大きくなり、価格弾力性が大きくなれば広告費比率は小さくなる.

現実に,広告の効果が大きいと思われる産業の典型例は化粧品,大衆薬品,酒類などであろう.そのような産業ではたしかに広告費比率は高く,時には10%を越すことも稀ではない.逆に,広告の効果が小さく価格弾力性が大きいと思われる産業の典型例は鉄鋼,化学といった素材産業であるが,そこでは広告費比率は小さい.この簡単なモデルも,現実のエッセンスをある程度捉えているといってよい.

コスト・ダウンと価格決定

こんどは,コスト・ダウンのための資源投入がどのような水準に定まるかを考えてみよう.製品差別化の場合と同様,企業は製品価格 p とコスト・ダウンへの努力水準 b (金額で表示されているものとする)とを同時に決定するとする[2].

コスト・ダウンの努力が費用関数をどのようにシフトさせるかについては,さまざまな関係を想定しうるが,ここでは説明を無用に複雑にしないよう,コスト・ダウン行動は単位費用を低下させる働きをもつとする.そして簡単化のために,この単位費用は生産量の大小に依存せず一定であるとする.つまり,つぎのような線型費用関数を仮定する.

$$C(x) = f + c(b)x \qquad \frac{dc}{db} < 0$$

ここで,f は固定費用,$c(b)$ が限界費用である.コスト・ダウン行動の効果の尺度として,単位費用のコスト・ダウン努力弾力性を

$$\beta = -\frac{b}{c}\frac{dc}{db}$$

と定義し,β をたんにコスト弾力性とよぶこととする.上の製品差別化支出の効果の尺度が単位収入(つまり価格)への製品差別化支出の影響度を示していたことを考えると,単位費用への影響度をはかるコスト弾力性はそれに対応した概念になっている.

需要関数を $x=k(p)$ とすれば，この企業の利潤は
$$\pi = px - f - c(b)x - b$$
となる．これを最大にするような p と b を求めるには，π を p と b で偏微分して，

(3-6) $$\frac{\partial \pi}{\partial p} = x + p\frac{dx}{dp} - c\frac{dx}{dp} = 0$$

(3-7) $$\frac{\partial \pi}{\partial b} = -\frac{dc}{db}x - 1 = 0$$

(3-6)式はたびたび出てくる $MR=MC$ の式で，例によって
$$p\left(1 - \frac{1}{e}\right) = c(b)$$
と書き直せる．(3-7)式は β を用いて
$$\beta c(b) x = b$$
となる．この2式を掛け合わせて整理すると

(3-8) $$\frac{b}{R} = \beta\left(1 - \frac{1}{e}\right)$$

が導かれる．この式が，製品差別化行動の分析の際の(3-5)式と同じように，コスト・ダウン行動への資源投入の最適水準を示す式である．

コスト弾力性(β)が高ければ，コスト・ダウン支出の対売上高比率(コスト・ダウン支出比率とよぶ)は大きくなる．製品差別化の場合と同じである．しかし，価格弾力性の影響は全く逆である．コスト・ダウン支出の場合，価格弾力性が大きければ支出比率は高くなる．いずれの場合でも，製品差別化支出やコスト・ダウン支出のレベルがそれぞれの支出の効果の大きさ(つまり弾力性)だけで決まるのではなく，価格弾力性によって大きく左右されているのは興味深い事実である．

(3-8)式の現実的意味を裏付けるデータは簡単には入手しにくいが，価格弾力性の大きな産業では，コスト・ダウン支出比率が高くなるというのは，直観的にうなずける．そのような産業では価格を引き下げることがきわめて重要となるであろう．そのとき，利潤をなるべく大きく保ちつつ価格引き下げができ

るためには，コスト競争力がなくてはならない．つまり，コスト・ダウン支出を大きくしたいという動機が働くはずなのである．

製品差別化とコスト・ダウンのバランス

以上では，製品差別化とコスト・ダウン行動とがそれぞれ単独に存在するモデルをあつかった．しかし，それは説明の便宜であって，現実の企業は2つの行動を同時に行なっているだろう．では，そういう企業はどのようなバランスで2つの行動に資源投入をするのか．それを見るには，2つのモデルを単に合成するだけでよい．つまり，企業の利潤は

$$\pi = px - f - c(b)x - a - b$$
$$x = k(p, a)$$

となって，この利潤を最大にするよう企業は p, a, b を選ぶと考えればよい．

その最大化の条件から，上とまったく同じようにして，

$$(3\text{-}5) \qquad \frac{a}{R} = \frac{\alpha}{e}$$

$$(3\text{-}8) \qquad \frac{b}{R} = \beta\left(1 - \frac{1}{e}\right)$$

が得られる．したがって，a と b の比率は

$$(3\text{-}9) \qquad \frac{a}{b} = \frac{\alpha}{\beta}\frac{1}{e-1}$$

となり，a と b への全体の支出の売上高比率は，

$$(3\text{-}10) \qquad \frac{a+b}{R} = \alpha\frac{1}{e} + \beta\left(1 - \frac{1}{e}\right) = \beta + (\alpha - \beta)\frac{1}{e}$$

となる．

この2つの式から，企業行動へのいくつかの面白い洞察が得られる．(3-9)では，$1/(e-1)$ が(2-6)式で出てきたマーク・アップ率になっていることに注意すべきであろう．(3-9)の意味するところは，製品差別化支出とコスト・ダウン支出のバランスは2つの支出の効果の弾力性の比率に依存するばかりでなく，マーク・アップ率に比例するということである．マーク・アップ率の高い製品

は製品差別化支出の比重が高くなり,マーク・アップ率の低い製品ではコスト・ダウン支出の比重が高くなる.あるいは,この式を逆に読んで,製品差別化支出の比重の高い製品のマーク・アップ率は高い,といってもよい.よく観察される事実と一致する.

(3-10)は,aとbへの支出全体の売上比が,2つの弾力性の間の数値をとることを意味している.$e>1$であるから,$\frac{1}{e}<1$となり,この売上比はαとβの加重平均(加重は価格弾力性の逆数)となっているからである.さらに,この売上比は価格弾力性の影響を$\alpha-\beta$(弾力性の差)に比例して受けている.

広告と研究開発の立場から

以上の分析は,aとbという需要関数と費用関数をそれぞれシフトさせるパラメーターを,製品差別化支出とコスト・ダウン支出の水準とみることによって,ごく一般的な分析を行なってみたものである.そして,それらの支出の典型的な例として,aの場合は広告費と製品改良のための研究開発費,bの場合はコスト・ダウンのための研究開発費があげられるという意味において,この分析は広告と研究開発のモデル分析であった.

しかし,この分析では抽象されたあるいは無視された広告や研究開発についての側面が当然ある.広告や研究開発の本質には十分迫っていない面があるのである.そのなかでも,広告にも研究開発にも共通する3つの本質的な点について触れておく必要があるだろう.

その第1は,効果の不確実性である.どのくらいの広告支出をすればどの程度の需要増が見込めるか,研究開発投資1円当たりでどのくらいのコスト・ダウンが期待できるのか,不確実なのがつねである.効果の不確実性は,広告や研究開発のような目にみえない知識や情報への投資にとってきわめて本質的なものであろう.その本質はこのモデル分析では一切無視されている.ただし,技術の成熟度の高い製品では,コスト・ダウン投資の効果はかなり正確に予想できるというし,また繰り返し広告の行なわれている製品についても広告の効果測定はかなり正確にできる.そのような製品については,この章のモデルの

仮定もあながち無理ではない.

このように効果の不確実性があるときには，現実の企業の広告投資，研究開発投資はこのモデルが予測するよりも低い水準に定められることが多いであろう．企業が投資のリスクを考えて，危険を回避しようとする行動にでることが予想されるからである．

第2の点は，広告も研究開発もその効果が自社にだけ及ぶのではなく，競争相手にも自社の投資が役立ってしまうという公共財的側面があることである．たとえば，製品の広告は企業の認知を社会的に高めるばかりでなく，その製品自体の社会的認知を高める．とすれば，その認知が他社の利益につながる可能性は十分ある．研究開発もそうである．自社開発の技術を他社が真似をして，少ない投資で自社と同じ効果を享受することは十分ありうる．いずれも，広告や研究開発の成果の漏洩効果(スピルオーバー)がかなり大きいことを示している．

こうした漏洩効果があるとき，広告費や研究開発の投資決定に当然影響が出る．競争上のダイナミックス次第では，投資額をこのモデルで示される水準より低く決めるのが最適となることも十分に考えられる．

第3の点は，広告や研究開発への支出が，支出してすぐ効果が出るようなものではなく，またその効果は短期にすぐ終わってしまう一過性のものでないことが多いことである．つまり，広告支出も研究開発支出も資本蓄積のような面があるのである．広告の場合であればそれはブランドやのれんという財産の蓄積であり，研究開発投資の場合には技術という知識の蓄積である．この点は，この章のモデルが静学的なモデルであるために取り入れられていないが，動学的に拡張すれば，ここでのモデルの結論や洞察があまり本質的に変化しないで残ることも知られている[3]．

こうした欠点があるにせよ，この節の簡単なモデルで広告や研究開発の決定の一つの側面が分析できたというメリットも忘れてはならない．製品差別化やコスト・ダウンという企業行動の理解への出発点となる洞察は得られたのである．

3.3 経験効果と価格決定

2つの経験効果

　前節では需要関数や費用関数をシフトさせるための企業行動として，直接的にそのための資源投資を行なうという，第1のタイプの制御行動を扱った．この節では，生産の経験そのものを通して企業の費用関数が下にシフトし，あるいは製品の使用経験そのものを通して消費者の需要関数が上にシフトしてくる，というケースを扱う．これらの効果を経験効果と呼べば，この効果を有効に用いて需要関数や消費関数を制御するカギは，現在の生産量を適当に大きくして，将来の需要関数や消費関数がシフトすることを狙うところにある．つまり，問題は生産量の決定そのものにあり，現在の生産量の決定が将来に与える影響を考えた本質的に多期間の問題となるのである．

　生産の経験効果は，学習曲線効果として知られている．学習曲線効果とは製品の単位費用がその製品の生産量を時間的に累積していくにつれて，かなりのスピードで下がってくることをいう．そして，その下がり方を示す曲線が学習曲線とよばれ，3-1図のような形が典型的である．単位費用のなかには生産費用ばかりでなく販売費用なども含まれていると考えてよい．

　ここで，横軸が「累積」生産量であって，ある期間中の単なる生産量の大きさを示すものでないことに注意して欲しい．現在までの過去からの生産量の累

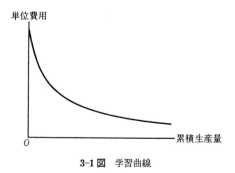

3-1図　学習曲線

積が意味をもつのである．それは，生産量の累積が生産経験や販売経験の累積の代理変数になっているからである．そうした経験の累積は，その経験のプロセスから企業が学習し，現場で働く人々が学習する機会の累積を意味する．その学習から，労働者が習熟をし人々がコスト・ダウンをするためのさまざまな手立てを発見していく可能性がある．生産活動や販売活動を実地に行なっていくプロセスで，体験学習(learning by doing)が起きる可能性があるのである．

　こうして起きる学習がどのくらいのコスト・ダウンにつながるかは，もちろん製品や技術の種類によって異なるだろう．たとえば，学習曲線効果が典型的に見られる産業として有名な半導体産業では，累積生産量が2倍になるたびに単位費用は3割近く下落するという経験則がある．これはかなり大きな経験効果である．

　使用経験による需要関数のシフトの本質も，体験学習である．この場合は学習は消費者によって行なわれ，学習されるものはその製品の機能，品質，その企業のサービスなど，製品や企業の性質についてのもろもろの事柄である．その学習の結果，その製品に対する消費者のブランド・ロイヤルティが高まれば，需要曲線は上にシフトする．逆に製品に愛想をつかせば，需要関数は下にシフトするであろう．以下では，使用経験によってブランド・ロイヤルティが高まるケースを扱う[4]．

　製品や企業の性質を事前に消費者に知らしめる手段の一つとして確かに広告があるが，その性質のなかには「使ってみてはじめて」よく消費者に理解がいくものも多い．また広告をあまり信用せず自分や友人の使用体験を通じて製品の評価を下す消費者も多い．とくに，これまで類似製品のなかった新製品の場合には，それがいえるであろう．

　使用経験効果がかなりある製品の場合，その製品の価格は，その製品の供給量と累積使用量の両方の関数となることが予想される．消費者が払ってもよいと思う価格は，企業がある時どのくらいの量を市場に供給しようとするかで決まるばかりでなく，消費者がこれまでどのくらいの使用経験を積んでいるかにもよるのである．そして，価格を累積使用量の関数としてグラフを描けば，3-

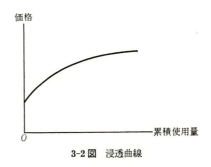

3-2図　浸透曲線

2図のようなグラフが想定される．ここで今期の供給量(x)は一定にしてある．このグラフを浸透曲線と名付けたのは，累積使用量がその製品の市場浸透度(market penetration)の代理変数になっているからである．このグラフの意味するところは，市場浸透度の高い製品ほどより高い価格をつけられるということである．

学習曲線によるコスト・ダウンにせよ，浸透曲線による価格上昇にせよ，この経験効果をたくみに使うための企業行動として直接的に思い浮かぶのは，「現在は多少犠牲を払ってでも価格を安くし生産量を大きくしておいて，その効果(コスト・ダウンあるいは価格上昇)の恩恵を将来享受しよう」ということであろう．その直観が正しいか，分析によって確かめてみよう．以下では，学習曲線効果を考えた価格決定を学習価格(learning pricing)，浸透曲線を考えた価格決定を浸透価格(penetration pricing)とよぶ．

学習価格のモデル分析

「現在の犠牲のもとに，将来の恩恵を」という考え方による企業行動の分析は，必然的に動態的な分析，複数の期間にわたる分析にならざるを得ない．いま，最も単純な多期間分析として，2期間にわたる分析を考える．x_tを第t期の生産量，z_tを第t期までの累積生産量とすれば，

$$z_1 = 0, \quad z_2 = x_1$$

となる．

第 t 期のこの企業の単位費用は $cl(z_t)$ と表わされるとする．ここで c は学習効果のないときの単位費用，$l(z_t)$ が学習効果を示す関数であり

$$l(0)=1, \qquad l'(z_t)=dl/dz_t<0$$

つまり累積生産量の増加とともに単位費用は下落していくのである．この企業の需要関数は 2 期間を通じて不変であると仮定し，第 t 期の製品価格を p_t とすれば，$p_t=h(x_t)$ となる．分析を簡単にするために，この需要関数は弾力性一定の関数とする．

この企業の 2 期間の利潤の合計は

$$\pi = p_1 x_1 - c x_1 + p_2 x_2 - cl(x_1)x_2$$

となり，これを最大にするように x_1, x_2 を決めるのがこの企業の最適行動である[5]．例によって π を x_1, x_2 について偏微分して，利潤最大化条件を求めると，

(3-11) $\qquad p_1\left(1-\dfrac{1}{e}\right) = c(1+l'(x_1)x_2)$

(3-12) $\qquad p_2\left(1-\dfrac{1}{e}\right) = cl(x_1)$

こうして決められる価格や生産量は，学習効果のないときと比較すると，どうなるだろうか．比較のために，$p_1^0, p_2^0 ; x_1^0, x_2^0$ を学習効果のないとき（つまり $l'(z_t)=0$）の最適価格と生産量，$p_1^*, p_2^* ; x_1^*, x_2^*$ を学習効果のあるときの最適価格と生産量であるとする．(3-11), (3-12) で，$l'(x_1)=0, l(x_1)=1$ とすれば，p_1^0, p_2^0 が得られる．明らかに

(3-13)
$$p_1^* - p_1^0 = cl'(x_1^*)x_2^*\left(1+\dfrac{1}{e-1}\right)$$
$$p_2^* - p_2^0 = c(l(x_1^*)-1)\left(1+\dfrac{1}{e-1}\right)$$

したがって，

(3-14) $\qquad p_1^* < p_1^0, \qquad p_2^* < p_2^0$

つまり，学習効果の存在は企業の最適生産量をより大きくし，最適価格をより小さくするのである．企業にとって，第 1 期の直接的な限界費用は c であるが，学習効果による第 2 期でのコスト・ダウン効果を考えると，2 期を通じた本当

の限界費用は c よりも安く，$c(1+l'(x_1)x_2)$ となる．したがって，限界費用が c と考える学習効果のないときよりも生産量は増える．あるいは，第1期に将来のことを考えなければ，限界費用 c だけを考えて行動することとなり，そのときの生産量は $x_1{}^0$ となる．将来のことを考えればこそ，第1期の利益を減らしてでも，生産量を増やすのが最適な企業行動である．第2期には実際に費用が下がって $cl(x_1)$ となるわけだから，やはり学習効果のないときよりも生産量は大きくなる．

では，2つの期間の価格は時間的にどう動くのだろうか．学習効果のないときは当然に $p_1{}^0 = p_2{}^0$ であるが，学習効果のあるときは，

$$p_1{}^* - p_2{}^* = c(1+l'(x_1{}^*)x_2{}^* - l(x_1{}^*))\left(1+\frac{1}{e-1}\right)$$

ややテクニカルになるので，詳しくは説明しないが，$1+l'(x_1{}^*)x_2{}^* - l(x_1{}^*)$ は $l(\cdot)$ という関数が3-1図のように凹型の関数になっていれば，非常に小さい値となる．さらに，このモデルで時間を連続にとる(1期，2期という各期間の長さを限りなく短くしていく)モデルにすれば，最適価格はいつでも一定値をとることが証明されている[6]．したがって，

$$p_1{}^* \fallingdotseq p_2{}^*$$

としても差し支えないだろう．これから，

$$x_1{}^* \fallingdotseq x_2{}^*$$

が出てくる．

とすると，学習効果のあるときもないときも，価格と生産量を2期とも同じにするのが最適な企業行動ということになる．しかし，その価格の水準は，学習効果のあるときにはかなり低く設定されるのである．その低い水準でも，大量生産によって薄利多売で利益が大きくなっているのである．それを，マージン(価格−単位費用)のちがいという観点から見てみよう．

いま，学習価格による長期的利益の最大化の本質が薄利多売にあることをはっきりと見てみるために，学習効果があるにもかかわらず短期的な利潤の最大化に走る企業(これを短期企業とよぼう)とのマージンの比較をしてみる．p_1',

p_2'; x_1', x_2' をこの企業の価格と生産量とすれば,各期ごとに利潤を最大化する結果,

$$(3\text{-}15) \qquad p_1'\left(1-\frac{1}{e}\right)=c, \qquad p_2'\left(1-\frac{1}{e}\right)=cl(x_1')$$

がこの短期企業の行動を示す式になる.第2期には,第1期の生産の結果として低下した単位費用にもとづいて生産量を決めている.

この短期企業の価格と生産量の特徴を長期利潤を最大化する企業(長期企業とよぼう)との比較で考えてみると,$l(\cdot)$ の性質と(3-11),(3-12),(3-15)より

$$(3\text{-}16) \qquad \begin{array}{ll} p_1' > p_1^*, & x_1' < x_1^* \\ p_2' > p_2^*, & x_2' < x_2^* \\ p_1' > p_2', & x_1' < x_2' \end{array}$$

となることがすぐわかる.短期企業は,つねに長期企業より高く価格をつけ,生産量も小さい.しかし,学習効果のまったくなかったときと比べれば,第2期の価格は費用の低下を反映させて,第1期より安くし,生産量も増やしている.では,マージンはどうか.

短期企業の各期のマージンは,(3-15)より

$$(3\text{-}17) \qquad \begin{aligned} p_1' - c &= p_1'\frac{1}{e} \\ p_2' - cl(x_1') &= p_2'\frac{1}{e} \end{aligned}$$

となる.他方,長期企業のマージンは

$$(3\text{-}18) \qquad \begin{aligned} p_1^* - c &= p_1^*\frac{1}{e}+cl'(x_1^*)x_2^* \\ p_2^* - cl(x_1^*) &= p_2^*\frac{1}{e} \end{aligned}$$

となる.$p_1' > p_1^*$ だから,第1期のマージンは短期企業の方がよい.長期企業にとっては,マージンは負になっている可能性すら十分ある.$cl'(x_1^*)x_2^*$ という項の影響である.

第2期になると,短期企業のマージンは下がる.$p_2' < p_1'$ だからである.他

方，長期企業のマージンは価格を変えないのに上がる。(3-18)において，$p_1^* \fallingdotseq p_2^*$ かつ，第2期のマージンの式には第1期の式の第2項のようなマイナスの項がないからである。しかし，こうして上がった長期企業の第2期のマージンも，短期企業のそれよりはまだ小さい。なぜなら，(3-16)にあるように，$p_2{'} > p_2^*$ だからである。

このように，2期とも低いマージンで我慢しながらも，生産量が多いために長期企業の方が2期間を通じてより大きな利潤を得ているわけである。つまり，薄利多売をするのが学習効果のあるときの長期的な最適行動なのである[7]。

この行動の本質は，いわゆる大規模生産の利益とはちがうことに注意してほしい。いわゆる大規模生産の利益とは，大型の機械を入れればより効率的な技術が利用できてコスト・ダウンが可能となる。大量販売をすれば製品1個当たりの固定費負担が小さくなり利益があがるといった，静態的な概念である。ここでの記号をつかえば，x_1 を大きくすれば第1期の単位費用が下がるということである。しかし，ここで用いた学習効果のモデルでは，この可能性ははじめからない。第1期の単位費用は c で x_1 の大きさに依存しないのである。むしろ，第2期の単位費用が x_1 に依存して下がるところに学習効果の本質がある。

戦後の日本企業の行動の特徴として，マーケット・シェア志向がよくあげられる。当面の利益を犠牲にしてでもシェアを大きくする行動を日本企業の多くがとってきたということである。それはしばしば低価格戦略と併行してとられた企業行動であって過当競争ともいえるような激しい競争を発生させたという。

シェアを大きくするということは，生産と販売の数量を大きくすることである。薄利多売を狙った行動であろう。その行動は学習効果の存在を考えれば，十分に合理性のある部分がある。新技術，大型技術を採用して静態的な大規模生産の利益を狙うという動機が日本企業のシェア志向の背後にあった理由の一つであろうが，そればかりでなく，学習価格モデルの論理からしてもシェア志向の行動はかなり合理的な面があった可能性が強い。

浸透価格のモデル分析

浸透価格の分析も多期間分析とならざるを得ないが,ここでもやはり2期間モデルで論理の本質を見てみよう.価格や生産量の記号は学習価格の場合と同様とする.この場合,需要関数が累積生産量に依存し,

(3-19) $$p_t = m(z_t)h(x_t)$$

と書けるとする.$h(x_t)$がふつうの需要関数の部分,$m(z_t)$が浸透効果をあらわす部分である.

(3-20) $$m(0) = 1, \quad m'(z_t) > 0$$

というのが,3-2図のような浸透曲線の背後にある仮定である.

議論を簡単にして浸透ということの本質をわかりやすく見るために,ここでは$h(x_t)$という浸透効果のない場合の需要関数の弾力性は一定(e),限界費用もx_tに依存せず一定(c)とする.このとき,浸透効果を考えた(3-19)の需要関数の価格弾力性もeに等しくなる.

このとき,企業の利潤は

$$\pi = p_1 x_1 - cx_1 + p_2 x_2 - cx_2$$
$$= h(x_1)x_1 - cx_1 + m(x_1)h(x_2)x_2 - cx_2$$

となる.したがって,利潤最大化条件は

(3-21) $$p_1\left(1 - \frac{1}{e}\right) = c - m'(x_1)h(x_2)x_2$$

(3-22) $$p_2\left(1 - \frac{1}{e}\right) = c$$

(3-21)の右辺は,浸透による価格上昇効果を考えた,第1期の生産量の真の限界費用である.第1期の生産活動から直接に発生する限界費用cより,$m'(x_1)h(x_2)x_2$の分だけ低くなっている.これらの式を満たす価格と生産量をp_t^*, x_t^*とする.

学習価格のときと同じように,浸透効果のないときの最適な価格と生産量をp_t^0, x_t^0,浸透効果があっても短期利潤の最大化をやってしまう短期企業の価格と生産量をp_t', x_t'とする.同じような分析を行なって次のような関係があるこ

とがわかる.

(3-23) $\quad p_1^* < p_1^0 = p_1', \quad x_1^* > x_1^0 = x_1'$

(3-24) $\quad p_2^* = p_2^0 = p_2', \quad x_2^* > x_2' > x_2^0$

たとえば(3-24)の価格についての関係は(3-22)からすぐ出てくる.この式は3つの場合すべてに共通の式となる.しかし,価格が同じでも浸透効果($m(x_1)$)の大小によって,生産量はちがってくる.長期企業は短期企業と同じ価格を付けるが,浸透効果が大きいためにより多くの需要が獲得できて$x_2^*>x_2'$となるのである.

この2つの関係式と,$p_1^0=p_2^0, x_1^0=x_2^0$から

(3-25) $\quad p_1^* < p_2^*, \quad p_1' = p_2', \quad x_1' < x_2'$

がわかる.浸透価格モデルでは,企業は第1期に安い価格をつけ第2期には価格を引き上げて浸透の恩恵を得ようとするのである.ただし,生産量が2つの期の間で増えるか減るか,それはわからない.短期企業は,同じ価格をつけて,第2期は生産量を増やす.

マージンという観点からすると,

(3-26)
$$p_1^* - c = p_1^* \frac{1}{e} - m'(x_1^*) h(x_2^*) x_2^*$$
$$p_2^* - c = p_2^* \frac{1}{e}$$

が浸透価格モデルの長期企業のマージン,短期企業のそれは

(3-27) $\quad p_1' - c = p_2' - c = p_2' \dfrac{1}{e}$

つまり,短期企業は同じマージンを得ようとするが,長期企業は(3-25)と$m'(x_1^*)>0$より,第1期のマージンは低く(時には負),第2期に短期企業や浸透効果のない時と同じ幅のマージンをとるようにする($p_2^*=p_2'$).第2期の需要量が大きくなるために,第1期のマージンが低くても利潤は最大化されるのである.やはりここでも,薄利多売が企業行動の本質となっている.

学習効果,浸透効果,ともに企業を薄利多売へとかり立てる効果をもち,と

くに第1期についてはかなり低い(時にはマイナスの)マージンを承知の上で生産量の拡大を図ろうとする．簡単なモデル分析ではあるが，直観的にも納得のいく結論である．もし，学習効果や浸透効果が比較的大きなものであれば，初期に低価格でシェア拡大を図るという企業行動は合理性のかなりあるものになる．

この章での企業の概念は，単なる生産者にとどまらず，みずから需要関数と費用関数を制御しようとする存在であった．製品市場と要素市場に，そして生産関数に積極的にはたらきかける企業であった．そういった企業のそれでも簡単なモデルを分析することによって，企業行動にたいする洞察がかなり得られた．

しかし，それでもまだかなり単純な企業の概念しかわれわれは扱っていない．次の章からはいよいよ市場との構造関係を積極的に作っていこうとする企業を扱うことにしよう．

第3章 演習問題

1. 3.2 の製品差別化とコスト・ダウン行動のモデル分析の結果を用いて，両方の行動を同時に行なう企業の売上利潤率を e, α, β であらわす式を導け．そしてこの式の経済的含意を述べよ．この式が現実を比較的よく説明できているかどうか，いくつかの具体的な産業の例によって確かめてみよ．

2. 学習効果と浸透効果の両方を同時に考えて最適な生産量を決める企業の利潤最大化の条件を求めよ．そしてこの企業の価格，生産量，マージンを短期企業のそれと比較せよ．

3. 浸透効果の本質はなにか．広告よりも浸透効果のほうが強い影響をもつと思われる財を3つあげ，そのそれぞれについてなぜ浸透効果のほうがより大きな意味をもつのか考えよ．

第3章 注

1) ここの分析の基本は, R. Dorfman and P. Steiner, "Optimal Advertising and Optimal Quality," *American Economic Review 44*, 1954.

2) コスト・ダウンを狙った企業行動についての基礎論文は, P. Dasgupta and J. Stiglitz, "Industrial Structure and the Nature of Innovative Activity," *Economic Journal 90*, 1980.

3) M. Nerlove and K. Arrow, "Optimal Advertising Policy under Dynamic Conditions," *Economica n. s. 29*, 1962.

4) 使用経験によって,ブランド・ロイヤルティが小さくなる粗悪品の場合は,以下の分析のちょうど逆の結論が出てくる.

5) 2期間にわたる分析なので,利潤の単純合計ではなく,利潤の現在価値を最大にするように利潤関数を設定してもよいが,分析結果の本質は変わらないので,より簡単なこの利潤関数を用いる.

6) A. M. Spence, "The Learning Curve and Competition," *The Bell Journal of Economics*, Spring, 1981.

7) 長期企業の利潤のほうが短期企業の利潤よりも大きいのは,長期企業が2期間を通しての最大化を行なっているのにたいして,短期企業が学習効果を無視した各期ごとの最大化を行なっていることから,明らかである.

第4章 製品構造の決定

4.1 製品構造の多角化

　前2章の企業行動は基本的に単一製品を扱う企業の行動だった．つまり，1つの製品市場，1つの需要関数をもった企業である．しかも，その製品そのものが何であるか，つまりこの企業は何を売って事業活動をしようとしているかは，すでに何らかの理由で決まった企業の行動の分析であった．そのような企業にとっては，製品の価格と生産量の決定が最も大切な意思決定であるのは想像に難くない．

　しかし，より現実的に考えてみれば，多くの企業は複数の製品を扱っている．たとえば，日立製作所はコンピュータを扱い，原子力発電設備を扱い，テレビや冷蔵庫も扱っている．それぞれの製品分野は，日立が自らの意思決定によって，扱うことを決めたものである．何か外生的な理由で外から与えられた決定ではない．

　どの製品市場を自らの事業の対象とするか，どのくらいの多様な分野へ進出するか，はおそらく現実の企業の意思決定の中で最も基本的な重要性をもつものの一つである．あるいは，最も重要なものとさえ言えるかもしれない．その決定は，どの製品を選ぶかという意味で需要関数の選択の決定であり，そのための技術を選択するという意味で，生産関数の選択の決定ともなる．企業にとって最も重要な，製品市場との基本的な構造的関係の選択の決定なのである．前章では需要関数や費用関数の制御の問題を扱ったが，ここではより根本的な，それらの関数の選択の問題が扱われる．

　日本ばかりでなく，大方の先進国の大企業の多くは，複数の製品分野で事業活動を行なっている．「企業が事業活動を行なって外部に販売する製品分野の

全体の多様性が増すこと」を多角化と定義すれば，多角化した企業がきわめて多いのである[1]．しかも，各企業の歴史的な生い立ちを見れば，殆どの企業が初めは単一製品を扱う企業として出発する．松下電器は電灯用ソケットを扱う企業として出発し，日立製作所は鉱山用の機械の製作が最初の事業であった．そういった企業が，歴史的な経過の中で，何らかの理由で多角化していったのである．

しかし，一方では多角化しない，あるいはきわめて小さな程度でしか多角化しない企業もある．トヨタ自動車，日本石油，アメリカのGM，エクソンなどはその典型である．

なぜある企業は初期の事業からつぎつぎと多角化していくのか．なぜ別の企業は多角化しないのか．なぜ多角化した企業が大企業のなかには圧倒的に多いのか．これらの疑問への経済的説明を与えるのがこの章の目的である．

多角化の動機

多くの企業が多角化してきたということは，まず第1にそれらの企業に多角化への動機が存在したということであり，そして第2に多角化した事業分野でその企業が競争に勝ち残れるだけの理由があったということである．この2つは必ずしも同一ではない．動機があっても成功の理由がないこともあり，動機は薄くても成功の理由だけあることもある．動機だけしかないケースでは，企業は多角化を試みるであろうが，長続きはしない．動機のない場合には，そもそも企業は多角化を試みないであろう．この項では多角化の動機を，次節では多角化の成功の経済的根拠を述べる．

多角化への動機は，大別して3つに分けられる．第1は問題発生型，第2は資源適応型，第3は企業者型．

問題発生型の動機とは，企業を取り巻く市場環境や技術環境に大きな変化があって，企業業績の上で問題が発生しはじめて（あるいは発生が予測されて），それを解決しなければならないという動機である．既存製品の需要の停滞，需要の不確実性の増大，代替技術の登場による自社の技術の陳腐化，などが環境

変化の例である．この動機による多角化の特徴は，問題が発生しはじめてからの多角化の決定なので多角化の必要性は大きいがそれを成功させる能力を企業が十分に持っていないことが多いことである．

　第2の動機，資源適応型とは，企業内部に自然発生的に蓄積されていてかつ完全には利用され尽くされていない資源を有効に利用しようとする動機である．なぜ完全に利用されない資源が自然発生的に蓄積されてくるのかについては後に触れるが，現実にはかなり多い多角化への動機である．その資源を有効に利用できてかつ有望な分野へ企業は進出する．この型の多角化の特徴は，多角化の成功への資源的裏付けがかなりあること，そして外部的な問題発生とは直接的に関連をもたずに行なうことができるために，タイミングを選べる，無理をせずにすむ，などである．多角化の必要性は低く，能力の高いケースといえる．既存の分野と密接な関連をもった分野への多角化が多い．

　第3の動機，企業者型は，長期的な視野に立って企業の将来と環境の変化を考えて，将来有望な分野へ進出しようとするものである．そのための資源蓄積や技術開発は意図的に事前に行なっていく．企業者精神に富んだ動機である．この型の多角化は，環境変化による問題発生のはるか以前に多角化がはじまるという点で問題発生型とは異なり，多角化のために必要となる資源蓄積を意図的，事前的に行なっておくという点で資源適応型とも異なる．進出先の分野は，既存分野と深い関連のある場合もあるし，関連の浅い場合もありうる．

　以上の3つの動機のいずれにも共通するのは，多角化が企業の事業機会が時とともに変化していくことへの対応だということである．事業機会の変化とは，需要条件の変化によっても生まれるし，企業の資源蓄積の変化によっても生まれる．社会の変化によって新しい市場が生まれ既存の市場が衰退していくのが前者の例であり，企業の技術が研究開発などで進歩していくのが後者の例である．企業自身に起こる変化と環境の側に起こる変化とをうまくマッチさせて最も大きな事業機会をつかむようにする努力の一つの必然的帰結が製品構造の変化，つまり多角化なのである．

4.2 多角化の経済的根拠

成功のための能力

　どんな動機で多角化するにせよ，動機は成功の保証にはならない．多角化が成功し，長続きするためにはそこに経済的根拠がなければならないはずである．多角化の成功とは，多角化した分野で企業の存続に必要な利潤率をあげられることである．そのためには，3つの条件が必要となる．1つは新製品に対する需要が必要なだけ存在するあるいは需要喚起ができること．第2には，その製品の開発，生産，販売などの業務活動の費用が望ましい利潤率をあげるのに十分なだけ安くできること．第3に，競争相手に市場から追い出されないように競争に少なくとも伍していけるだけの，価格，品質，などが確保できること．

　第1の条件は，新分野での需要の読みが当たるかそれるかという需要予測の能力の問題である．第2，第3の条件は，その分野での業務活動や競争行動についての企業内部の能力の問題である．

　このような能力を持つことが多角化が成功し存続するための条件である．しかも，多角化企業はこれらの能力をそれぞれの分野の専門単一製品企業よりも高い水準で持っているものが多い必要がある．でなければ，多角化は成功しないことが多くなり，多角化企業が世の中に多いという現実は生まれないであろう．専門企業よりもこれらの能力をとくにすぐれて持てるのでなければ，多角化企業はその多角化した先の分野で，いずれその分野の専門企業に駆逐されてしまう可能性が強いからである．

　このような能力を新分野でその専門企業より高い水準で，多角化しようとする企業が持ちうるのは，どのような根拠のあるケースであろうか．それには大きくわけて2つの場合がある．1つは，その企業を率いる企業者，経営者の能力に根拠のあるケース．これを企業者的根拠とよぶ．第2は，新分野と既存分野との間に何らかの経済的関連があり，その関連ゆえに上記の能力を専門企業よりもより高く持てるケース．これを経済的根拠とよぶ．2つの根拠は併存す

ることもありうる.

　企業者的根拠とは，その企業者は他に優れた長期的視野をもち，需要を読む力があり，企業内の業務を新分野に応じて編成，管理する能力が高いことをいう．そのような企業者は企業成長への強い意欲をもつことが多く，既存分野だけではあき足らず，新分野へ進出し成功させるのである．新分野での能力が既存分野ととくに関係がなくとも，いわば自分で新しい専門企業をその分野で作ることができる．この場合，新分野と既存分野との間に経済的関連があるかないかは本質的な根拠ではない．多角化への駆動力は，企業家精神と企業家能力にある．いったん成功してしまえば，新分野の担当部門は既存企業から独立してもとくに不自由はない．

　このような根拠だけによる多角化は，恐らく少数派に属するであろう．多数の多角化の存続は，新分野と既存分野の間の経済的関連のゆえに新分野での競争能力が高くなる，あるいは進出することが魅力的になるという，経済的根拠のあるケースであろう．

　その経済的根拠には，3つのものがある．第1に範囲の経済(economies of scope)，第2に情報の経済(economies of information)，第3に危険の分散．以下，順を追って説明していこう．

範囲の経済

　範囲の経済とは，複数の製品を一つの企業が同時に生産し販売する方が，各々の製品を単独に生産，販売したときの合計の費用よりも割安につくことをさす．つまり，いま2つの製品の生産量を x_1, x_2 で表わし，その費用関数を $C(x_1, x_2)$ としたとき，

$$(4\text{-}1) \qquad C(x_1, x_2) < C(x_1, 0) + C(0, x_2)$$

となるとき，この費用関数には範囲の経済があるというのである．この式の左辺が x_1, x_2 を同時に生産，販売するときの総費用，右辺の第1項が第1製品だけを生産するときの総費用，第2項が第2製品だけを生産するときの総費用である．

範囲の経済があれば，企業はその製品構造の範囲を広げることによって恩恵を受けることができる．だから範囲の経済なのである．その範囲の拡大(つまり多角化)によって生ずる恩恵をもう少しわかりやすい形でみるために，(4-1)をつぎのように変形してみよう．

$$(4\text{-}2) \qquad \frac{C(x_1, x_2) - C(x_1, 0)}{x_2} < \frac{C(0, x_2)}{x_2}$$

この式を解釈するため，第1製品を多角化しようとしている企業にとっての既存分野，第2製品を新分野としよう．(4-2)式の左辺はこの企業が新分野へ出て x_2 だけの生産を行なうときに，追加的に単位当たりどれくらい費用がかかるかを示している．つまり，$C(x_1, 0)$ は新分野へ出る前(つまり $x_2=0$)のこの企業の総費用，$C(x_1, x_2)$ は新分野へ出た後の総費用である．その差が新分野の事業活動に要する費用である．したがって，多角化企業にとっての新分野での単位費用は左辺となる．

一方，この式の右辺は第2製品のみを作る企業(専門企業)の単位費用を示している．したがって，この式は多角化企業の第2製品の単位費用が専門企業のそれより低いことを示している．つまり，範囲の経済があれば，多角化企業の方が有利なのである．同じことは(4-1)式を同じように変形して，x_1 についても多角化企業の方が有利であることがいえる．多角化が成功し，存続する一つの経済的根拠である[2]．

ではなぜ範囲の経済が発生するのか．基本的には理由は一つである．それは，新分野で利用可能な資源が既存分野の事業活動から発生しかつ既存分野では未利用なまま残されていることである．その未利用資源を新分野が使うことによって対価を支払うべき資源の節約ができ，それが専門企業と比較したときの費用の低下となってあらわれる．つまり，「複数の分野で共通利用可能な未利用資源」が企業のなかに発生してくることが範囲の経済の源なのである．この資源がいわば企業内公共財として機能するのである．それではなぜ，利潤を最大化するよう合理的に行動するはずの企業が「未利用」の資源を持つに至るのか．未利用とはムダではないのか．

もちろん，ムダであることもあるであろう．そのような企業は利潤の最大化を行なっていないことになる．しかし，企業が合理的な行動を取り，ムダの排除を最大限に行なってもなお公共財的な未利用資源が発生してくることは十分ありうるのである．1つの答は簡単である．将来の企業者型多角化のために，「一時的に未利用」な資源を持つことが，最適な資源蓄積のパターンとして最も望ましいという場合．「未利用」はあくまで準備であり，一時的な現象にすぎない．

第2の答は，未利用資源は将来のための準備ではなく，既存分野での合理的な企業行動から必然的に発生してくるという場合．これには2つのケースがある．1つは，遊休資源をあえて持つことが既存分野での最適な企業行動のために必要である場合．たとえば，資源の不可分割性(たとえば最新技術のための大型機械を細切れに買ってくるわけにはいかない)のために，既存分野での現在の生産水準では使い切れないほどの過剰資源を持つことが最適である場合．そのとき，遊休資源が必然的に発生し，これが新分野で用いられて範囲の経済となる．あるいは，結合生産という技術的な理由で新分野で利用可能な価値のある資源が既存分野から必然的に生まれてくることもあるだろう．それを利用しなければ，遊休資源となってしまう．たとえば，ゴミの焼却から発生する熱エネルギーはこのような未利用資源の例である．

未利用資源が既存分野から必然的に発生してくるもう1つのケースは，既存分野の事業活動のゆえに企業が同時多重利用可能な資源を蓄積する場合である．その資源の本質的な性格によって排他性(誰かが使っていると他人は使えない)がない公共財的性格をもっているために，その資源を既存分野と新分野とで同時多重利用することができるようになる．たとえば技術やブランドがその典型的例である．ある技術やブランドを既存分野で使っているからといって，新分野で使えなくなるわけではない．逆に，新分野でその技術を使っているからといって，既存分野でそれが使えなくなるわけでもない．まさに同時多重利用である．同時多重利用であるからその利用費用はきわめて小さく，しかもそれを多重に利用できれば，こんなに効率のいいことはない．

このケースは遊休資源が存在しているのではないことに注意すべきである．既存分野はその技術やブランドを十分に使っている．使い余りがあるわけではないのに，しかし新分野で使っても構わない．遊休資源ではないが未利用でもあるという資源がこのようにあるのである．

こうした資源は，情報という財にその本質があるものが多い．技術も情報のかたまりであるし，ブランドも消費者の側に蓄積された情報のかたまりでそれが企業にとって価値のあるものになっている．これらの情報に本質をおく資源を情報的資源とよべば，それが大半の原因となって同時多重利用可能な未利用資源が発生しているのが，この第2のケースである．

情報という財は，同時に複数の人が使用可能で（つまり同時多重利用），しかも使用による減耗もないという面白い性質をもち，それが情報的資源の公共財的性格につながっている．これはふつうの物的資源や人的資源，あるいはカネという資源にもない性質である．これらの資源はその本質からして排他性をもっているのがふつうである．

遊休資源としての未利用資源はその遊休分を新分野で使ってしまえば，それでもう範囲の経済の源ではなくなる．しかし，同時多重利用可能な情報的資源は利用可能な分野がある限り範囲の経済の源になりうる．資源の側には，本質的な利用限度はないのである．きわめて多くの多角化の背後には範囲の経済があり，しかもその範囲の経済の源泉は情報的資源であることがきわめて多いのは，そのためである[3]．

このような2つのタイプの「共通利用可能な未利用」資源が存在すれば，それによる範囲の経済を生かそうとして多角化が行なわれる．その多角化は企業の得意とする市場分野，技術分野をいわば基地として，その周辺への多角化になることが多い．範囲の経済の核心が共通利用可能な資源にあることからも，当然である．その資源が主として流通，販売活動に必要なものであるとき，それをもとにした多角化を市場関連の多角化という．その未利用資源が研究開発や生産活動に関連した技術的なものであるとき，その多角化を技術関連の多角化という．

市場関連多角化の基となる範囲の経済を生み出す資源の例としては，流通体制という人的および無形の資源，ブランドという無形の資源などが代表的であろう．既存分野の活動のために築き上げた流通体制やブランドが新分野に少ない追加費用で共通利用できることは多い．それがあれば，販売や広告の費用をあまりかけずに販売活動ができる．それらを独自に出費しなければならない専門企業より有利となる．

技術関連の多角化の背後にある資源としては，結合生産から生まれる投入要素，工場の遊休設備，あるいは技術蓄積という無形の資源あるいはそれを生み出す中央研究所スタッフのような人的資源，などがある．これらの資源を既存分野で用いるばかりでなく，新分野でも同時に用いることによって，これらの資源へ独自に投資しなければならない専門企業よりやはり優位に立つ．

情報の経済

上にのべた範囲の経済は基本的に，新分野での操業の費用が割安となるという経済であった．それにたいして，新分野への参入の費用についての経済もありうる．それが情報の経済である．情報の経済とは，多角化した企業がさまざまな情報へのアクセスという点で専門企業あるいは新事業への投資を考えてもよいと思っている投資家よりも優位に立ち，その結果新分野への参入費用を安くできることをいう．

この情報上の優位性が生まれてくるのは，基本的に2つのケースがある．1つは，それらの情報が既存分野の事業活動の副産物として生まれてくるケース．既存分野を持っていること自体が優位性の源になる．第2のケースは，企業をひきいる経営者が企業家精神にとんだ情報収集能力やイマジネーションをもっているために，企業が情報へのアクセスやその解釈で優位にたつというケース．もちろん，2つのケースが併存することもあり，それが最も望ましい．

既存分野の事業活動そのものが多角化の情報源になっている場合はきわめて多い．見方によっては，事業活動とは情報のやりとりのプロセスそのものなのである．たとえば，既存分野での技術改良研究のプロセスから生まれてくる新

発見へのアクセスである.他の専門企業や投資家よりもはるかに早いスピードでそれを知ることができ,またその事業機会の評価に必要な情報も多量に持てる.その結果,新分野への参入の評価,参入するとしたら参入のプロセスのあり方,などについてより多くの情報を持つことになる.それが,参入費用を安くし,参入のスピードを早める.研究開発の盛んな企業ほど多角化しているという傾向があることが知られている.

新事業機会についての情報は,企業の販売活動から生まれることもある.既存分野の需要動向についての情報収集をするうちに,新しい隣接分野への需要が生まれつつあることをいち早く知ることは,その例である.そのような情報を独立に収集しようとすれば,大きな費用を払わざるをえないであろう.多角化企業にとっては,追加的に支払う必要のない費用である.総合商社の存立の一つの基盤はまさしくこの種の情報の経済である.

こうした情報の経済の結果,多角化企業は企業内での技術移転や資本投資について,それを外部市場で専門企業や新規投資家が行なえるより効率的な運営ができる.多角化企業は独立の投資家がためらうような新事業への投資が行なえる可能性があり,技術の移転も企業内部の気心の知れた人々の間でスムーズに行なえる可能性があるのである.いわば,多角化企業は企業内に内部資源市場,内部技術市場といった資源配分メカニズムを持つことになる.そのメカニズムが情報の経済の故に,外部市場でのメカニズムより効率的になり得るのである.優位性は,外部市場での市場の失敗が大きい場合ほど大きくなる.組織内資源配分メカニズムと市場メカニズムの比較優位の議論については,次章でより詳しく触れるであろう.

範囲の経済が新分野へ参入してからの操業上の経済であったのに対して,ここでいう情報の経済は新分野への参入そのものについての経済が主なものとなっている.いずれも大切な経済である.情報の経済に力点のある多角化は,既存分野になんらかの意味で関連した分野への多角化が多いであろうが,しかし範囲の経済の場合よりは,既存分野との関連度の小さい多角化となろう.

危険の分散

　多角化の成功と存続の第3の経済的根拠は多角化によって企業の危険が分散され，全体として企業が直面する事業リスクが小さくできることである．

　不確実な需要条件や技術条件の下で事業活動を行なっている企業は，つねに危険にさらされている．そこで，1つの製品分野に企業の資源をすべて投下するのでなく，いくつかの分野に分散投資をすることによって全体としての危険を小さくしようとする試みがよく行なわれる．それが多角化による危険の分散である．その効果は，個々の事業分野での生産，販売費用が直接的に低くなるという形では表われてこない．しかし，多角化したいくつかの分野の業績が強い連動性をもたない限り，企業全体の成長と生存には役に立つ．もし多角化した新分野が既存分野と全く同じような需要動向や技術の動向をもつのであれば，多角化によってこの企業の危険はかえって大きくなってしまうこととなる．

　危険分散の効果は，長期的にも短期的にもありうる．長期的には，既存分野が衰退産業になり大幅に規模縮小をせまられる危険に対して，有望な新分野を企業の製品構造に組み込むことによって危険分散ができる．短期的には，既存分野の市況や需要の変動が不確実でかつはげしいようなときに，きわめて安定した新分野あるいは不確実でも既存分野とは逆に動く（一方がいいときは他方が悪い）可能性の大きい新分野を同時に持つことによって，企業業績の変動と不確実性を小さくできる．

　危険分散のための多角化は，その本質が株式のポートフォリオの分散投資に似ている．株式でも，1つの銘柄への集中投資の危険をさけるために，性質の異なった複数の株へ分散投資するのがふつうである．株式の一つ一つの銘柄を一つ一つの製品分野と置き換えれば，議論の本質は変わらない部分も多い．もとより，本質的に変わる部分もある．事業分野のポートフォリオには，危険分散の効果ばかりでなく，範囲の経済，情報の経済が必然的に大なり小なり働き出すことである．

　危険分散を主な力点とする多角化は，既存分野ととくに関連のある必要はない．むしろ，既存分野とは性格のちがう分野の方がよいことも多い．とくに，

代替製品の長期的脅威があるときには,その代替製品そのものへ多角化することによって危険の内部化(あるいは一種の自家保険)をすることもある.たとえば,石油企業が石油以外のエネルギー源への多角化を図る例などが,これである.

4.3 未利用資源の継続的発生と多角化の範囲

未利用資源の継続的発生

おそらく,多角化の経済的根拠のなかで最も現実的重要性が大きいのは,範囲の経済であろう.その経済の源となっている,「複数の分野で共通利用可能な未利用資源」がなぜ企業のなかに発生してくるのかを上で明らかにした.利潤を最大化するよう合理的に行動するはずの企業がなぜ「未利用」の資源を持つに至るのか,の説明である.

遊休資源と同時多重利用可能資源(とくに情報的資源)という2つのタイプの「ムダではないが共通利用可能な未利用」資源が存在すれば,それによる範囲の経済を生かそうとして多角化が行なわれる.しかしその多角化は,与えられた遊休資源の遊休をなくし,情報的資源の利用可能な分野へ進出してしまえば,そこで多角化への経済的根拠はなくなる.新たな遊休資源,新たな情報的資源が蓄積されてこない限り,もう多角化はしないはずである.

しかし,現実の多くの企業はかなりつぎつぎと多角化している.なぜだろうか.それは,これらの未利用資源が企業の成長のプロセスからつぎつぎと自然発生的にあらたに蓄積されてくるからである.そうして蓄積された資源が,範囲の経済を十分にもつものならば,企業は継続的に多角化する経済的根拠をもつことになる.そういうことがつぎつぎと起こるとき,多角化が次の多角化をよぶ,とでもいうべき状態が起こりうる.実際に多くの大企業が多角化の度合いを時間とともに増していくのは,こうした状態が起こっているのである.

では,どのようにして未利用資源が企業の中に継続的に自然発生してくるのか[4].一つのプロセスは資源の不可分割性によるものである.企業が既存分野

で成長し,あるいは新分野へ多角化するとき,人的,物的資源の投入が必要となるが,それらは当面の需要に見合うだけちょうどピッタリとつねに購入するわけにはいかないことが多い.資源は不可分割的なものも多く,そうした不可分割な資源の最小効率規模(それ以上小さいと効率的でなくなる限界の最小規模)が当面の成長や多角化に必要な量よりも大きいことはよくある.

さらに,一つの事業を操業していくには複数の資源(たとえば,異なった工程ごとにそれぞれ必要な機械設備)が必要であるのがふつうで,しかもそれぞれの資源の最小効率規模が一致していることはむしろ稀である.たとえば,A工程の機械設備の最小効率規模が月産10万単位,B工程の機械設備の最小効率規模が15万単位であったとしよう.このとき,A,B両工程の機械設備がまったく遊休なく稼働するには,月産30万単位(10万と15万の最小公倍数)の操業が必要となる.仮にこの分野の需要が最大限25万単位と予想されるときでも企業は30万単位の設備を持たなければならない.そのときには,A,Bおのおので5万単位分の遊休が出る.それを利用して多角化をしようとするとして,新分野で追加的に必要なC工程の最小効率規模が10万単位だったとしよう.その多角化を行なえば,今度はC工程に5万単位の遊休が発生し,それがつぎの多角化への引き金となる可能性がある.

こうして,資源の不可分割性とさまざまな資源の最小効率規模の食い違いによって,遊休資源のまったくないような状態に企業をもっていくことはかなり困難であることがわかる.つまり,企業の成長や多角化のプロセスから,遊休資源という未利用資源が自然発生してくる可能性がある.

未利用資源発生の第2のメカニズムは,遊休ではないが「共通利用可能な」資源,とくに情報的資源が自然発生してくるプロセスである.このプロセスは,前章でのべた研究開発,広告,経験効果が関連する.既存分野での需要関数や費用関数の制御のために企業が行なう研究開発,広告投資,あるいは生産,販売活動からの経験効果(学習効果,浸透効果)から生まれてくる技術,ノウハウ,ブランド,のれんといったものは,単に既存分野のために役立つばかりでない.新分野での範囲の経済の基になる無形の情報的資源を提供してくれる可能性が

ある．前章で，広告投資や研究開発投資が他企業へも波及効果をおよぼすことを漏洩効果(spillover)といったが，実は他企業ばかりでなく自社の他分野への漏洩効果もありうる．共通利用の効果である．それがこの第2のメカニズムの基本である．

　研究開発も広告も，あるいは生産活動も販売活動も，既存分野での競争のためにつぎつぎと行なわれていく．そのプロセスで漏洩可能(つまり共通利用可能)な情報的資源が次第に蓄積されていく．それを利用して新分野への多角化を行なう．するとその新分野での事業活動の中から新しい技術，新しいのれんなどが派生してくる可能性がある．そうして新しく蓄積された新分野での情報的資源を旧来の既存分野での情報的資源とうまく結合させると，ジョセフ・シュンペーター(J. Schumpeter)のいう「新結合」が生まれ第2の多角化の基となる範囲の経済がつくり出せる可能性がある．こうして，多角化がさらに新たな多角化の引き金になる可能性があるのである．いわば，情報の自己増殖が起きる可能性があるのである．

　こうして生まれてくる情報は，範囲の経済の源泉としての情報的資源として意味があるばかりでなく，多角化の経済的根拠の第2，情報の経済の基となる情報源としても大きな意味をもつ．

　この情報の自己増殖のプロセスのなかで，研究開発や広告投資ばかりでなく，学習効果や浸透効果の基となっている日常的な業務活動からの経験の累積が大きな意味をもちうることを十分重視すべきである．learning by doing はきわめて重要な学習と情報蓄積のプロセスなのである．前章では経験効果は薄利多売へとつながることが示唆され，ここでは多角化へとつながる可能性が示されている．薄利多売も多角化も現実の企業行動としてはよく見られる現象である．経験効果とその背後にある learning by doing の重要性を暗示している事実であろう．

　多角化のための未利用な資源が発生してくる第3のメカニズムは，必ずしも自然発生的ではないが，既存分野とは一応無関係な基礎的な研究開発活動によるものである．多くの企業は，中央研究所などをもって，将来の新事業のタネ

となるような新技術の開発に取り組んでいる．その基礎的研究から思わぬ新事業が生まれることもある．あるいは，多角化の動機としての企業者型の多角化のために，ターゲットを絞った大規模な開発が行なわれることもある．いずれのタイプの研究開発にせよ，既存分野とは関係の薄い研究開発から多角化の基盤となる技術的資源が継続的に発生してくるのである．

以上にあげた3つのメカニズムはどれも企業の規模が大きいほど未利用資源の発生量が大きくなるようなメカニズムである．不可分割性による遊休資源は大企業ほど企業のあちこちに存在している可能性が強い．既存分野からの情報的資源の漏洩効果も，既存分野の数が大きくその事業規模が大きいほど効果は大きいだろう．基礎研究も，大企業ほど資金や研究開発のリスクの負担に耐える力が大きいのがふつうである．とすると，多角化が中小企業よりは大企業の間によく見られるのも無理からぬことである[5]．

未利用資源の内部利用

こうして未利用の資源が企業内に発生してきたとしても，それから企業が経済的便益を得る方法は多角化という道1つしかないわけではない．その資源を外部へ売却あるいは貸与することによって収入を得る道がありうるはずである．しかし現実には，資源売却ないしは貸与という道がとられることは少なく，多角化という企業内部での利用という道がとられることが多い．なぜであろうか．

簡単にいってしまえば，これらの資源を売却あるいは貸与できる可能性が小さいからである．まず，不可分割性などのために発生する遊休資源は，その不可分割性のために一部を売却あるいは貸与することは難しい．同時多重利用可能なさまざまな情報的資源(既存分野の事業活動から生まれる情報的資源ばかりでなく，基礎研究から生まれる技術的資源もふくむ)についていえば，これらの資源の本質が情報財であるために，情報財の市場の成立の難しさが外部売却ないしは貸与の困難さの原因となっている．つまり，売ろうにも(貸そうにも)売却市場が情報財には成立しにくいのである[6]．

さらに，これらの情報的資源は非常に企業特異性の強いものが多い．つまり

その企業の中にあってこそ価値を生むが、単独によそへ持っていっても価値の多くの部分が消えてしまうものが多いのである。A社のブランドを一部B社が別の製品に使ったとしても、B社にとってそんなにメリットが出るかどうか、考えてみればよい。したがって、仮に資源の売却を考えたとしても売手と買手の間で取引の成立する価格が存在しえなくなる可能性が強い。企業特異性のゆえに、売手は高い機会費用があるのだから高い価格を要求し、買手にとってはこの資源の便益はそれほど大きくなく低価格でなければ買おうとしないのである。

多角化の範囲

　こうして未利用資源が継続的に発生し、それが企業内部で多角化に利用される可能性が強いことは説明できたが、ではこのプロセスが続けば企業は無限に多角化していくのだろうか。その範囲と多角化へのスピードはきわめて大きなものになるだろうか。現実の企業を見るかぎり、答は「ノー」である。企業は無限に多角化することもないし、かなりの程度の多角化をする企業にしてもそのスピードはゆるやかであるのがふつうである。

　それはふつう3つの理由によって企業が多角化に関して制約を受けているからである。1つは資源制約である。これまで述べてきた資源発生の論理は、新分野に役に立つ資源が生まれてくるということであって、新分野に必要な「すべての」資源が発生してくるということではない。新分野への進出には、発生してきた資源以外に他の多くの資源の調達を必要とする。これらの資源を多角化の利潤率を望ましいレベルに確保できるほど安いコストでつねに大量に調達できるとは限らない。

　第2の制約は市場の制約である。仮に企業がさまざまな資源を蓄積できたとしても、それを使って事業活動を行なうだけの需要がなければ、企業は多角化をしない。市場がいるのである。その市場は無限にあるわけではない。

　市場の制約にはもう一つ競争上の制約がある。新分野の市場で需要があったとしても、新分野が自社の独占になるわけではないであろう。他企業との競争

になる．仮に範囲の経済によって専門企業よりは優位に立てても，他の多角化企業がやはり範囲の経済をもっていて互角に太刀打ちできることも多いだろう．したがって，多角化企業どうしの競争ということがよく見られるようになる．とすれば，その競争によって，自社が取れる需要にも限界が生まれ，利潤も低くなる．未利用資源があったとしても多角化しないことが最適な行動になる場合もあるのである．

多角化への第3の制約は，内部管理上の制約である．多角化が進み，いくつもの性格のちがう事業を抱え，企業規模も大きくなれば，当然に企業の内部管理は複雑になる．そうした多角化企業の内部管理の組織として事業部制組織という考え方が生まれ，大半の多角化企業はこの組織を採用している．しかし，このような管理組織上の革新があったとしても，それを実際に管理していく管理者たちが優秀でかつチームとして統一のとれた行動をとる必要がある．その管理者という資源は容易に育てられるものではない[7]．とすると，管理者資源がボトルネックとなって，内部管理上の制約が生まれてくる．さらに，管理者がいても避けられない内部管理のロスも発生するだろう．企業はむやみに多角化して範囲と規模を無限に広げるわけにはいかないのである．

4.4 多角化と企業の経済成果

利潤率と成長率に関する仮説

以上見てきたような経済的根拠をもって企業は多角化し，あるいは企業者の先見性でもって新しい分野へ企業は進出していく．その結果，どのような経済的成果が期待できるのだろうか．4.2の多角化の経済的根拠の議論では，多角化が成功する（つまり少なくとも望ましい経済的成果をもたらす）ための条件は論じたが，成功の「程度」については直接は触れていない．多角化と経済成果の程度の間の関係をここでは手短に述べておこう．

多角化については，実は2つの観点の違う決定を企業はしなければならない．1つは個々の多角化ごとの進出先の決定である．第2は，そういって多角化し

ていったときの企業全体の製品構造の多様性の程度(いわば多角化の範囲,あるいは多角化度)の決定である[8].

第1の進出先の決定について,それが企業の経済成果とどの程度結びつくかは,4.2の範囲の経済,情報の経済の程度の大きさに依存して決まる.しかし,それ以外にも,進出先市場の競争の程度,製品差別化の度合い,需要の動向,個々の競争戦略と相手の出方などによって企業の経済成果は変わってくる.きわめて状況特異性が高いのである.そのために,進出先の特徴と多角化の成果との間の関係はまだわかっていないことが多い.

企業全体の製品構造の多様性の程度(多角化度)については,それと経済成果との間にいくつかの仮説が提示されてきており,実証的研究もある程度進んでいる.ここでは利潤率と成長率について,多角化度との関係を見てみよう[9].

多角化度と利潤率との間の関係については,4-1図のような関係が最も一般的な仮説である.マリス,ルメルト,吉原他がこの仮説の代表例である[10].

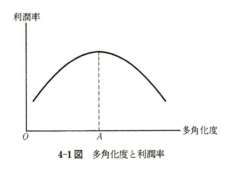

4-1図　多角化度と利潤率

利潤率が多角化度とともに上昇し,ピークを迎え,そして下落するという傾向があるとするこの仮説の論理には,多角化プロジェクトの成功の確率を中心とする論理と,企業の資源の有効利用と内部管理の難しさを中心とする論理がある.多角化プロジェクトの成功確率を中心とする論理とは,多角化の度合いがまだあまり進んでいない段階では企業の技術開発によって生まれてくる新製品プロジェクトは,まだ本業周辺の未開拓分野が中心で,開発陣の知識や市場の知識も多く,成功する確率が高い.そうした新製品の成功が積み重なれば利

潤率も上昇していく．しかし，ある程度をすぎると，そのような成功確率の高いプロジェクトも枯渇してきて，多角化をさらに進めるとすれば本業よりも遠い，成功率の低いプロジェクトを手掛ける必要が出てくる．そうして手掛けられたプロジェクトの中には当然望ましい利潤をあげるのに失敗するものがより多く出てきて，企業全体の利潤は低下する．

資源の有効利用と内部管理の難しさを中心とする論理では，4-1図の曲線を次のように説明する．まず多角化度が低い段階では企業の内部に未利用の資源が多く，その有効利用をはかる多角化をすることによって利潤率を上昇させられる．しかし，ある程度の多角化度をすぎると，未利用資源も次から次へと生み出されてはくるものの，以前ほどの未利用度は残らなくなって範囲の経済なども働き方が小さくなり，利潤率はあまり上がらないかあるいは下がりはじめる．また，多角化が進めば前節で述べたような内部管理の制約もきつくなって管理ロスが生まれ，利潤率はやはり下降線をたどるようになる．

成長率については，4-2図のような仮説が最も一般的である．つまり，多角化の進展とともに，企業の成長率はほぼ単調に上昇していくが，あまりに多角化が進むとかえって成長率が下がる領域が少しある．この仮説の代表例はベリー[11]，吉原他である．

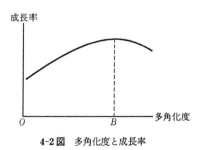

4-2図　多角化度と成長率

この仮説の背後の論理は簡単で，多角化が環境(とくには市場)の変化への適応行動であるから，多角化の進出先には将来有望な成長市場(あるいは本業よりも成長性が高い)が選ばれることが多い．したがって，多角化とともに企業の成長率は上昇する．しかし，あまりに多角化が進むと，企業にとって参入可

能な新規市場で高い成長率をもつものが減り，あるいは内部管理のロスから参入そのものが円滑にいかず，成長率は少し下降する．

この2つの仮説に関して注意すべきなのは，利潤率と成長率とで2つの曲線の形がちがうことである．利潤率の方が早く下降しはじめ，しかもその下降幅の大きいことが仮説となっている．言いかえれば，多角化度の中程度から高程度にかけての領域(つまり A から B)では，多角化の進展が成長率は上げるが，利潤率を下げるのである．この範囲の多角化度の企業は利潤率の犠牲において成長率を伸ばすような，かなり本業からは遠いかも知れない分野へも多角化していっているわけである．

ちょうど前章の経験効果の分析で，短期の利潤を犠牲にしても長期の利潤のためには生産量の拡大を第1期にはかることが最適であったように，ここでも利潤率を犠牲にして成長率を高くするような多角化が長期的に最適である可能性はある．しかし，一方では，この領域(A と B の間)での多角化は，「多角化のための多角化」になってしまっていて，成長ばかりを追いかけて利潤を軽視する非合理的な行動になっている可能性も現実にはないとはいえないであろう．

最適な多角化

前項の2つの曲線を所与とすれば，最適な多角化度は A と B の間にあることは間違いない．企業の目的関数が，利潤率と成長率との関数で，利潤率も成長率も単独ではより高い方が好まれるならば，そう言える．

企業が利潤の最大化を目的とすると今までのように仮定するなら，A 点が最適点である．ただし，そのときの難点は，4-1図の曲線が多角化度の長期的インパクトを明示的に考慮にいれた上で作られた曲線ではないことである．企業が成長率最大をめざすなら[12]，B 点が最適となる．

4-1図と4-2図の2つの曲線から，多角化度という媒介変数を消去して利潤率と成長率の間の関係を示すグラフが書ける．それが，4-3図である．この図の A, B は4-1図，4-2図の A, B に相当する．C は多角化度がゼロのときの利潤率と成長率を示し，D は多角化度が最大となる点である．C から図の矢印の

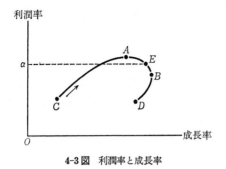

4-3図　利潤率と成長率

方向に多角化度は高くなっていく.

　このグラフを用いれば,より複雑な目的関数も処理できる.たとえば,最小限度許容される利潤率が下限として与えられていて,その下限を下回らない範囲で成長率を最大にするという目的関数があったとき,その下限値を α とすれば,最適点は E となり,E 点をもたらす多角化度が最適な多角化度となる.あるいは,利潤率と成長率を2変数とする一般的な企業の目的関数があるときには4-3図にその目的関数の無差別曲線が描け,その無差別曲線がこのグラフに接する点(A と B との間にくるのが一般的)が最適多角化度を示す点となる.

　こうして例示的に見てきたように,多角化度と利潤率,成長率との間の関係が理論的に想定できれば,最適多角化度がどこに決まるかは企業の目的関数次第となる.利潤率と成長率の間のトレード・オフ関係は,多角化度の決定ばかりでなく,長期的な企業の意思決定のさいにはよく出てくる問題である.企業の内部構造によっては,単純な利潤最大化に頼るわけにはいかなくなる可能性があるのである.そういった企業の目的関数と企業の内部構造の間の関係については,第8章と第9章で議論される.

　この章で登場した企業は,もはや生産関数ではない.また需要関数をあたえられたものと考えたり,そのシフトだけを考えるだけの企業でもなかった.この章の企業は,いわば資源の集合体である.そしてその資源を不断に変化させて成長していく,そんな企業であった.その資源の変化とともに自ら製品市場

との構造的関係を変えていく企業である．資源の変化は生産の可能性の変化を意味し，それは生産関数の選択が可能であることを意味している．さらに，参入する市場を選べるということは，需要関数の選択が企業にとって可能であることを意味している．第2章の企業の基本モデルでいえば，すべての関数が企業の意思決定の対象になってきたのである．この本の企業の概念はそこまで変化してきたのである．

第4章　演習問題

1. 単一製品の企業で規模の経済があるとき，その企業の平均費用は生産量が拡大していくとともに低下していく．この現象はじつは(4-1)式のある特殊な場合と考えられる．x_1, x_2 の意味，関数の意味を適当に解釈し直すことによって，それを示せ．規模の経済は範囲の経済の特殊なケースであると言ってよいか．

2. 企業の規模と多角化の度合いの間には正の相関が見られることが多い．その理由をさまざまな角度から説明せよ．

3. 日本の企業の多角化の度合いはアメリカの企業よりも低いと一般に言われる．それはなぜだろうか．両国の金融市場，労働市場の違いも考えた上で，理由をさまざまな観点からのべよ．

第4章　注

1) 日米ともに，大企業の8〜9割は多角化した企業であるというデータがある．吉原英樹・佐久間昭光・伊丹敬之・加護野忠男『日本企業の多角化戦略』日本経済新聞社，1981年．

2) 範囲の経済についてのもっと詳しい議論は，W. Baumol, J. Panzar and R. Wallig, *Contestable Markets and the Theory of Industry Structure,* Harcourt, Brace, Jovanovich, 1982 を参照せよ．

3) 情報的資源のより詳しい説明は，吉原英樹他の前掲書，あるいは伊丹敬之

『新・経営戦略の論理』日本経済新聞社，1984年を参照せよ．

4) 以下の議論のより詳しい展開としては，E. Penrose, *The Theory of the Growth of the Firm,* Oxford: Basil Blackwell, 1959(末松玄六訳『会社成長の理論』ダイヤモンド社，1981年)を参照せよ．

5) もちろん，市場規模との関係もある．大企業の規模を1つの市場だけで作り出すことは難しく，したがって大企業になるための規模拡大には多角化しか道がないということもありうる．

6) 情報財の経済分析と市場の難しさについては，野口悠紀雄『情報の経済理論』東洋経済新報社，1972年を参照のこと．

7) 管理者資源の制約については，ペンローズ前掲書を参照のこと．

8) 多角化度の測定としては，主力製品の売上比率，全製品の売上構成比から計算されるハーフィンダル指数，戦略タイプという定性的な分類による測定，などさまざまな測定法がある．詳しくは，吉原英樹他の前掲書を見よ．

9) 企業の最終的な成果指標は長期的な投下資本利潤率であろうが，ここではその長期指標の代理変数としてよく使われる売上高成長率をも考えてみる．

以下にのべる関係は，多角化度の影響が他の条件にして一定ならば，どのように企業の経済効果に反映されるかを示す関係であることに注意せよ．現実の企業の間では，他の条件は一定でなく(たとえば産業がちがう)単純に以下のような関係が観察されるわけではない．

10) R. Marris, *The Economic Theory of 'Managerial' Capitalism,* New York and London: Free Press and Macmillan, 1964(大川勉訳『経営者資本主義の経済理論』東洋経済新報社，1971年). R. Rumelt, *Strategy, Structure and Economic Performance,* Harvard Business School, 1973, および吉原他の前掲書．

11) C. Berry, *Corporate Growth and Diversification,* Princeton University Press, 1975. ただし，ベリーは成長率がかえって下がる右端の小さい領域は仮定していない．

12) 第8章で扱われるように，経営者主義モデルとよばれる企業の目的のモデルでは，成長率最大が目的関数になると仮定されることがある．

第5章　業務構造の決定

5.1　業務の流れと業務構造

業務の流れの基本的意思決定

　前章では，製品市場と企業との構造関係を，製品市場そのものの選択という最も根本的なレベルで扱った．しかし，製品市場との構造的関係は，製品そのものの選択にとどまらない．ある製品を作ることを決めても，その流通の形態，構造をどう作るかという問題が残っている．製品は工場の門から消費者の戸口まで自動的に流れていってくれるわけではないのである．製品市場との間の業務の流れをどう決めるかという問題である．

　似たような事情は原材料・部品市場(以下原材料市場と略す)にもある．製品が決まれば，普通は技術的特性から，どのような原材料や部品が必要かは決まってくる．つまり，原材料市場そのものの選択という問題はふつうはない．しかし，それらの原材料や部品が供給される体制を企業は決めなければならない．たとえばどの部品は内製し，どの工程は外注にまわし，どの原材料は外部購入をし，といった決定である．これらの決定が原材料市場との間の業務の流れをどう設計するかという問題である．それは生産構造そのものの決定を含んでいる．

　このような，製品市場との業務の流れ，原材料市場との業務の流れ，それぞれの構造をどう決めるかが業務構造の決定の問題である．そこには，2つの基本的意思決定がある．1つは，業務の流れ全体の中のどの活動を企業内活動とし，どの活動を外部に任せる(したがって外部調達をする)かという決定である．トヨタ自動車は流通を自らの系列のディーラーに任せ，部品は内製するものと外注に任せているものとにわけている．主な原材料のほとんどは，たとえば鉄

板は鉄鋼メーカーからというように外部購入である．これらはトヨタ自動車の選択の結果こうなっている[1]．

　ある活動を企業内で行なうということは，その活動から生まれてくる原材料，部品やサービスを企業組織内の取引に委ね，内部の管理メカニズムに委ねるということである．他方，ある活動を外部に任せるということは，その原材料，部品やサービスを外部市場から購入するということであり，市場取引として市場メカニズムに委ねるということである．いいかえれば，ある部品や流通サービスを組織内取引で行なうか，市場取引で行なうかというのが業務構造決定の第1の基本的意思決定である．

　業務構造決定の第2の基本的意思決定は，外部に任せた活動(つまり原則的には市場取引に委ねたもの)をどのように制御するか，という問題である．外部に任せたからといって，全くの市場交渉にだけ委ねるのか，あるいは何かしらの制御機構を市場取引にも持ち込むかは，企業にとっての重要な決定である．たとえば，流通は外部のディーラーに依存するものとして，彼らを資本関係や人的関係あるいは長期にわたる専属的関係などを結ぶことによって系列化しようとすることは，市場取引の制御の一つの方法である．

　理論的に企業を一つの生産単位，あるいはあまり大きな広がりをもたない質点のようなものと考えてしまえば，ここでいう業務構造の決定はきわめて簡単なものとなる．企業は自己の技術の中核が形成する生産工程以外のすべての活動を外部に委ね，市場取引によって他の経済主体と取引契約を結ぶ．それで終わりである．

　しかし，現実の企業は質点ではなく，ここにいう業務構造を自分におかれた状況に応じてさまざまなものを選択している．鉄板まで内製している自動車メーカーがアメリカにある．あるいは自分は研究開発に専念して「工場を持たないメーカー」になることを目指している企業もある．下請けを納入価格次第でつぎつぎと変える企業もあれば，下請けをグループ化し系列化して長期的関係を結ぼうとする企業もある．流通を直販化して自ら行なう企業もあれば，営業は主として代理店任せという企業もある．同じ産業でこうしたさまざまな選択

が行なわれているのである．そうした選択の中にはある企業が間違った選択をした結果，1つの産業のなかに異なった業務構造が併存するということもある．しかし，合理的な選択であるがゆえに，各企業のおかれた状況の違いが業務構造の違いに反映されていることも多いはずである．そうした現実の企業の業務構造の選択の背後にある論理は何か，それを考えるのがこの章の課題である．

業務構造の選択が企業にとって大きな重要性をもっていることは，第2章の企業の基本モデルに立ち帰ってみればわかる．製品市場との業務構造は需要関数と販売関係費用を決める大きな要因である．流通体制の作り方次第で末端の需要家への製品の浸透のパターンが大きく変わり，需要関数そのものが変化してしまうことはよくある．あるいは，原材料市場との業務構造は，生産の費用関数を決める大きな要因である．

業務構造の影響はそこにとどまらない．ある重要な一つの業務活動を自ら押さえてしまうことによって，企業は参入障壁を高くすることができるかも知れない．流通を自ら行なうことによって顧客に直接接触し，既存製品ばかりでなく全く新しい分野への顧客のニーズに関する情報をスピーディかつ的確につかめるかも知れない．あるいは業務活動の作り方次第で，企業の日常の業務活動から発生してくるはずの未利用資源(前章参照)の蓄積パターンが変わるかも知れない．いずれも，既存製品の需要関数や費用関数への影響を超えて新しい分野への多角化につながりうる影響の話である．

5.2 垂直的統合

垂直的統合とは

垂直的統合(vertical integration)とは，原材料市場から製品市場までにあるさまざまな業務活動の流れの中で，企業が企業内で行なう活動の種類が増えることである．つまり，ある活動が市場取引から組織取引へと変化して，今まで外部に任せていた活動を企業自らが行なうようになることである．業務構造の決定の最も基本的な決定と言っていい．

業務の流れを原材料市場から製品市場に流れる川の流れにたとえることがあり，上流にあたる活動(たとえば供給)を川上，下流にあたる活動(たとえば流通)を川下という．この川の上下の中で企業が行なう活動が増えることを上下になぞらえて，垂直的統合という．川上の方へさか上るような統合を後方統合 (backward integration), 川下の方へむかうのを前方統合 (forward integration) という．たとえば，繊維メーカーがアパレル産業へ進出するのはそのメーカーにとって前方統合であり，スーパーが同じくアパレルに乗り出して自社製品を作り始めるのはスーパーにとって後方統合である．

前方統合にせよ後方統合にせよ，統合をなぜ企業が行なうか，についての基本的な論理は同じである．「ある取引を組織内で行なう方が市場取引として行なうよりよい」からである[2]．組織内取引を市場取引と比較するとき，組織内取引の方が優れている面もあろうし，市場取引の方が優れている面もある．前者を統合の便益，後者を統合の費用とよぶとすれば，便益が費用を上回ったときに統合は起こる．

統合の便益

垂直的統合によって企業が得る可能性のある便益は，大別して5つに分けられる．(1)技術の経済，(2)取引費用の経済，(3)未利用資源の経済，(4)情報の経済，(5)独占力と参入障壁，である[3]．すべての統合にこれらの便益がすべて常にあるとはかぎらないが，これらのいずれかの便益がなければ統合は起こらない．このうち，はじめの3つの経済は，垂直的統合における範囲の経済とでもいうべきものである．多角化の場合，範囲の経済とは多角化によって製品分野の範囲が拡大することによって費用の節約が可能となることだった．ここでは，垂直的統合によって業務活動分野の範囲が拡大することによって費用節約が起こるのである．つまり範囲の経済である．いま，x_1 を第1業務活動(たとえば部品生産)の水準，x_2 を第2業務活動(たとえば組み立て)の水準とすれば，範囲の経済とは，

$$C(x_1, x_2) < C(x_1, 0) + C(0, x_2)$$

という不等式が成り立っていることである．$C(x_1, x_2)$ は統合した場合の総費用，$C(x_1, 0)$ は第1活動専業のさいの総費用，$C(0, x_2)$ は第2活動専業のさいの総費用．つまり右辺は第1活動から生まれる財を市場取引で第2活動を行なう企業へ渡す場合の，取引費用なども含んだ総費用である．この範囲の経済が統合の場合にどのように起こるかを，基本的理由の違いによって，ここでは3つにわけて説明する．

(1) **技術の経済** 技術の経済とは，統合によって同一の企業の中で(しばしば物理的に近接し合って)技術的に相互依存関係にある複数の活動が行なわれるようになる，あるいは隣接した工程が統合されることによって発生する費用の節約をいう．この経済の発生する一つの理由は，統合しなければ必然的に発生する2つの活動あるいは工程の「技術的つなぎ」の部分にかかわる費用が統合すれば不必要あるいはきわめて小さくできることである．たとえば中間在庫，輸送，後工程のための準備などの「つなぎ」の部分に関する費用である．この技術の経済はフロー処理の技術の業務に発生しやすい．典型的な例は鉄の銑鉄生産，製鋼，鋼板圧延といった活動が統合されていることである．統合しなければ，銑鉄をいったん冷やし，それを輸送して製鋼工程にかける前に再び加熱する必要がある．この2つの工程を統合して連続して行なえば，冷却費用，輸送費用，再加熱費用がすべて節約できる．

技術の経済の発生するもう一つの理由は，統合された業務全体の計画を作り，管理を行なう方が，バラバラに各業務活動がそれぞれ部分最適化を行なうよりも全体の費用を小さくできるということである．統合された全体を考えて技術的に最適な工程設計や生産計画をする方が各部分最適化よりもよりよい計画になるのは当然である．

(2) **取引費用の経済** 市場取引に係わる取引費用とは，取引の成立しうる条件を探し出すための調査と交渉の費用，その条件を明文化した契約に作り上げる費用，契約どおりに当事者が行動しているかどうかをモニターする費用，契約違反があったときにそれを履行させるために要する費用，などである．取引の条件を細かく決めなければならないほど，この取引費用は高くなるだろ

う4).

　環境の不確実性が大きく,しかも環境などについての情報が取引の当事者のどちらかに偏在しているとき,この取引費用は大きくなる.不確実な将来のことを想定して詳しく取引契約を作るためには交渉と契約作成の費用は大きく,さらには契約通り取引が履行されたかどうかをモニターする費用も大きくなる.なぜなら,契約を実は履行しなかった人がつねに「あれは環境が変わったせいで,自分は契約通り実行したのに結果は思わしくなかった」と言えるからである.このような現象をモラル・ハザード(道徳的危険)という.さらに,情報が偏在していれば,契約を作るさいに自分だけが持っている情報を相手に教えずに自分に有利な契約を結ぼうとする駆け引き的行動に出る当事者がいる可能性がある.それを防ごうとして事前調査をして情報の偏在をなくす努力をするとすれば,それにもまた大きな費用がかかるであろう.

　このような状況は,取引そのものが行なわれる不確実性(つまり供給の不確実性)や,取引される財の性質の不確実性(たとえば品質の不安定性)があると大きな支障をきたすような財についてとくに厳しいものとなる.たとえば,原油の供給が不確実であれば,石油精製業は立ち行かない.基幹部品の品質が不安定であれば最終製品の品質にバラツキが出過ぎて困る,などである.そのときは,市場取引でこれらの財の供給をしようとすれば,取引費用はきわめて大きくなる.その取引費用は,供給の不確実性を減らすためのコスト,品質の安定化のためのコストと考えてよい.その費用を節約するために,統合が有力な手段となる.なぜなら,以上に述べたように取引費用は取引の相手が自分とは利害を異にする,しかも駆け引き的行動をとる可能性の強い相手だからである.この取引を組織内取引にしてしまえば,原則的にはこのような問題は発生しなくなる.

　類似のことは,情報の偏在などにより,取引の相手に大きな交渉力が発生しかねず,その交渉力に太刀打ちするために企業が費用をかけて調査,交渉などをせねばならない場合にも言える.そのときも,市場取引を自分が不利にならないようにしながら続けるための取引費用はきわめて大きくなる可能性がある.

そこに統合の動機が発生するのである.

　以上に述べた取引費用の経済のケースは,別な言葉で言えば,供給の安定性や品質などの安定性の確保,あるいは相手の交渉力を封ずるため,などの目的で統合が起きるケースである. それ以外にも, もっと単純な取引費用の経済がありうる. それは,市場取引をすればふつうにいる費用(たとえば購買活動に要する人件費,通信費,輸送費など)が節約できることである. この節約はいわば事務作業の節約で,財についての不確実性が小さくてもありうる費用節約である.

　(3) **未利用資源の経済**　垂直的統合の範囲の経済の第3は,未利用資源の経済である. 企業がこれまで自分でやってきた業務活動の中から,未利用資源が発生してくる. それを利用して,別の業務活動がその専門企業よりも安い費用で行なえることがある. 多角化の場合の未利用資源の発生と活用と,論理の基本は全く同じであるから,再び繰り返さない.

　このタイプの垂直的統合の一つの例としてよく見られるのが,長期的契約で調達した資源に何らかの理由で余剰が発生し(たとえば終身雇用の労働力が産業の成長の鈍化とともに余剰となってくる),それを活用するためにこれまでは下請けに回していた部品の内製をはじめる,あるいは流通の一部をそれらの余剰人員を使って自ら行なうようになる,といった企業行動である. 付加価値の増大,マージンの増大によって未利用資源の費用をカバーしようとするわけである.

　(4) **情報の経済**　統合による経済の第4のものは情報の経済である. 統合をした活動(たとえば部品の生産)を自らの手で行なううちに,その活動に関連した環境について(たとえば,その部品の技術,市場環境)について企業は学習をすることができる. learning by doing である. その学習によって部品の改良につながる可能性がある. あるいは,その部品の本当の生産費用を知ることができる. 外部供給だけをしてもらっていたのでは,得られない情報である. さらには,その部品に関連した分野での新事業機会についての情報が得られる可能性もある. こうした, learning by doing の機会が生まれることが情報の経

済の第1である.

第2の情報の経済もこれと類似している.それは統合がより性能の高い情報チャネルを提供してくれるというメリットである.たとえば,前方統合をして流通を自らの手で行なうことによって,企業は製品市場を直接に自分の目で観察することができるようになる.流通業者の目を通して得ていた市場の情報よりも正確さもスピードも増す可能性がある.流通のプロセスは単にモノが流れるだけのプロセスではない.そこにはさまざまな情報も流れている.流通業者という,自分とはしばしば利害の微妙に食い違う第三者がその情報の流れに介在すると,情報は時として歪み,また遅れる可能性があるのである.さらには,流通業者の存在は企業にとって製品市場との間に中間在庫のようなバッファーをおくことになり,そのバッファーの存在が企業に直接に市場の変動を正確に知らしめないことになってしまう.情報の意図的歪曲といったことがなくても,バッファーの存在によって市場の変動が自然に変調されて企業に伝わり,企業は正確な対応がしにくくなるのである.

第3の情報の経済は,機密の保持である.競争相手に洩れてはこまる情報が,業務活動のさまざまな段階に発生し,あるいは伝達される.たとえば,コンピュータ・メーカーにとってのIC(集積回路)の生産がその一例である.新しいコンピュータがどのような仕様になるかという情報がその部品生産プロセスに込められている可能性がある.その秘密を守るために,統合が有力な手段となる.

(5) **独占力と参入障壁** 垂直的統合を行なうことによって,企業はそもそもの製品市場における自己の独占的地位を高めたり,参入障壁を高めたりすることができることがある.たとえば,その製品に必要な原材料の供給の多くの部分を自ら手掛けることにより,製品市場での競争相手にも供給するようになれば,製品市場での相手の競争行動に対する何らかの制約を原材料の供給の条件をコントロールすることによって作り出せる可能性がある.たとえば,高い原料価格をつけて,競争相手の利益を絞り取ることなどである.

あるいは,ある製品市場が寡占的であるときその寡占企業の各々が流通へと

前方統合したとしよう．そのとき，この市場への新規参入者は自らも流通網への投資を行なわなければ参入できない．とすれば，参入のための必要投資額はそれだけ大きくなり，参入障壁は高くなるわけである．

統合の費用

垂直的統合には，もちろん費用もある．それらは，(1)投下資源の増大，(2)規模の経済を使えないムダ，(3)情報の硬直性，(4)内部管理上の問題，である．

(1) **投下資源の増大** 統合をすれば，当然ながら統合された活動のための資源投下が必要となる．しかもその資源投下は固定的なものであることが多い．その必要な資源投入が，統合から得られる便益に比して十分に小さなもので望ましい投資収益率が確保できなければ統合の意味はない．これが資源投入の第1の問題である．第2の問題は，こうした必要な資源が調達可能か，という問題である．この問題は，製品市場の成長が大きく，その成長に追いつくために企業としてはさまざまな活動への資源投入があちこちで必要になってくるときや，同じような資源があちこちの産業で必要とされ，要素市場での需給関係がひっぱくするときに大きな問題となる．前者の例が急成長期の日本の自動車産業で，組み立て中心の自動車メーカーが部品の内製化を限定的に行なった一つの理由であろう．組み立て工程だけでもかなりのスピードで資源調達(労働者や資金)が必要なのに，統合までやっている余裕が少なかったのである．後者の例は，マイクロエレクトロニクス革命が多くの産業で同時進行的に進むとき，電子技術者，ソフトウェア技術者の調達が難しくなり，その分野への垂直的統合の程度を企業が小さくせざるをえないケースである．

第3の問題は，統合によって1つの製品や1つの原材料の川上，川下への資源投入が増えることによる危険の増大である．1つの川の流れに固定的な資源投入が増えれば，企業の費用構造に占める固定費比率が大きくなる．統合をしないときは市場取引で変動費となっていた費用の多くの部分が固定費となる．とすると，最終製品の需要の変動の大小に応じて変動させられる費用の部分が小さくなり，利益がマイナスになったり，大きなプラスとなったり，変動は大

きくなる．危険が増大するのである．

　もう一つの危険の増大は，特に固定費比率が高くならなくとも，統合によって業務活動の数が増え，つまりは企業が危険を負担する活動が増えることによる危険の増大である．多角化の場合，企業が危険を負担する製品分野の数を増やすことによって，むしろ全体としての危険を小さくできる可能性があった．それは，選ばれる分野を危険の性格として互いに相殺し合うようなものどうしとする（一方が悪くなるとき他方がよくなる）ことによって達成されていた．垂直的な統合の場合，それは難しい．そもそも1つの同じ川の流れの中で技術的，経済的につながり合ったさまざまな業務活動の間の統合だから，危険の性格を選んで選択するのは難しいのである．1つの川の流れの中の業務活動の危険の性格は，互いにむしろ似ているケースが多いだろう．とすれば，企業が危険を負担する業務活動分野の数が多くなれば，企業全体の危険は大きくなる可能性がある．その大きな危険に対して資源投資を大きくしなければならないのは，統合の費用である．

　ただし，前項の取引費用の経済のところでいったような，供給の安定化，品質の安定化といった，企業にとっての危険を小さくするような働きも統合から生まれる．ここでいう「危険の増大」とそれらの危険の減少との相殺の結果，統合によって危険が増えるか減るかが決まる．

　(2)　**規模の経済を使えないムダ**　統合によってたとえば部品の生産を社内で行なうとき，その規模が小さすぎて部品生産の規模の経済が働く水準に達しないとき，規模の経済を使えないムダが発生する．部品専門企業が自社向け以外の部品も含めて大量生産をできれば，統合せずにその企業から部品を買った方が規模の経済による平均費用の低下のメリットを享受できて望ましいこともありうる．

　このムダは，企業の生産水準が統合される業務の最小効率規模に達していないことによって生まれるムダである．そのムダは，平均費用の高い小規模設備を購入するという形でも生まれうるし，最小効率規模の設備を買って遊休部分が生まれることを覚悟するというかたちでも生まれうる．後者の場合，企業は

その遊休設備を使ってその部品を外販することを試みることがある．そのさい，外販の相手先が最終製品の競争相手にならざるを得ないケースも多く，販売活動がうまくいかないことも多い．

類似のムダは，川上，川下のさまざまな業務活動の最適規模がそれぞれ違うことによっても発生する．それぞれの業務ごとに最適規模で投資をすれば，川の流れのどこかに過剰能力を企業が持たざるを得ないことになる．そこにこのムダは発生するのである．

(3) **情報の硬直性**　これは統合による情報の経済とちょうど対をなす費用である．統合による情報の硬直性とは，統合をすることによって，企業にとって利用可能な情報集合が限定的になり，かつ変化への柔軟性を欠くようになることをいう．

限定的とは，統合によって企業はこれまで取引関係のあった相手先企業の情報蓄積を利用できなくなることによって生まれてくる．たとえば，部品を内製化すれば部品専門企業のもつ技術蓄積や技術環境についての情報チャネルを利用できなくなる．専門企業は自社以外の多くの顧客との接客を通して，多様な深い蓄積があるはずである．あるいは，流通を統合すれば，流通業者のもっていた顧客情報の蓄積や彼らの情報のネットワークは使えなくなる．これらの情報を自ら手に入れることができることが統合の便益としての情報の経済の項で指摘したことであった．その裏側には，このような費用もあるのである．

統合することによって，1つの製品や1つの原材料についての川上，川下のさまざまな活動を自分でやるようになれば，その「与えられた川」についての情報蓄積は深くなるであろう．しかし一方で，その川に対するコミットメントが高まるために，別の川についての情報へ注意が向きにくくなる．そのために，その川以外の業務分野についての情報獲得活動，環境探索活動はあまり行なわれなくなる危険がある．コミットメントが高いがゆえに起こる逆効果である．そうすると，その川に関する情報蓄積だけでは対応できないような環境変化に対する情報面での柔軟性が小さくなってしまう．

1つの素材(たとえば鉄)を中心に垂直的統合の進んだ企業が，しばしばその

素材産業の衰退に必要以上に引きずられ多角化などで遅れがちになるのは，この情報の硬直性が一つの原因である．

(4) **内部管理上の問題**　統合による内部管理上の問題は，主なものとして3つある．第1は業務の複雑化による問題，第2は個々の業務ごとの管理のスタイルの差による問題点，第3は市場の圧力からの隔離によるインセンティブ上の問題点．

第1の問題は，統合された企業は管理すべき業務の数がふえ，それだけ企業全体が複雑になっていることから生まれる問題である．統合のさいに意図されたような便益を享受できるように組織内の管理のメカニズムを作ることは決して易しいことではない．統合とは，これまで市場で起きていた資源配分のメカニズムを組織内の資源配分メカニズムによって代行させようとする試みである．統合の程度が進んで企業全体の業務が複雑になればなるほど，管理ロスの発生する可能性は高くなる．

第2の問題は，統合された業務によってその仕事特有の物の考え方や管理のスタイルがちがうとき，それらの衝突が企業内で発生して無用な管理上の摩擦やコミュニケーションのロスが発生することをいう．たとえば，広告宣伝の業務に携わる人々は時代の流行に敏感で，個性的で自由なものの考え方が必要だとしよう．その管理のスタイルと工場の生産現場の1円のムダもしないような能率志向，定型業務志向の管理スタイルとは，かなりちがう．この2つは巧みに共存させないと，マイナスの相互作用をもつことが多いだろう．広告の製作の仕事が，しばしば専門企業によって行なわれ，統合されていないことが多いことの一つの理由がこれである．

内部管理上の第3の問題は，統合しなければ独立のビジネスとして運営され，市場の競争圧力にさらされていたはずの業務が，統合によって大きな組織の一部となり，市場の競争圧力と直接に接触しない(接触するのは企業内の関連業務部門)ようになることによって起こる問題である．そのために，業務を担当する人たちのインセンティブ(動機)が鈍る危険がある．独立のビジネスであること，競争圧力にさらされていることは，業務活動に厳しさと自分たちの仕事

の成果についての適切かつスピーディなフィードバックをあたえる.それがインセンティブにつながるのである.

統合したからといって,「必ず」インセンティブが小さくなるとは限らない.適切な管理のメカニズムを工夫して疑似市場的メカニズムを企業内部に作れば,この面からのインセンティブ減少の危険は小さくなる.

以上,見てきたように,垂直的統合に伴って発生しうる便益のリストも長く,また費用のリストも長い.これらを考え合わせた上での統合の決定は,決して単純な問題ではない.ある状況ではこれらのリストの理由のいくつかが主な要因となって,企業は統合をし,別な状況では別な要因が主な理由となって企業は統合をしない.統合するかしないかは,業務活動の規模,技術のタイプ,不確実性の程度,業務活動からの情報蓄積と学習のポテンシャルの大きさ,製品市場のライフ・サイクルなどによって変わってくるのである.

ここでの統合の議論は,最も純粋な型としてある業務を企業内でやるか市場に任せるか,という単純な形で比較の議論を進めてきた.しかし,統合の便益の多くは,完全な統合でなくても部分統合(tapered integration,つまりある業務活動の全量を統合せず,何割かだけ自分でやること)でも得られる.あるいは,統合はしないが一定の企業と長期業務提携契約や長期供給契約を結ぶことによっても,統合の便益として上であげた便益のうちでなにがしかは得られるだろう.そういった中間的な形態が,純粋な市場関係と純粋な統合の間にあることを忘れてはならない.現実の企業は,そのような中間的な形態をしばしば選び,統合,中間的形態,市場関係という3つの形態をミックスさせて業務構造全体の決定を行なっている.

5.3 業務構造の中間的形態

業務構造の第2の基本的決定

完全な統合でもない,さりとて純粋な市場関係でもない,という中間的形態

をある財の取引の仕方として用いることはよくある．前節の末尾にあげた例以外にも，下請けの系列化などが例としてあげられる．この形態は，「統合をしないままで，市場取引の欠点を少なくする」という形態とも考えられる．つまり，業務構造の基本的決定の第2のものとして5.1で述べた，市場取引の制御という問題に対処するための取引形態なのである．そこで，この節では，業務構造の中間的形態を扱うことによって，市場取引の制御という問題を論じることにしよう．

市場取引を制御するということは，市場取引に起こりがちな欠点を少なくするような手段を講じるということである．そのためには市場取引の欠点についての理解が必要となる．その理解をするには，そもそも市場取引の本質は何なのかを考える必要がある．

市場原理と組織原理

市場取引の原理を市場原理とよべば，その対極にあるのは組織内取引の原理としての組織原理である．市場原理の欠点を理解するために，市場原理と組織原理とを並列させてその本質を考えてみよう．

この2つの取引の原理は，

(1) 取引参加者各人の意思決定原則

(2) 取引参加者集団のメンバーシップの原則

という観点から特徴づけることができる[5]．

純粋な市場取引では，決定原則は

$M_1 = $ 価格を主なシグナルとする利己的な利益，効用の最大化

であり，メンバーシップ原則は，

$M_2 = $ 自由な参入，退出

である．MはマーケットのMである．つまり，市場取引では，各人は自分本位の行動を取り，取引の条件が合わなければいつでも勝手に取引に参加しない（つまり退出する）自由があるし，条件さえ合えば自分の自由意思で参加でき（つまり取引への参入），誰を相手にしてもよい．

他方,純粋な組織内取引では,決定原則は,

　　O_1 = 共同利益の最大化のための権限による命令(あるいはその受容)

であり,メンバーシップ原則は,

　　O_2 = 固定的,継続的関係

となる.つまり,組織内取引では,組織としての共同利益のために各人が意思決定をすることが義務づけられており,もし取引の関係者の間に利害の対立が起きたら,その解決は上司の権限による調整に服するという形で行なわれる.また,条件が合わないからといって,勝手に取引相手を変えたりはできない.もちろん,組織への参入と退出を決定する権利を取引の参加者はもっているのだが,組織にとどまろうとする限り,取引相手を組織の内外で勝手に選ぶことはできない.

以上の特徴づけは純粋な市場取引と純粋な組織内取引の原則であって,現実に見られる市場取引や組織内取引にはこの2つの純粋型の中間的な原則もあるだろう.決定原則についての中間的形態を M_1+O_1,メンバーシップ原則についての中間的形態を M_2+O_2 と書けば,そういった中間的形態の多くは実は純粋な市場取引の欠点を補うために導入されてきたものとも考えることができる.それをここでは市場取引の制御の問題として考えたいのである.

では,純粋な市場取引に現われがちな欠点とは何であろうか.まず決定原則に主たる原因のある欠点としては,短期的な視野の狭い行動がとられがち,ということがあげられる.取引に不確実性がなく,価格が効率的な決定に必要なすべての情報を盛り込んでいるような効率的な情報媒体である場合には,短期的で視野の狭い行動を個人がとっても,その行動が実は長期的にも視野を広げても(たとえば取引の参加者全体の利益の観点から考えても)最適な行動になっていることはありうる.しかし,これまでたびたび言ってきたように,ふつうの取引には不確実性がつきもので,そんなときには価格はふつう完全な効率性を保証するほどの量の情報は含んでいない.したがって,短期的な視野の狭い行動の結果,相手の弱みにつけ込む駆け引き的行動や全体のためにはかえってマイナスになる部分最適化などが起こるのである.

メンバーシップ原則が主たる原因となっていると思われる市場取引の第2の欠点は，取引相手が一定しないために，取引の参加者相互の間に，共通の情報の蓄積が欠如することである．お互いの事情，取引されている財の性質，その背後にある生産やサービスの技術の特徴，などは1回限りの取引ではお互いに知り得ず，何回も継続的に取引を行なっていくうちにでき上がっていく知識であることが多い．

この共通の情報ベースが欠如するために，取引の交渉も手間取る．さらに，そこにお互いの自己利益の最大化というエゴがからめばお互いに疑心暗鬼になっても不思議はない．そうなれば，取引費用は高いものにつくことになるだろう．それだけではない．共通の情報蓄積があれば，それを基にして新しい価値ある情報を生み出せる機会がありうるのに，それもできなくなるのである．たとえば，部品業者と組み立て業者がお互いの技術を共通に理解し合えば，部品の技術の世界で何か革新が起きたときに，それが組み立てにどういう影響が起こり，あるいはどのような最終製品の改良につながりうるか，お互いに考えやすいし，アイデアも浮かびやすい．その結果，組み立て工程での技術革新につながりやすくなるだろう．つまり，共通の情報ベースの蓄積があるために，お互いがバラバラに持っている断片的な情報が相手にとってもつ価値がわかり，それらを組み合わせて新しい情報を生産しやすくなるのである．

市場取引の制御の手段

こうした市場取引の欠点を制御するには，2つの手段がある．1つは，その取引を市場取引でなくすること．つまり統合することである．市場取引の欠点が大きい場合には当然考えられるべき手段である．前節で統合の便益を述べたさいの，取引費用の経済，情報の経済としてあげた便益は，ここでいう市場取引の欠点を直すことによって生まれる便益であると考えてもよい．

もう1つの手段は，市場取引は市場取引にしておいて（つまり統合せずに），そこに組織原理を浸透させて，市場と組織の間の中間的な取引形態にすることである．M_1 を M_1+O_1 に，あるいは M_2 を M_2+O_2 に，あるいは両方を同時に，

変化させることである．その結果，決定原則は個人的利益一本槍でなくなって共同利益をも考えるという面が加わり，メンバーシップ原則にはかなり固定的，継続的な面が加わるわけである．

M_1 に Q_1 が加わることによって，共同利益を考えるようになれば，短期的で視野の狭い行動が弱くなるだろうと期待される．M_2 に O_2 が加わることによって，共通の情報の蓄積ができるようになり，その結果取引費用という面でも，新しい情報の生産という面でも純粋な市場取引よりも改善される．こうして，市場の欠点は多少なりとも制御されていく．

その制御のための具体的手段としては，どのようなものがあるだろうか．これまで断片的に上げてきた例も含めて，具体的な制御手段の整理を試みてみよう．

第1に，決定原則に組織原理を浸透させることを第一義的な目的とする手段がある．それは，市場取引を制御しようとする企業(制御企業とよぶ)が相手企業の意思決定のプロセスに何らかの意味での影響力をもつことによって達成される．影響力の結果，相手企業の M_1 は制御企業にとっての O_1 を取り込むことになる．

このグループに属する手段の例が，資本参加や人的交流による系列化である．あるいは，取引対象の財の生産のための合弁企業を作るのは，もっと統合に近い，しかし完全には統合でない手段の1つである．

制御企業が相手企業が供給している財の分野へ部分統合をすることも，相手企業の利己的行動を押さえる1つの手段になりうる．部分統合をすることによって制御企業はまず相手企業に脅威をあたえることができる．相手企業があまりに利己的な行動をとったら，いつでも取引を断ち自らその財の生産を代行できるという脅威である．その結果，相手企業は共同利益を考えるようになる．さらに，部分統合をすることによって制御企業はその財の真の費用構造を知ることができる．これもまた，相手企業が自分だけが持っている情報を利用して利己的行動に出ることを防ぐ役割を果たす．

相手企業の意思決定プロセスで重要な役割を果たす情報を制御企業がコント

ロールすることによって相手企業の意思決定に影響をあたえようとする手段もある．たとえば，下請けの技術指導を行なう，下請けに対して自社の生産計画の詳しい情報を事前に与える，などである．日本の企業がよく行なう行動である．いずれも，技術情報，生産計画情報を通じて制御企業の望む行動が伝えられ，相手企業の意思決定に組み込まれていくようになる．その結果，相手企業の行動は共同利益を目指すという方向性が生まれてくる．価格だけに情報媒体を頼っていたのでは，できないことである．

　以上が，決定原則に組織原理を浸透させようとする具体的手段の例である．市場取引の制御の第2の具体的手段は，取引のメンバーシップ原則に組織原理を浸透させるものである．その最もわかりやすい例は，長期の専属供給契約を結ぶことである．系列化ももちろんこういう側面をもっている．

　あるいは，その取引のために特化された設備などの投資をすることも，取引関係を長期化させる手段となる．たとえば，ビール工場のすぐ隣にアルミ缶メーカーが工場を作る場合を考えよう．そのような専用設備への投資をアルミ缶メーカーがすることは，当然長期的関係を期待してのことである．ビールメーカーとしても長期的関係をもつためにはそのような投資を要求するであろう．このとき，同時に長期供給契約が結ばれるのが普通であるが，単に供給契約だけでなく，専用設備への投資まですれば，缶メーカーはいわば人質を出したことにもなって，長期的関係の可能性がますます強まるのである（契約だけなら，中途解約がつねにありうる）．

　つまり，専用設備への投資は，缶メーカーの側からすれば人質を出すことによって長期的関係へのコミットメントを形で明確にしたわけであり，ビールメーカーの側からすれば人質を要求することによって長期的関係を確保し，市場取引の制御をしようとしているわけである．

　以上にあげた手段以外にも，市場取引を制御する手段にはさまざまなものが現実にありうるだろう．そういった現実の企業行動はいずれも，市場取引への組織原理の浸透によって，統合をしなかった業務活動への制御を行なっていると理解することができるのである．

中間組織の発生

こうした業務構造の中間的形態が取引相手があまり変わらないまま長期間用いられていると，そこに中間組織(あるいは中間市場)とでもよぶべき新しい取引の場が発生してくる．市場という市場取引の場，組織という組織内取引の場に対応する意味での，中間取引の場としての中間組織である．つねに継続的に取引をし合っているいくつかの企業が集まって，1つのゆるい連結のグループを形成するのである．そのグループが中間組織の場となる[6]．

この中間組織という場における取引の原理は，決定原則が M_1+O_1，メンバーシップ原則が M_2+O_2 である．たとえば日本には大企業を中核とした中間組織がかなりある．いわゆる企業系列である．新日鉄系，トヨタ系などの大メーカーを中心とする系列，銀行を中心とする系列，商社を中心とする系列，さまざまな系列がある．その多くは，財の取引の中間的形態が定着してでき上がったものである．その系列の中での取引は，特に組織らしい権限の体系があるわけではないが参加企業はグループの共同利益のことを考えている (M_1+O_1)．そのグループに参入するも退出するも自由である企業も多いのだが，継続的な取引関係から退出しない方が自分にとって有利になっている企業が大半を占める．したがって，メンバーは固定的，継続的となる (M_2+O_2)．

その中間組織の内部で行なわれる取引は，市場取引とも違うし，組織内取引とも違う．いわば中間取引とでもよぶべき取引となる．そのような中間取引の場としての中間組織が安定的な存在でありうるのは，市場取引の長所と組織内取引の長所がうまくかみ合わされ，そして市場取引の欠点と組織内取引の欠点がほどよく中和されたときのみである．市場取引の欠点が，短期的で視野の狭い行動と共通の情報蓄積の欠如にあることはすでに述べた．類似の観点からいえば，組織内取引の欠点は，個人的動機付けが弱くなり組織に高い情報処理能力が要求されることと情報の蓄積の硬直化である．市場取引の欠点の裏返しが組織取引の長所となる．また組織取引の欠点の裏返しが市場取引の長所となっている．

こうした2つの純粋型(市場と組織)の欠点をあまり持たず，2つの純粋型の

長所をほどほどに持った中間組織という形態は確かに発生しうるし,現実にも見られる.が,その形態ははたして安定的なものなのだろうか.取引が市場から組織へ,あるいは組織から市場へと移行していくその途中駅にしか過ぎないのか.それとも,中間組織はそれ自身が終着駅たりうるのか.

中間組織が安定的存在であるための最も大きな問題は,最終的な権限の持ち主を明示的にもたない企業のグループが,メンバーの間で発生するコンフリクトをどうやって解決するか,である.その一つの鍵は,最終的な調整役がグループ内にいるかどうかである.その調整役は,形式的な意味での直接的権限をもたないまでも,ちょうど裁判所のように,最終的な調整を委ねられる役割である.上にあげた日本の中間組織でも,そのグループの中核となる企業が最終的な調整役を果たしていると思われる.

もう一つの鍵は,メンバーの間で合意形成がしやすい風土とでもいうべきものがあり,かつメンバーのだれかが利己的な行動をとった場合にそのモニタリングがしやすいことである.たしかに日本のように均質性の高い,そして社会的な相互監視の機能の発達した社会にはこうした条件が備わっていると思われる.

そうした調整役がいて,合意形成とモニタリングの条件のある場合,市場の失敗と組織の失敗がともに大きいような取引にとっては中間組織は安定的な存在でありうる.

取引の制御と相互浸透

こうして中間組織が安定的な存在となると,企業にとっての業務構造の決定は,市場か組織か,という二分法(つまり統合するかしないか)の決定の問題ではなくなり,市場,組織,中間組織の三分法の中での選択の問題となる.市場と組織の間で原理の相互浸透とでもよぶべき現象が起きて,やがて中間組織が生まれてくるのである.

中間組織は,市場あるいは組織での取引の制御のための工夫が定着してそれ自身が一つの取引の場になってしまったケースである.そこまでいかなくとも,

ある取引の基本形態を決めたのちに，その形態の中でさらに取引を最適に制御する方法の選択として，他の取引の原理を浸透させたメカニズムを工夫するということはよくあることである．取引の制御の問題とは，たとえば市場を基本形態として選べば，市場取引をどう制御するかという問題である．組織を取引の基本形態として選べば，その内部管理のメカニズムをどう設計するかという問題が発生する．中間組織を選べば，それが市場と組織の欠点ばかりを集めたような，最悪のケースに立ち至らないよう制御する問題が出てくるのである．

市場の失敗を制御するために市場取引に組織原理が浸透してくるというのがここでいう相互浸透の例であるが，おなじようなことは組織取引にもいえる．組織の失敗を制御するために，組織内部の管理システムに市場競争に似たメカニズムを導入することがよく行なわれる．たとえば，企業内の財の取引を企業内振替価格をもちいて分権的に決定をさせ，各人の業績評価をその価格を使って計算される内部計算利益によって行なうことがよくあるが，いい例である．組織取引に市場原理が浸透しているわけである．

企業の業務構造は，単に市場との境界線を定めることだけではない．そうして定められた境界の中にもさらにまた構造が必要となる．企業の内部構造の決定の問題である．その問題をこの章でくわしく議論する余裕はないが，一つの鍵はいかに市場原理をうまく導入するかにある．市場取引には組織原理が入り込み，組織取引には市場原理が導入される．相互浸透が取引の制御の基本パターンなのである[7]．

この章で触れることができたのは，このような大きな業務構造の決定の問題の中の，最も基本的な部分だけであった．それでも，企業の製品市場と原材料市場との構造関係の決定についての企業行動が，きわめて基本的な意味で企業と市場との間の境界線を決める行動であることはわかった．この章に登場した企業は自らの存在の境界を自分で決める経済主体となった．企業とは何かを自ら考え始めたのがこの章の企業の概念であった．

第5章 演習問題

1. 多角化の理論でも垂直的統合の理論でも，ともに範囲の経済と情報の経済が経済的便益の源として出てきた．2つの理論は，本来は同じ理論の2つのバリエーションにすぎないのだろうか．多角化と垂直的統合の間の本質的な違いはあるのだろうか．取引上のつながり，資源上のつながりという観点を含めて議論せよ．

2. 市場取引，組織取引，中間取引の具体的な例をそれぞれ2つずつあげて，取引の決定原則，メンバーシップ原則が具体的にどうなっているかを説明せよ．

3. フランチャイズ・チェーンというものがある．とくに小売やサービス業でよく見られる業態で，フランチャイザーとよばれる1つの中心企業がフランチャイジーとよばれる他の多くの独立企業にその末端の店舗の経営を任せて，中心企業は商品の提供，経営ノウハウの提供などを行なって商品の仕入れ代金や経営指導料というかたちで収入を得る．具体例としてはマクドナルドのハンバーガー・ショップやセブン・イレブンのコンビニエンス・ストアなどがあげられる．なぜこういう形態の業務構造が生まれるのか，この章の理論を使って説明せよ．

第5章 注

1) たとえば，GMはトヨタより部品の内製化の比率がかなり高い．これもアメリカの市場やGMの歴史的経緯を反映した，GMの選択の結果である．

2) ただし，垂直的統合の対象となっている活動の外部供給がないために，企業が好むと好まざるとにかかわらず統合をするということはありうる．このケースは，この章では一応除いて考える．

3) 統合の便益と費用については，M. Porter, *Competitive Strategy*, Free Press, 1980 (土岐坤他訳『競争の戦略』ダイヤモンド社，1983年) が，ここでの整理とは違った観点からの詳しい議論をしている．

4) 取引費用という観点から，統合の問題を論じたのは，ウィリアムソンである．以下の議論は彼の論点のまとめである．O. Williamson, *Markets and Hierarchies:*

第5章　業務構造の決定　107

Antrust Implications, New York: Free Press, 1975(浅沼萬里・岩崎晃訳『市場と企業組織』日本評論社, 1980年). ウィリアムソンの理論については, 第7章も参照のこと.

5) 以下の分析の枠組については, 今井賢一・伊丹敬之・小池和男『内部組織の経済学』東洋経済新報社, 1983年を参照せよ.

6) 日本の中間組織については, 今井賢一『日本の産業社会』筑摩書房, 1983年が詳しい. アメリカとの比較と中間組織の理論的分析は, K. Imai and H. Itami, "Interpenetration of Organization and Market," *International Journal of Industrial Organization 1*, 1984.

7) 取引原理の相互浸透については, 今井他の前掲書および今井・伊丹の前掲論文を参照せよ.

第6章　投資と財務構造の決定

　本章では企業がいかに投資の決定を行なうか，そして投資に必要な資金を調達するために金融市場との関係をいかに構造化するか，という問題をあつかう．
　前章までは，企業の目的は利潤最大化にあると想定した．これは，製品の多様化や業務構造の決定の問題のエッセンスを取り出し，分析するのには妥当な第一次近似であったといえる．しかし本章の主題をあつかうには，もう一歩踏みこんで現代企業の主要な組織形態である株式会社企業の基本的特徴を，より明示的にとりあげることが必要となる．現代の株式会社企業においては，資本は多数の株主から調達され，実際の会社の経営はかならずしも支配的な株主とはいえない職業的経営者に委任されるのが普通である．このことを，よく「現代株式会社における所有と経営の分離」という．この現象から，企業はいったい誰のために，どのような目的にしたがって運営されるのか，という重要でしかも複雑な問題が生じてくる．この問題にたいするわれわれの十分な考えはひきつづく数章にわたっておいおい展開してゆくが，本章では，伝統的な経済学の考えの枠組にそって，まず議論をはじめることにしよう．すなわち，企業を所有する古典的企業家が利潤を最大化する目的をもって経営をみずから行なったのと類推的に，株主たちがその所有株式数に応じて会社を所有し，かつ経営者は株主たちの利益のために企業を運営する，という想定をおく．不確実性の存在を捨象すると，この想定は株式会社企業(corporate firm)と企業家企業(entrepreneurial firm)とのあいだの質的差異を解消する．すなわち，株主はそれぞれの株式保有比率に比例して，利潤の請求権を有すると考えれば，株主は一致して利潤を最大化するような経営計画案に同意するはずである．利潤の最大化は，株主の配当を，したがって彼の消費可能性を，最大化するからである．この最大化仮説は，さらに株主が将来の多期間にわたって配当のフローを受けとる場合にも，確実性の仮定を条件に容易に拡張されうる．本章ではまずそう

した拡張を行なったうえで,恒常的な成長をめざす企業の投資計画がいかに株主の利益にしたがって決定されうるか,の理論を展開しよう.

つづいて,採択された投資計画案を実行するのに,企業がいかに金融市場との関係を構造化するか,の問題をあつかおう.すなわち企業は投資計画を実行するにあたって,(1)利潤の一部をただちに配当として株主に分配することなく,企業の内部に留保して必要資金の手当をする,(2)新株を発行して新しく資本金を株式市場をつうじて調達する,(3)債券を発行して債券市場から資金を調達するか,銀行などの金融仲介機関から借入をする,の3つの代替肢,ないしそれらの任意の組み合せ,からの選択を行なうことが可能である.そうしてこのような投資金融調達方法の決定の積みかさねが,企業の負債/自己資本比率といった財務構造を形づくっていくことになる.本章ではまず理想的な諸条件のもとで,株主の利益にしたがって財務選択が行なわれる場合,どのような財務構造が浮かびあがってくるか,にかかわる著名な理論的定理(モジリアーニ=ミラーの定理とよばれる)を紹介し,つづいて日本の現実にてらしてこの定理をいかに解釈,評価したらよいか,われわれの考えを述べることにしよう.

最後に,不確実性を明示的に導入し,株式会社機構がリスク負担の社会的工夫として機能しうるその仕組について解説する.この点において,古典的な企業家企業と現代の株式会社企業の本質的差異がはじめてはっきりとあらわれてくることになるであろう.

6.1 株価最大化と最適成長

この章のイントロダクションで述べたように,確実性のもとではすべての株主の利益は一致するはずであるから,不確実性の問題を導入するまでは,株主全体と株主個人とをとくに区別しないで話をすすめることができる.そのことによって,単一の企業家が支配する古典的企業の分析からはじめて,株式会社企業のより複雑な構造のあつかいに一歩一歩話をすすめていくための最初の足

がかりを得ることができる．

株価の決定

まず，時は現在から無限の将来にわたって等しい時間をもった期に区分されるとしよう．そして株主——株主集団といってもよいが——は，現在期末から無限の将来にわたる各期間において $D_1, D_2, \cdots D_t, \cdots$ の配当の流列(フロー)を受けとるとしよう．確実性のもとの利子率(割引率)が ρ であるとすると，この配当流列の現在価値は，

$$V = \sum_{t=1}^{\infty} \frac{D_t}{(1+\rho)^t}$$

であらわされる．確実性のもとでは，この将来にわたる配当請求権は現在期における価値 V に等しい資産と交換可能であるから，この V が株価を定めるであろう．そして現在株式を所有している株主は，一致して V の最大化に同意するであろう．この V は「企業の価値」ともよばれる．

次に，企業は今期 π の利潤を獲得し，かつその利潤を恒常的な率 g で将来各期にわたって成長させるために，利潤の一定率 $\phi(g)$ を成長費用として支出せねばならぬとしよう．この成長費用は，利潤の恒常成長を維持するために必要な設備投資費用，販売費用，人材の訓練費用等々をふくむものとする．そして企業は恒常成長率を高めるほど，成長費用を逓増的に増大させねばならぬとしよう．また企業は，利潤を100％支出したとしても，利子率またはそれ以上の率の成長は実現しえないとしよう．したがって関数 $\phi(\cdot)$ のグラフは6-1図のようにかけるとしよう[1]．

成長費用は利潤の内部留保によって金融されるとすると，目標恒常成長率が g のとき，t 期の配当は $(1+g)^{t-1}\pi[1-\phi(g)]$ となるから，株価総額は

(6-1) $$V = \sum_{t=1}^{\infty} \frac{(1+g)^{t-1}\pi[1-\phi(g)]}{(1+\rho)^t}$$
$$= \frac{\pi[1-\phi(g)]}{\rho-g}$$

となる．

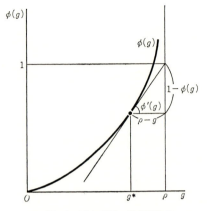

6-1図 成長費用関数と均衡投資率

(6-1)は代替的に次のようにしても求められる。投資家が企業の株式を1期間保有することによって獲得しうる利得は、配当と所有株式を1期後売却して得られる株式売買差益(キャピタル・ゲイン)の2つから成り立つ。期末の配当は仮定から$\pi[1-\phi(g)]$であり、1期後のキャピタル・ゲインは、企業が恒常成長率gで成長するならば、今期の株価をVとしてgVである。一方、投資家が株価総額Vに等しい富を利付債券に1期間投資してえられる利子所得は、ρVである。確実性のもとでは同額の富を株式と利付債券のどちらに投資しても同等の利得が獲得されうるはずであるから、株価Vは市場裁定をつうじて次のような条件をみたさなければならない。

(6-2) $$\pi[1-\phi(g)]+gV=\rho V$$

これを整理すると(6-1)が得られる。

均衡投資率

次に、株価を最大化するような成長率――企業の均衡投資率とよぼう――を見いだすためにVをgにかんして微分し、それを0とおいて整理すると、次のような条件が得られる。

$$\text{(6-3)} \qquad \frac{1-\phi(g)}{\phi'(g)} = \rho - g$$

(6-1図参照.) $\phi'/[1-\phi]$ は成長率を 1% 増大させるとき,企業は成長費用支出後の配当流列の何パーセントを断念せねばならぬかを示す.したがってその逆数である上式の左辺は,配当の 1% を成長費用のために断念したときの成長率の増加率を表わし,株主にとっての「限界成長効率」とよぶことができよう[2].

したがって(6-3)式は,限界成長効率が市場利子率・マイナス・キャピタル・ゲイン率として定義される「実効利子率」に等しくなるまで,成長費用支出を増加させることが,現株主にとって最適であるということを意味する.

この均衡投資条件式は,さらに代替的に次のようにも解釈できる.(6-3)式の両辺に $g\phi'/(\rho-g)\phi(g)$ をかけて(6-1)を利用すると,

$$\text{(6-4)} \qquad \frac{gV}{\pi\phi(g)} = \frac{g\phi'(g)}{\phi(g)}$$

となる.左辺は株価の増分のそれを可能にする投資費用にたいする限界比率であって,トービンの「(限界の)q-比率」とよばれるものである[3].株価最大化の条件はしたがって,トービンの限界 q-比率が成長費用関数の弾力値に等しくなるまで,企業成長は追求されるべきである,とも読むことができる.

企業がより充実した管理資源や技術開発能力を有していれば,成長の見込まれる新製品を企画・開発・製品化するまでの費用は相対的に低いであろう.また開発された新製品が,潜在的に消費者のニーズによく応えうるものであり,またこれまでにのれんなどのストックを蓄積していれば,企業の広告宣伝にたいする市場の感応度もより高いであろう.これらのことは,以上の簡単な企業成長モデルでは,成長費用関数の弾力性——すなわち企業の恒常成長率を 1% 増大させるのに必要な成長費用のパーセント増加率——が低いということによって要約される.そして,いうまでもなく成長費用弾性値の低い企業ほど,目標とする恒常成長は高くなるのである.

6.2 モジリアーニ=ミラーの定理

前節では，企業は成長費用の金額を利潤の内部留保によって金融すると考えた．しかしイントロダクションで述べたように，企業は借入によって投資(成長費用)を金融することもできるし，あるいは株式会社制度のもとでは新株を発行することによって資本金を増加させることもできる．企業はどのような投資金融の方法を選択することによって，株主の利益をもっともよく充足することができるであろうか．この問題を考えるにあたって，これまで(6-1),(6-2)式などの導入の背後にあった金融市場の完全競争性と取引費用の不存在という仮定を明示的にしておこう．すなわち投資家たち(および企業)は，株式市場や貸付市場になんらの障害なく無費用で参加でき，株価や債券価格は完全競争的に形成されるという仮定である．また，取引費用の不存在という仮定は，貸付金が投資家から企業に無費用で(債券の直接的取引という形式で)流れることを想定し，銀行のような金融仲介機関の介入によって生じる問題を捨象することになる．さらに税も，しばらくのあいだ一切存在しないものとしよう．

さて，ある先決された恒常成長率 g に必要な費用を利潤の内部留保で金融しようと計画していた企業が，自己金融の一部を発行済み株式の一定比率 h に等しい新株の時価発行によって代替することの是非をチェックするものとしよう．このとき，現株主にとっての所有株式の期待キャピタル・ゲイン率は，恒常成長率 g のもとで $g-h$ となるはずである．すなわちパイ(配当)は g の率で増大するが，パイの分け前にあずかる新株主が h の率で増大していくからである．しかし，他方で新株発行前の株主にとっての企業価値を V_h とすると利潤の内部留保分は，新規株主の貢献分 hV_h だけ少なくてすみ，それだけ現株主にたいする今期配当が増大する．したがって(6-2)式はいまや，

(6-5) $\quad \{\pi[1-\phi(g)]+hV_h\}+(g-h)V_h = \rho V_h$

となることがわかる．これを整理すると $V_h = V$ となり，任意の $0 < h < 1$ にたいして株価 V_h は，成長費用の全額が利潤の内部留保によって行なわれる場合

の株価 V と変わらないことがわかる.

　これは,現株主にとって新株式を発行することは,いわば新株主から新株引受という形式での参加料を徴収しうることを意味するが,その便益は将来配当を新株主と分けあわねばならないという費用によって,ちょうど打ち消されてしまうからである.

　次に第 1 期の成長費用の一部 B が借入金によって金融され,第 2 期にその元利合計 $B(1+\rho)$ が返済される場合を考えよう.このとき第 t 期に成立する株価を $V_b{}^t (t=1, 2, 3, \cdots)$ であらわすと,第 1,第 2 期の期待キャピタル・ゲインは,それぞれ $V_b{}^2 - V_b{}^1$, $V_b{}^3 - V_b{}^2$ である.したがって (6-2) 式を導出したのと同様に考えて,完全競争市場では第 1 期,第 2 期のそれぞれに,

(6-6) $\quad\quad \{\pi[1-\phi(g)]+B\}+[V_b{}^2-V_b{}^1] = \rho V_b{}^1$
$\quad\quad\quad\quad \{\pi(1+g)[1-\phi(g)]-B(1+\rho)\}+[V_b{}^3-V_b{}^2] = \rho V_b{}^2$

という関係が成立する.一方,成長費用のすべてが内部金融で行なわれる場合に,第 t 期に成立する株価を $V^t (t=1, 2, 3, \cdots)$ とすると,同じように,

(6-7) $\quad\quad\quad \pi[1-\phi(g)]+[V^2-V^1] = \rho V^1$
$\quad\quad\quad\quad\quad \pi(1+g)[1-\phi(g)]+[V^3-V^2] = \rho V^2$

がえられる.借入は 1 期のみで,それ以降の財務政策には変わらないとすると,$V_b{}^3 = V^3$ が成り立つはずである.この関係を利用して,(6-6),(6-7) 式から $V_b{}^1 - V^1$ を計算すると

(6-8) $\quad\quad\quad\quad\quad\quad V_b{}^1 - V^1 = 0$

となる(読者自身これをたしかめよ).現株主にとっての借入金金融による便益(今期配当の増加)と費用(次期配当の減少)とはちょうど打ち消しあって,内部金融と外部金融とのあいだの選択は彼らにとって無差別となるのである.同様の推論は,借入金が将来期のいずれの期にいかなる比率で行なわれるかにかかわらず成立する.

　さて以上をまとめてみると,株価は企業成長率によってのみ定まり,その成長がいかなる方法で金融されるかには依存しないということになる.この結論は,金融市場の完全性,取引費用と税の不存在という条件を維持すれば,企業

収益の将来不確実性下においても成立することがたしかめられる．そして，この財務政策の無差別性，等価性は最初の発見者の名前にちなんで「モジリアーニ=ミラーの定理」とよばれ，経済学におけるもっとも有名な定理の一つとしてみとめられている[4]．しかし，この簡単ではあるが，かならずしも直観には訴えにくい定理の有用性は，その結論自体の現実妥当性にあるというよりは，金融市場の不完全競争性，金融仲介機関の介入や税制などといった現実的諸要因を考慮にいれて，企業がその財務構造をいかに決定するか，を分析する際に，一つの明快な参照枠を提供するという点に，求められるべきであろう．

6.3 税制の効果

これまでに用いてきた分析の基本的枠組を維持しながら，法人税と個人所得税の存在を導入したときに，それが株主(投資家)にとっての最適な財務構造の選択にいかなる影響をおよぼすか，分析の拡張を試みよう．まず，企業による利子の支払は，税法上損金(費用)としてあつかわれるが，利子支払後の企業利潤(法人所得)にたいしては，それが内部留保されるか，配当として分配されるかには変わりなく，t_cの率で課税が行なわれるとしよう．さらに個人投資家のレベルでは，キャピタル・ゲインにたいしてはt_g，利子・配当所得には区別なく一律t_pの率で課税が行なわれるとしよう[5]．このとき，前出の(6-7)式は，それぞれ

$$(6\text{-}7^*) \quad \pi[(1-t_c)-\phi(g)](1-t_p)+[V^2-V^1](1-t_g)$$
$$= \rho V^1(1-t_p)$$
$$\pi(1+g)[(1-t_c)-\phi(g)](1-t_p)+[V^3-V^2](1-t_g)$$
$$= \rho V^2(1-t_p)$$

と書き直せる．いうまでもなく左辺は資産$V^t(t=1,2)$を株式に投下したときに得られる税引後の配当収入とキャピタル・ゲインとの和，右辺は同額の資産を利子付債券に投下した場合に得られる税引後利子所得である．もし投資家が，税制の効果を考慮にいれて合理的に行動するならば，市場の裁定をつうじて両

辺は等しくなるはずである.

　企業が借入を行なう場合は,企業の利子支払にたいする非課税措置によって,均衡条件はやや複雑になるが,(6-6)式に対応する式は次のようになる.

(6-6*) 　$\{\pi[(1-t_c)-\phi(g)]+B\}(1-t_p)+[V_b^2-V_b^1](1-t_g)$
　　　　$= \rho V_b^1(1-t_p)$
　　　　$\{\pi(1+g)[(1-t_c)-\phi(g)]-B[1+\rho(1-t_c)]\}(1-t_p)$
　　　　$+[V_b^3-V_b^2](1-t_g) = \rho V_b^2(1-t_p)$

前と同様に,第2期以後はすべて投資は内部金融によって行なわれるとすると,$V^3=V_b^3$ となる.この関係を用いて(6-6*),(6-7*)の第2式から,まず

$$(V^2-V_b^2)[\rho(1-t_p)+(1-t_g)]=B[1+\rho(1-t_c)](1-t_p)$$

を得る.次に(6-6*),(6-7*)の第1式から,$V^1-V_b^1$ を求め,いま算出したばかりの関係をそれに代入すると,

$$V^1-V_b^1$$

の符号は

$$(1-t_g)(1-t_c)-(1-t_p)$$

の符号と同じになることがわかる.すなわち $(1-t_g)(1-t_c)<(1-t_p)$ であれば,そしてそのときにかぎり,現株主にとって内部金融を借入金によって代替することが望ましく,逆の不等式が成立する場合には,借入金を減少させることが望ましいことがわかる.そして $(1-t_g)(1-t_c)=(1-t_p)$ のとき,内部留保と借入の選択は株主にとって無差別となる.

　このことを直観的に理解するには,(近似的ではあるが)次のように考えるとよい.いま,企業が借入金を100万円減らしたとすると,一般投資家は(その富を株式と債券に分散していたとして)税引後の利子所得を,今期末 $(1-t_p)\rho\cdot$100万円だけ失うはずである.他方企業は,今期100万円配当を減少させねばならないが,その減少分は投資家の債券購入の減少分100万円とつりあうであろう.一方企業は,次期において利子支払を $\rho\cdot$100万円節約することができるので,税引後留保利潤を $(1-t_c)\rho\cdot$100万円だけ増加させることができ,その分が次期首の株価に反映するはずである.このとき投資家にとっての,キャピ

タル・ゲイン税支払後の株主としての利得は $(1-t_g)(1-t_c)\rho\cdot 100$ 万円となる. したがって $(1-t_g)(1-t_c)>(1-t_p)$ であれば投資家は, 企業をして借入金を内部留保によって代替させ, みずからのポートフォリオもそれに応じて変更することによって, 金融収益の増大をはかることができる.

以上と同様の推論を内部金融と新株発行, 借入金融と新株発行とのあいだの選択にかんしても行なうことができる. それをここでいちいち展開することはしないが, 結論だけを述べると, 法人所得税が存在するかぎり(すなわち $t_c>0$ であるかぎり), 新株発行は他の財務選択にくらべて現株主にとっては劣った金融方法であることを示すことができる[6]. したがって, 新事業をおこす場合とか, あるいは利潤の内部留保が不足して, かつ銀行の借入を増大させることが, ここではまだあつかっていない何らかの理由によって望ましくない場合などをのぞけば, 新株の発行による資本の調達が実際稀なのは, 株主の立場からいって合理的といえるのである.

以上の結果をふまえて, 投資の内部金融と借入金融の比較に話をもどそう. ふつう, 多くの経済においてキャピタル・ゲイン課税率と法人所得税率は, 大体において一定率である. これにたいして個人の財産所得税率は累進的である. 日本の場合には, 少額貯蓄の利子所得にたいして免税措置がある. また利子所得や少額の配当所得は, 他の所得と総合して高い所得税率の適用をうけることなく, 比較的低い税率で分離して課税をうけることもできる. いま理論的に, 個人財産所得税率は個人の資産の量に応じて連続的に累進的であると想定すると, $(1-t_p)$ は6-2図のごとき逓減的な曲線となろう(横軸には資産の量がはかられている). そして $(1-t_g)(1-t_c)$ は一定水準にあるとする. このとき資産の量が A^* 以下の投資家にとっては, ポートフォリオを利付債券の形式で保有し, 資産の量が A^* 以上の投資家にとっては, ポートフォリオを株券の形式で保有することが, 税法上有利なことになる(ここではまだ, リスク要因は考慮にいれていない).

そして個人資産の総額のうち, 資産量が A^* 以下の個人投資家の保有資産のしめる比率が, 法人部門全体にとっての均衡負債/資産比率を定めることにな

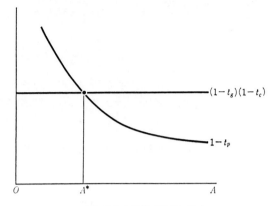

6-2図 均衡負債/資産比率の決定

る[7]. 経済がこの均衡にないときに, それぞれの企業にとっては, 場合に応じて債券を発行したり(現実負債/資産比率が均衡負債/資産比率に満たない場合, いいかえれば借入の需要が供給に満たない場合), あるいは内部金融を行なったり(逆の場合)することによって, より低い資本コストで資金を調達できることになろう. しかしあくまでも均衡の負債/資産比率は, 法人部門全体についてのみ定まりうるのであり, 均衡比率においては, 各企業がどの財務政策をとっているかは, いわば好み(会社の性格)の問題ともいえるわけである. 以上の議論ではまだ銀行などの金融仲介機関の存在や他の諸要因を捨象しているが, 日本のように, 利子課税優遇措置が寛大であるところでは(キャピタル・ゲイン課税にたいする優遇措置にもかかわらず), 法人部門全体の負債/資産比率が高くなることが予測される.

銀行の役割

これまでは, 取引費用の存在が捨象されてきた. すなわち, 投資家が企業から受けとる所得は, 税の効果を別にすれば, 企業の支払う利子ないしは配当支払にちょうど等しく, また投資家は債券と株券のあいだに無費用で資産保有の形態を転換しうるという仮定である. しかし, これはいうまでもなく, 企業の財務構造のエッセンスを理論的に理解するための第一次近似にすぎない. 現実

の企業の金融市場とのかかわりをより具体的に理解するためには,取引費用のもつ効果が検討されねばならない.そのような視点から,銀行という金融仲介機関の介在の効果を,とくに日本の現実に関連づけて考えてみよう.

投資家の貸付金が銀行によって仲介されて企業に流れることとなると,非金融法人部門が銀行にたいして支払う借入利子の総額が,銀行部門が個人投資家に支払う預金利子の支払総額を上廻るのがふつうである.その差額は,銀行という企業を経営するのに必要な経常費用の一部に充当され,またその利潤を形成したりすることになる.

銀行にたいする個人投資家の預金利子率を ρ,銀行から企業が借入を行なう際に支払う利子率を $\hat{\rho}$ とすると,株価最大化の条件は,

$$(1-t_g)(1-t_c)\hat{\rho} = (1-t_p)\rho$$

であたえられる.もし左辺が大きければ,個人投資家にとっては,企業が銀行借入を減少して利潤の内部留保によって投資のより多くの部分を金融することがのぞましく,逆の場合は逆となる.前と同様に考えて,右辺は企業が銀行経由の借入を限界単位減少したときに,投資家に税引後預金利子の減少として帰属する費用であり,左辺は企業の借入利子支払の減少による内部留保の増大が,株主の税引後のキャピタル・ゲイン利得として反映する額だからである.

日本では,キャピタル・ゲインは非課税で,また預金利子も少額貯蓄優遇措置によって免税される場合が多い.したがってここでは,近似的に $t_g=t_p=0$ と考えよう.また預金利子率は,臨時金利調整法によってその上限が長らく有効に規制されている.臨時金利調整法による貸出金利の上限の規制は最近では実効的ではなく,上限を下廻っている.しかし,企業への貸出金利については,ただ表面金利をみるだけではなく,いわゆる歩積み両建ての慣行による実効金利の調整にも注意しなければならない.これは,銀行が企業に貸出を行なう場合,取引関係を維持し,また表面金利より高い利率を実質的に課すなどのために,貸出のある部分を預金として銀行内に拘束する取決めである.貸出表面利率がたとえ規制,営業機密などの理由によって表面的には上方に硬直的であっても,銀行は歩留り率を操作することによって実効貸出金利を調節することが

できるのである.歩留り率を α,表面貸出金利を ρ_L,企業の拘束性預金の金利を ρ_d とすると,企業は1億円の投資を金融するのに,実際には $\frac{1}{1-\alpha}$ 億円借入れねばならぬから,実効貸出利率は,

$$\hat{\rho} = \frac{\rho_L - \rho_d \alpha}{1-\alpha}$$

となる.歩留り率が貸出市場や銀行対企業の相対的交渉力に応じて変動すれば,実効貸出利率も変動することはあきらかである.

さて,正確に実効利率 $\hat{\rho}$ を知ることは困難だが,データから推察すると,1960年代には $(1-t_c)\hat{\rho}$ が ρ をかなりの程度上廻っており,1970年代になり金融市場がより競争的になるにつれて,ようやくにしてその格差が減少したことがうかがわれるのである[8].このことは,1960年代に企業がかなりの程度に株価最大点を上廻って銀行借入を行なっていたということを示唆するといえよう.いいかえれば,企業は株主の立場からみて「オーバー・ボローイング」していたといえる.このことは1960年代には投資需要が旺盛であったので,内部資金が十分でなかったからだと説明されるかもしれない.しかし実際には配当利廻り(株価に対する配当の比率)は1960年代初めには5％であったのが,1970年代の終りには1.5％くらいにまで低下している.このことは,1960年代においても1970年並みに企業が配当支払を減少させれば,借入金を減少させることができたはずだということを示唆する.したがって高度成長は企業の借入依存を部分的に説明するにしても,そのすべてを説明するわけではない.

日本の企業金融の制度的特徴としてこの点でもう一つ興味あることは,都市銀行による非金融法人企業の株式保有の許されていることである.ここから,銀行と個人投資家のあいだに,それぞれが株式を保有している企業が株価を最大化するような財務政策を選択することについて,利益の一致があるのか,という興味ある問題が生じる.一つの仮説は,両者のあいだに意見の一致はなく,銀行は,非金融法人部門が株価最大点をこえて銀行からの借入を増加させることを望んでおり,銀行による企業の株式保有は,それ自体収益性の高い資産として保有されているというよりは,銀行が企業と顧客関係を維持し,できうれ

ばそれに借入圧力を加えるための手段としてあるのだ，というものであろう．実際に銀行によって保有される株式は，いたって流動性は低い．そしてキャピタル・ゲインが実現されぬかぎりは，株式の配当利廻りは実効貸出利率をはるかに下廻るだけに，この説明はただちにしりぞけえないと思われる．

以上のように考えた場合，企業の財務構造は，銀行とその他の一般株主とのあいだの力のバランスによって定まるといえよう．そして$(1-t_c)\hat{\rho}$とρの格差がようやくにして減少してきているということは，金融市場の国際化によって企業にとって外債起債などの代替的金融機会が増加し，また企業の内部金融力が増加したなどの理由によって，銀行のバーゲニング・パワーが低下したからだとも解釈されよう．

さらに，これまでは企業は株主のために運用されると仮定してきたが，「所有と経営の分離」という現象は，経営者の独自の選好が会社の財務その他の政策に反映されるようになることを意味するのだとしたら，企業の借入の傾向的減少は，過大な借入による銀行の経営監視をいとう企業経営者の意向をも反映しているといえるかもしれない．しかし，そのような経営者の独自性の可能性については，章をあらためておいおい明らかにしてゆくことにしよう．

6.4　株式会社のリスク負担能力

企業と金融市場のあいだの関係をめぐるこれまでの議論では，不確実性の問題は表面にあらわれてこなかった．しかし株式会社企業という制度は，不確実性の世界においてリスクに対処する一つの社会的工夫として生まれてきたのであり，古典的な企業と現代の株式会社企業との質的差異は，不確実性を明示的に導入しないかぎり，不可能であるといえよう．不確実性のもとにおける古典的な企業家の役割にかんするフランク・ナイトの議論と対照させながら，株式会社企業のリスク負担能力についての現代経済学の最近の理解を，以下にスケッチしてみよう．

企業家のリスク負担能力

　企業家のリスク負担の能力にかんして最初に体系的な議論を展開した新古典派経済学者は，フランク・ナイトである[9]．フランク・ナイトは生産は時間を要するという，あたりまえの事実に注目した．投資をふくんだ生産にかんする決定の時点において誰も生産物の販売時点における市場条件を完全に見透すことはできないから，その決定は誤謬の可能性をふくんだ判断をともなわなければならない．にもかかわらずナイトの企業家は，資本財，土地，労働力の所有者からそれらのサービスを市場で定まる一定価格で買入れるという拘束的な契約を結び，事後の市場状態の如何にかかわらず，この契約を履行するという約束を結ぶ．実現した企業の総収入から一切の契約的支払を控除した剰余がナイトのいう「利潤」である．かくして，企業においては2種類の個人所得，すなわち「契約的所得」と「利潤」が発生する．利潤は典型的には，リスクの下における決定の任務を担う企業家の所得として帰属する．「利潤」は剰余所得ではあるが，そこには計算の要素と運の要素との双方がある．計算の要素とは，企業家の「期待」所得は，企業家能力の需要・供給によって決まるということである．では企業家能力の需要はいかなる要因に依存するのであろうか．

　企業家サービス以外の各生産サービスにたいする契約的支払の水準は，企業家間の競争的な値づけにより，総供給がちょうど雇用されつくす水準に定まる．特定量の企業家サービスに漸次これらの生産サービスをつけ加えていくと，企業家の予見範囲と経営的能力の制限のために，それらの限界生産力は漸次逓減していく．企業家の所得はすでに強調したように「契約的支払」の後の剰余であり，正確にはリカード的地代——他の生産要素の「生産物」(限界生産物と投入量の積)を控除したのちの土地に帰する余剰生産物——とは区別されるが，一種のアナロジーは可能である．すなわちちょうど一定の土地につけ加えられる労働と資本の生産性が収穫逓減の法則により急速に低下すればするほど，土地の地代が高くなるように，一定量の企業家能力に付加的に結合される他の諸要素からの生産性がより急激に減少すればするほど，最大限可能な余剰は増大する．

たとえば企業家は，第4章でみたように，生産物市場の不確実性のもとでも，製品の多様化によってリスクを回避しようとするかもしれないが，そのような試みもある一定限度をこえては効果的ではないであろう．それは企業家の予見能力の制約からくるのである．裏返していうと企業家能力に帰属する余剰は企業家能力の存在量に比して将来が不確実であればあるほど，大きいと考えられる．

かくして，社会的所得の利潤と契約所得への分割は，社会における企業家能力の供給が少なく，かつそれに適用される他の要素からの収穫がより急速に減少するにしたがい，前者に有利になるであろう．しかし，これはあくまでも一般的期待としていいうることにすぎない．現実に企業家の所得は企業において実現された収入から契約的支払を控除したときにのみはじめて確定するのであるから，事前の計算によっては確定されえない側面がある．これは企業家の予見が完全ではなく，確率的な判断を伴わねばならないことの必然的な結果である．

さて，企業家の所得は攪乱的要因をふくんだ剰余として成立するとはいえ，それは企業家能力にたいする一種のレント〔準地代〕という性格をもつものであるとすると，この企業家能力の質の供給はいかに定まるのか．それは，(1)予見能力，(2)リスクをとる意欲，(3)リスクにたいして契約的支払の実行に十分な保障を与えうる能力，これらの要因の結合によって与えられるであろう．意欲と保障を与える能力の結合も，もし予見能力を伴わねば，資源の浪費におちいるであろう．一方ほかの2つの要因を伴わない予見能力は，単なる知識として，経済的に生かされることはないであろう．

では，保障の能力はいかにして供給されるか．ナイトは，資本制企業における究極的な責任のあるコントロールの実行者である企業家は，同時にその企業または他の企業において用いられる「生産サービス」，とくに資本財の所有者でもなければならないと考える．そのことによって企業に損失が生じた場合にも，他の生産サービスの所有者に完全な契約的支払を保障しうるからである．すなわち，自分自身が所有する生産サービスの潜在的な所得稼得能力を，他者

の供給する生産サービスの契約的雇用の担保にするということである.

株式会社企業のリスク負担能力

ナイトの企業家は，かくして所有と経営の結合した古典的なビジョンに一致する．ここで重要なことは，企業家のリスクにたいする対処能力がもっぱら自然的な能力として存在するのではなく，資本所有という制度的な要素と不可分であるという指摘である．しかしナイトの見解は興味あるものではあるが，今世紀前半に加速化した株式所有の広範な分散という現象にもとづいて，批判をよぶようになった．すなわち，現代の大企業において資本の所有者(株主)は不確実性をともなう決定を行なうようにはみえず，不確実な決定を行なう経営者は多くの場合支配的な株主ではないからである．これにたいして，最近アローとロバート・リンドは，株式所有権の広範な分散という現象にもかかわらず，いや，というより正確には，分散したがゆえに，株主集団が不確実な世界においてリスクを負担する役割を引きうけるのだ，という興味ある議論を展開した[10].

いま，ある株式会社企業を考え，その不確実な利益は株式所有比率にしたがって株主たちに配分されるとしよう．各株主は，ある金額をこの企業の株式に投資することによって得られる不確実な配当を評価するのに，同額の資産を確定利付債券に投資した場合との比較によって行なうとしよう．もし，不確実な配当の期待平均値とひとしい確定利子を生む安全資産への投資と，この企業への株式投資とが，投資家によって無差別と評価されるならば，この企業のリスク・コストは彼にとってゼロと評価されていることになる(あるいはこの投資家はリスク中立的であるといえる)．もし投資家がリスク回避的であるならば，彼は配当の予想変動幅に応じて，その期待平均値がある一定水準以上，安全資産への投資によって得られる確定利子を上廻らねば，株式投資をさしひかえるであろう．いいかえれば，危険回避的な投資家にとっての不確実な株式投資の真の価値は，配当の期待平均値から一定のリスク・コストをさしひいたものでなければならない．そして，個別投資家が当該企業にたいして要求するリス

ク・コストの総額を，企業にとってのリスク・コストとよぼう．個々の株主のリスク態度の如何にかかわらず，このリスク・コストが全体として無視されうるほどに小さくなるならば，企業はあたかもそれ自身リスク中立的であるかのように，収益の変動幅にとらわれず，その期待平均値を最大化する経営政策を選択すべきこととなる．そのようなことが実際にあるとすれば，それはいかなる条件のもとでか．

まず，金融市場には，その収益可能性が統計的に独立分布している多数の投資機会が存在するものとしよう．そして個々の投資家は市場において彼の富の保有形態を十分に分散しており，一企業にたいする株式保有率は彼の富のごく一部を占めるにすぎないとしよう．この分散化がますます進行するにつれて各投資家によってそれぞれの投資機会に帰属させられるリスク・コストが減少することは自明であるが，そればかりでなく株主全体の要求リスク・コストの総額，すなわち企業のリスク・コストも無視しうるほどに小さくなることを，アローとリンドは示したのである．かくして，もし企業の資金が多数の株主から調達され，かつそれらの株主が彼らの投資を十分に広く分散しており，富のごく一部を当該企業に投じているにすぎないならば，企業はその資金を収益の揺れにかかわりなくたんに収益期待平均値を最大にするように用いることが，株主たちの利益と一致することになる．いいかえれば，株主の集合的リスク態度は，個別株主のリスク態度にかかわりなく，リスクにたいして中立的であるといえる．このように，株式会社企業は不確実な世界において企業家精神が実行にうつされるためのきわめて巧妙な社会的工夫であるということができるのである．

不確実性と株価最大化

企業の将来収益の確実な世界においては，株式投資収益の現在価値和に等しい株価の最大化が，株主集団の一致した目標となると想定することは，確固とした理論的基礎を有していることをみた．不確実性の存在下でも，もしその収益がたがいに統計的に独立である株式が十分に多数存在し，投資家がそれらの

株式のあいだに資産をかぎりなく分散していれば，株価最大化は株主の近似的な集団的目標となりうることもみた．しかし現実には，株式の収益は景気循環などによって，たがいにある程度相関していることがあるだろう．あるいは，ある企業が革新的な技術を開発し，そこから生ずるリスクはこれまで金融市場によってはまったく評価されてこなかった性質のものであるということもあるだろう．さらに企業のサイズが大きく，その投資政策の変更は，市場の資産評価に目にみえる影響をおよぼすということもあるだろう．こうした一般的状況を考えても，なおかつ株価最大化は株主の一致した目的となりうるのであろうか．あるいは株主のあいだで一致しうるような目標がそもそもありうるのであろうか．このような金融市場の理論と企業の理論の境界領域にわたる問題の研究が「株主一致性」(stockholder's unanimity)の理論において，近年精力的に進められてきた．やや技術的細目にわたるが，その経済学的含意の重要性のゆえに，以下その概要を述べておこう[11]．

F の企業と H の投資家からなる2期間モデルを考えよう．企業によるすべての投入決定は今期になされ，その決定からの報酬は第2期において生ずるものとしよう．j 企業($j=1,\cdots,F$)の単一投入量(経営計画)を u_j であらわし，その次期収益は u_j と未知の確率変数 θ の関数

$$\pi_j = \pi_j(u_j, \theta)$$

であらわされるとしよう．i 投資家($i=1,\cdots,H$)は市場で形成される j 企業の株価 V_j($j=1,\cdots,F$)と確定利子 r を生みだす債券の価格 V_0 を参照しながら，その富を F 種類の株式と確定利付債券のあいだに分散保有するとしよう．もし j 企業の株式を s_{ij} 保有したとすると，確率状態 θ が生起したときに i 投資家は $\pi_j(u_j,\theta)s_{ij}$ なる配当を受けとる．そしてポートフォリオ全体からの収穫は，

$$R_i(\theta) = \sum_{j=0}^{F} \pi_j(u_j, \theta) s_{ij}$$

である．s_{i0} は確定利付債券の保有シェアをあらわし $\pi_0 \equiv r$ である．将来の不確実性にたいする i 投資家のリスク態度(リスク回避度)は，フォン・ノイマン＝モルゲンステルン効用関数 $u_i(R_i,\theta)$ によってあらわされるとしよう．そして各投資家は確率変数 θ についての主観的確率測度 $\mu_i(\theta)$ をもつとする．i 投資家の第 j 資産($j=0,1,\cdots,F$)の初期保有量を $\bar{s}_{ij}$ とすると，彼は予算制約

$$\sum_{j=0}^{F} V_j(s_{ij} - \bar{s}_{ij}) = 0$$

のもとで期待効用

$$\int [u_i(R_i(\theta), \theta) \mu_i(\theta)] d\theta$$

が最大化するようにポートフォリオの選択を行なうと考える．各金融資産の価格 V_j ($j=0, 1, \cdots, F$) は市場における需給均衡をつうじて決定され，各投資家にとってはパラメーターとすると，i 投資家の主観的最大化の条件は，

$$(6\text{-}9) \quad \frac{\int [u_i'(R_i(\theta), \theta) \pi_j(u_j, \theta) \mu_i(\theta)] d\theta}{\lambda_i} = V_j \qquad (j=0, 1, \cdots, F)$$

となる．すなわち i 投資家は状態 θ でうけとる j 企業の配当 $\pi_j(u_j, \theta)$ を

$$V_{ij}(\theta) = \frac{1}{\lambda_i} u_i'(R_i(\theta), \theta) \mu_i(\theta)$$

で比重づけして，すべての状態にわたって集計した値に，当該企業の株価を評価する．いわば，$V_{ij}(\theta)$ は i 投資家が状態 θ で受けとる富 1 単位に帰する「主観的な価格」であるといえる．

さて株主一致性の理論は次のような質問を発する．今，市場におけるポートフォリオ調整を終った投資家たち（これらの投資家たちを「事後の株主」とよぶことがある）のうち，k 企業の株式を保有しているものたちが株主総会に集合し，当該企業の投入計画 u_k をさらに限界的に変更することの是非を議論するとしよう．このとき，投入計画の限界変化にたいする限界効用

$$\frac{\partial \int [u_i(R_i(\theta), \theta) \mu_i(\theta)] d\theta}{\partial u_k}$$

はすべての株主にたいして同一の符号をとるであろうか．いいかえると株主たちは一致して金融市場均衡の成立の基礎となった投入計画の微少変化に賛成，反対，あるいは現状維持に賛成するであろうか．この問にたいしては，ごく限られた条件のもとで肯定的な答がえられている．その条件とは，当該企業の投入計画のいかなる微少変化の効果も，金融市場均衡におけるすべての企業の投入計画の線形和としてあたえられる，すなわち

$$\frac{d\pi_k(u_k, \theta)}{du_k} = \sum_{j=0}^{F} \alpha_{kj} \pi_j(u_j, \theta)$$

となるような α_{kj} ($\sum \alpha_{kj} = 1$) が存在する，ということである．この条件は，通常，「スパニングの条件」とよばれているが，それは企業の投入計画の変更による将来投資収益の展望の変化は金融市場において存在する株式を適当に組み合せることによって，実現可

能であるからである．しかし当該企業の投入計画に固有のリスクが存在すると，この条件はかならずしも成立しない．非常に革新的な技術が開発されたときに，その企業化は往々にして新企業の設立という形をとるのは，そのリスクについての評価が非常にむずかしく，したがって既存会社の内部では，その企業化にかんして一致した支持がえられないからだということがあろう．

以上においてわれわれは株主のポートフォリオがマーケットにたいして最適であるということを仮定し，その上で企業の投入計画のさらなる変更が彼らにとって利益のあるものであるかどうかを議論してきた．次に投資家のポートフォリオは任意であるという代替的なケースについて考えよう．すなわち，条件(6-9)の成り立っていないケースである．このようなケースは，たとえば投資家のポートフォリオにおける株式の最適ミックスが，彼らの期待や選好の変化，技術的な変化，あるいは他所における新株の発行，その他の事情によってもはや必ずしも適当なものではなくなったような状態である．これらのポートフォリオが最適でない株主は，「事前の株主」とよばれることがある．この事前の株主によって満場一致で採択されうるようなプランは存在するであろうか．もし存在するならばそのプランは企業の株価最大化の計画によって特徴づけられるであろうか．あるいは満場一致の意見が得られないとしても，株主たちの多数決によって支持されうる投入計画は，株価の最大化と合致するであろうか．これらの問題にかんして肯定的な答が得られるためにはスパニングの条件に加えて，さらに次のような「競争条件」が充足されなければならない．すなわち投資家たちは，企業が将来事象のすべてにわたって収益を $B\%$ 増大するような投入計画を採択するとすると，企業の株価も正確に $B\%$ 増加すると考えるという条件である．この条件は，各投資家による各状態における収益の帰属価格 $V_{ij}(\theta)$ が企業の政策変更によって影響をうけないということを意味する．企業が，もし競争的独占の地位をもち，その経営政策の変更によって各投資家の帰属価格に影響をあたえるような立場にあるとき，株価を最大化するような政策は，その株主たちによって一致して支持されることはないし，また多数の支持をすることすらできないことがある．

第6章　演習問題

1. (a) (6-2)式と(6-5)式から $V_h = V$ を証明せよ．
   (b) (6-8)式 $V_b{}^1 - V^2 = 0$ を証明せよ．
   (c) (6-6*), (6-7*)式と $V^3 = V_b{}^3$ から $V^1 - V_b{}^1$ の符号は $(1-t_g)(1-t_c)$

$-(1-t_p)$ と同じになることを証明せよ．

(d) $t_c>0$ のとき，t_p, t_g の如何にかかわらず，新株の発行は他の方法に比して劣った金融方法であることを，(6-5)式を参照しながら証明せよ．にもかかわらず，新株の発行がときどき見られることがあるのはなぜか，議論せよ．

2. 日本の法人税制と個人の財産所得にたいする税制の特徴を調べ，その会社財務政策にたいする含意を論ぜよ．

3. 大蔵省の『法人企業統計』にもとづいて，次のことを調べよ．

(a) 非金融法人企業の設備投資は，内部留保，新株発行，借入金のそれぞれによって，どのような相対比率で金融されてきたか，時系列的に調べよ．そしてその時系列的変化にかんして，本章の理論がどのように関連しているか，議論せよ．

(b) 日本の非金融法人企業の財務構造（バランス・シート）は，アメリカと西ドイツの製造業企業のそれと比してどのような特色があるか調べよ．しかしその特色は，かなりの程度に日本の会計制度や産業組織の特殊性にもとづく表面的なもので，実際の日本企業の負債/総資産比率は，『法人企業統計』の公式発表より，かなりアメリカ企業のそれに近いという考えもある．M. Aoki, *The Economic Analysis of the Japanese Firm*, Amsterdam: North-Holland, 1984 の Introduction, pp. 16-21 を参照しながら議論せよ．

第6章 注

1) 成長費用関数の概念は，宇沢弘文によって「ペンローズ関数」としてはじめて明確に定式化された．H. Uzawa, "Time Preference and Penrose Effect in a Two Class Model of Economic Growth," *Journal of Political Economy* 77, 1969, pp. 628-652 をみよ．成長のための費用という概念としては，ほかに，固定設備の調整のために一定の費用支出が必要であると考えるものなどがある．

2) この概念は，「限界資本効率」というケインズの概念を恒常成長の状態に適用

したものである.

3) J. Tobin and W. Brainard, "Asset Market and the Cost of Market," in Bella Balassa and Richard Nelson(eds), *Economic Progress, Private Values and Public Policy: Essays in Honor of William Fellner*, Amsterdam: North-Holland, 1977, pp. 235-262 をみよ.

4) F. Modigliani and M. Miller, "The Cost of Capital, Corporation Finance and the Theory of Investment," *American Economic Review 48*, 1958, pp. 261-297; "A Correction," *American Economic Review 53*, 1963, pp. 433-443.

モジリアーニ=ミラーの邦語による入門・研究書としては,小宮隆太郎・岩田規矩雄『企業金融の理論』日本経済新聞社,1970年が有名である.

5) この税制にかんする仮定は,日本の現実の税制を多分に単純化している.章末の演習問題2を参照.

6) M. King, *Public Policy and the Corporation*, London: Chapman and Hall, 1977, ch. 4 をみよ.

7) M. Miller, "Debt and Taxes," *Journal of Finance 32*, 1977, pp. 212-275 をみよ.

8) 森口親司他編『日本経済の構造分析』創文社,1983年所収の青木昌彦「企業金融と銀行の役割」を参照.

9) F. Knight, *Risk, Uncertainty and Profit*, Boston: Houghton Mifflin, 1921 (奥隅栄喜訳『危険・不確実性および利潤』文雅堂,1959年).

10) K. J. Arrow and R. Lind, "Uncertainty and the Evaluation of Public Investment Decisions," *American Economic Review 60*, 1970, pp. 364-378.

11) 株主一致性の理論の要領のよい解説は,注6)に引用された M. King の著書の第5章に見いだされる.

第7章　雇用構造の決定

　本章は，企業が人的資源を補充する労働市場との関係をいかに構造化するか，という問題をあつかう．企業のこの側面にかんしてまず注目されることは，労働市場において支配的に働くメカニズムはスポット・マーケット・メカニズムではないということである．スポット・マーケットとは財の需要と供給とが各時点における価格の伸縮的な調整によって均衡化され，また財の取引が各時点において完結せしめられるようなシステムをいう．ところが労働サービスの取引は多かれ少なかれ長期にわたるサービスの供給を暗黙の前提にして行なわれる場合が多く，スポット・マーケット的な取引は，あるとしても縁辺的な役割しかはたしていない．いいかえれば，労働市場は主として長期の雇用契約の取引の場として，構造化されているのである．

　さらにこのような長期契約によって企業に参加する労働供給者は，特別な技能の持主でないかぎり，かぎられた職務に最初配置されるのがふつうである．こうした職種群は，労働経済学者によって「市場の海」から「企業という島」の内部への入口にあるという意味で，「入港点」と呼ばれることがある．そして他の職種群は，企業に一定の期間継続して勤務した人々によって占められるのが普通である．それらの人々は勤続をつうじて企業においてチームの一員として有効に働くという術を獲得しており，またかなりの程度において企業に特有な熟練や知識を仕事をつうじて学習しているという意味で，企業に特有の(firm-specific)人的資源となっている．これらの人々の賃金や俸給は，企業の外部労働市場の条件からある程度独立して，企業内の職種間の比較にもとづいて決定される．いいかえれば，企業内部における人的資源の配分と価格づけは，入港点を別とすれば，管理的な(administrative)方法をつうじて行なわれるのである．このような管理的な方法による人的資源の配分メカニズムは，アメリカの労働経済学者によって「内部労働市場」とよばれている[1]．すなわち，企

業は労働市場のはたらきの一部を内部にとりこんで構造化するという意味である．これを，企業に特有な雇用構造(firm-specific employment structure)，ないしは企業の内部組織の形成として捉えることもできよう．

　この章の主題は，なぜこのような内部労働市場が市場経済のなかに構造化されてくるのか，そしてそれにともない外部労働市場の性質も，スポット・マーケット的なものから長期の雇用を暗黙にふくんだ雇用契約の取引の場に変容するのはなぜか，にかかわっている．この問題は，コースの『企業の本性』と題された古典的な論文によってそもそも提出されたものである[2]．彼は，サービスの供給が「長期」にわたると，そのサービスの使用は必然的にある種の権限(authority)関係のもとにおかれると考えた．人間の合理性の限界ゆえに，不確実な将来の事象が展開するにしたがい，そのサービスがいかように使用されるべきかを前もって特定化することは困難であるし，また効率性の観点から望ましくもない．したがって契約の条件は一般的に定められ，その特定の使用法は購買者(雇用者)の手に委ねられるようになる．こうした権限的な関係を彼はせまく「企業」とよんでいる．では，労働サービスの長期契約がそもそも市場経済に生まれてくるのはどのような理由であるのか．コースは，その理由は「市場を使用するコスト」が長期雇用契約とそのもとにおける管理的な資源配分によって節約されうるからであると考えた．そのようなコストとして彼は，さらに「適当な価格をみいだすためのコスト」と，人々の「リスク態度」に主として起因する「短期契約をくりかえすことのコスト」を指摘している．これらの市場使用のコストについてコースはくわしく議論しているわけではない．しかしながら，このコースの議論を手がかりにしてわれわれは，前述の2つの問題にたいする考察を試みることができる．すなわち，まず第1に長期の雇用契約がスポット・マーケットに固有のリスク・コストを節約する仕組について論じる．第2に長期雇用契約をつうじて企業に特有な雇用構造のもとにくみ入れられた従業員集団が，マーケット・メカニズムのもとでは可能でない(集団的)生産性を発揮しうるようになる，その仕組について論ずる．

7.1 長期雇用契約とリスク・コストの節約

このセクションは，長期の雇用契約がいかにしてスポット・マーケットに固有のリスク・コストを節約しうるか，その仕組を考える．その原理は簡単である．今，一定量の労働プールがあり，そこから供給される労働サービスは（代表的）企業の所有する一定量の資本ストックと結合して，特定の産出物を生産するとしよう．この生産物の価格は，不確実な変数であって，ただそれらの確率分布のみが知られているとする．このとき，労働の価格づけがスポット・マーケットで行なわれているとするならば，生産物の価格が変動するごとに，賃金率はその変動する価格ではかった限界価値生産物に等しく調整されるであろう．そして企業は，労働の生産物（限界価値生産物に労働供給量を乗じたもの）を控除した剰余（利潤）を受け取ることになる．この場合，利潤も労働者の所得も，生産物市場に影響する確率事象が変動するにしたがい変動する．

ここで労働者は，リスク回避的であると仮定しよう．いいかえるならば，労働者は変動所得の平均値よりもいく分か低い水準であっても，もしそれが確実に得られるならば，その保障を変動所得の展望に比してより選好するということである．すなわち，なにがしかの保険プレミアムを支払ってでも変動所得よりも一定所得水準の保障をより望む場合である．7-1図を参照しよう．今，スポット・マーケットで決定される賃金率は確率 p で生ずる w_1 と確率 $1-p$ で生ずる w_2 のプロフィールであたえられるとしよう．このプロフィールの平均賃金率は $\bar{w}$ であたえられる．労働者のフォン・ノイマン＝モルゲンステルン効用関数が図のような凹関数であらわれるとすると[3]，そのプロフィールから期待される効用水準は，

$$Eu = pu(w_1) + (1-p)u(w_2)$$

であらわされる．しかるに，このスポット・マーケットにおける賃金プロフィールと同等の効用水準をあたえる確実な賃金所得水準は，$\bar{w}$ よりも低い $\hat{w}$ であたえられることがわかる．この差 $\bar{w} - \hat{w}$ が $\hat{w}$ の額の賃金保障にたいして労働

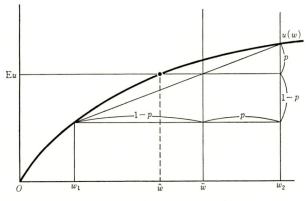

7-1図 賃金保障の保険プレミアム

者が支払ってもよいと考える最大限保険プレミアムと解釈できる.

　一方前章では，金融市場において十分に資産を分散している投資家の資金が株式制度をつうじて企業にプールされると，その資金はリスク中立的に運用されることが説明された．しかし，労働者は通常一般の学校教育における職業訓練や職場における訓練をつうじて技能を蓄積するが，それらの技能はかなりの程度に特殊であって，しかもその習得には時間がかかる．こういう人的資本の特殊性からいって，労働者はリスクを拡散するために，人的資本のサービスを数多くの職業間に分散して提供することは非効率的である．また一定の勤務時間という制度的制約のためにそうすることも不可能である．したがって，労働者は資産所有者に比して相対的にリスク回避的であると仮定することは妥当であろう．現代の資本主義経済においては，1人の個人に労働者と資産所有者が混在していることはまれではないが，そのような個人も労働者という資格においてはリスク回避的な行動をとると仮定することは妥当であろう．

　他方，雇用者としては株式会社企業を想定し，前章の議論にそって，それはリスク中立的であるとしよう．すなわちそれは，利潤展望がどのように変動するかにかんしては関心がなく，ただ長期にわたるその平均水準にのみ関心があるとしよう．このような状況のもとでは，企業と労働者は，スポット・マーケットにかえて次のような長期の契約に入ることによって，お互いが損失を被る

ことなしに,少なくとも一方が利得をうることができる.そのような契約とは,労働者がスポット・マーケットで期待される変動所得の平均値マイナス最大限保険プレミアムに等しい所得水準を生産物市場のいかんにかかわらず最低限保障され,一方雇用者が生産物市場のリスクを全て吸収するかわりに労働者によって支払われる保険プレミアムを取得する,というとり決めである.この場合,労働者によって支払われうる最大限保険プレミアムに労働者数を乗じたものが長期契約によって可能となるリスク・コストの節約分をあらわすということになろう.

もし,プレミアムの最大限が利潤という形式で労働者から雇用者に移転されるならば,リスク・コストの節約分はすべて雇用者によって吸収されるということになる.その場合,労働者はスポット・マーケットで得られる効用水準と同等の効用水準にとどまるということになろう.しかしながら,もし労働者が最大限保険プレミアム以下の水準での契約に入ることができるならば,この長期契約によって可能となるリスク・コストの節約分の一部は,労働者にも帰属することになるであろう.

以上のことは,次のように形を変えて説明することもできる.労働者は,賃金の期待$\bar{w}$とその分散σ_w^2を変数とする効用関数をもち,そこから導きだされる無差別曲線群は7-2図(a)のごとくにあらわされるとしよう.賃金の期待値と分散のあいだの限界代替率が逓減的であることは,労働者がリスク回避的であることを意味する(なぜそうなるかを説明せよ).スポット・マーケット・メカニズムによって決まる賃金の期待値と分散は点Mによってあらわされるとしよう.矢印のほうにむかって進むことにより,労働者の効用は改善されることになる.一方,企業は期待利潤量にのみ関心のあるリスク中立的な主体であるので,利潤の期待値$\bar{\pi}$と分散σ_π^2の平面におけるその無差別曲線群は7-2図(b)のようになるであろう(なぜか).点Mにおいて,市場メカニズムにより定まる労働者1人あたりの利潤の期待値と分散があらわされるとしよう.矢印の方向にむかって進むことにより,企業はより高い期待利潤量をえることができる.7-2図(b)のグラフをO_π点を中心に180度回転させ,そのM点を7-2

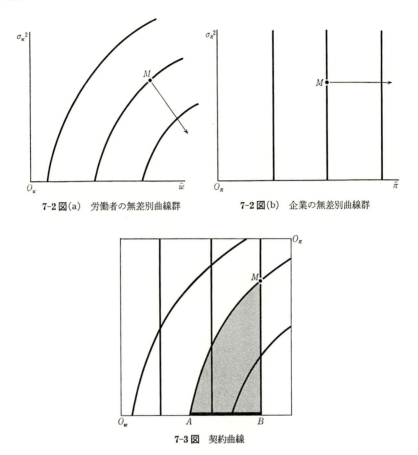

7-2図(a) 労働者の無差別曲線群

7-2図(b) 企業の無差別曲線群

7-3図 契約曲線

図(a)のM点にかさねると，7-3図のごとき，いわゆるエッジワースのボックス・ダイアグラムがえられる．ボックスの横幅は企業において生産されうる労働者1人あたりの付加価値の期待値，縦幅はその分散をあらわす．そしてM点からシャドー方向にむかって進むことにより，労働者と企業の効用は双方改善されることがわかる．そしてそれ以上賃金契約の内容を変更しても，労働者と企業の効用を同時にひきあげることのできないような，そういう賃金契約の集合——いわゆる「契約曲線」——は，太線ABによってあらわされる．そして線分ABの長さが，市場メカニズムを固定賃金契約に置き換えることによっ

て形成されるプレミアムをあらわすことになる．契約が A 点に決まれば，プレミアムはすべて企業に帰属するが，AB の内点のいずれかに契約が定まれば，プレミアムの一部は労働者にも帰属することになる．

新古典派は，ふつう長期の雇用契約によって可能となるリスク・コストの節約分はすべて雇用者（企業家）に帰属すると考えているようである．というのは，労働者がもしスポット・マーケットにおけるより高い効用水準をもたらす長期契約をのぞんだとしても，彼はたえず縁辺的なスポット・マーケットにいる労働者からの競争にさらされているがゆえに，そのような潜在的な利得はかぎりなくゼロに近づくまでせりおとされてしまう，と推測されるからである．しかしながら，もし一定の労働者グループが縁辺的なスポット・マーケットにいる労働者とは区別される特異な(idiosyncratic)性質を有することになると，節約されたリスク・コストが雇用者と労働者とのあいだにシェアされるという可能性が生ずるかもしれない．なにがそのような特異性をもたらすのか，それはひきつづく議論がやがてあきらかにしていくであろう．

最後に，リスク負担を従業員から企業に移転する雇用契約が「長期」でなければならないという意味について説明しておこう．長期雇用契約によってリスク・コストが節約される（あるいは同じことであるが，リスク・プレミアムが生みだされる）には，契約賃金は時に応じて生産物価格ではかった労働の限界生産物価値を上まわったり，下まわったりするかもしれないが，時間をとおしてみるとスポット・マーケットによる雇用に比して，少なくとも同等の満足を労働者にあたえ，そしてより高い平均利潤を企業にあたえるのである．いま，経済全体をとおしてみると平均して労働の限界価値生産物が契約賃金を上まわるような景気循環の局面を想定しよう．このとき平均的企業は，契約賃金より高い賃金で新しい雇用を募集し，労働者の移動を動機づけることによって短期に利潤を増加させることができよう．また，平均的労働者もそのような企業の新募集に応じることによって，短期にはより高い賃金をうることができるだろう．しかし，逆に労働の限界価値生産物が契約賃金を下まわるような景気循環の局面が来たときには，平均的企業は短期には雇用を減少することによって損

失を少なくすることができるだろう．しかし，こうした短期的な動機にもとづいて企業と労働者の双方が行動するとなると，賃金は労働の限界生産価値を近似することになり，けっきょくはスポット・マーケットのはたらきを再生産することになる．したがって，企業も労働者も共同してリスク・コストを節約するためには，景気循環にもとづく短期の利害にとらわれずに，長期にわたって雇用契約にみずからを拘束することが必要なのである．では企業と労働者の双方を長期にわたる雇用関係に動機づけるためには，期待されるリスク・コストの節約以外に，いかなる仕組が考えられるであろうか．企業のよい雇用者であるという評判とか，労働者の職を目先の利益にしたがってひんぱんに変えることにたいする悪い評判とかも，一定の役割をはたすであろう．しかし，長期の雇用関係のもとではじめて，人間資本への十分な投資と収益がえられるということになると，長期雇用契約への拘束は，契約両当事者の経済動機とさらによりよく両立することになるであろう．はたしてそのような仕組が可能か，次に長期雇用契約にはいった労働者が企業の内部でどのような管理のメカニズムのもとにおかれるか，をみることによってそれを考えることにしよう．

7.2 見えざる手 対 見える手

本節では，コースによって指摘されたところの，企業組織の形成によって節約されるもう一つの「市場使用コスト」，すなわち「適切な価格は何であるかを見いだすためのコスト」を扱おう．リスク・コストの節約にかんしてそうであったように，コースはここでも，問題の指摘にとどまって，このコストがいかに企業組織の形成にかかわっているか，分析的に追求することはしなかった．われわれのここでの課題は，このギャップを埋めることにある．

見えざる手の失敗

まず，ある財の取引にとって「適切」な価格とは何であろうか．それはその下で各経済主体によって選ばれた取引の結果を如何様に変更しても，取引当事

者たちの効用〔または所得〕を同時にひき上げることがもはや不可能であるような，そういう価格を指すものとしよう．このような価格は，財に単一の競争的市場が設定されえて，しかも当該財の生産・消費に外部性がなく，またその生産にかんして規模の経済性が存在しないならば，理論的にはマーケット・メカニズムをつうじて「みいだす」ことができる．外部性とは，当該財の生産または消費の活動が，当該財の非購買者〔たち〕の生産技術，または効用に間接的に波及的効果をおよぼすことである．このような現象は財に所有権を確立すること，すなわち非購買者をその使用から排除すること，の困難に起因する．生産における規模の経済性とは，当該財の投入規模〔あるいは産出規模〕が増大するにしたがい，その産出効果が逓増〔あるいは平均費用が逓減〕することをいう[4]．

　外部性と規模の生産性が存在しないとき，上記の意味で「適切」な価格を見いだしうるとは，あたえられた所得分配を与件として競争的に形成される価格が「適切」であるということである．所得分配が変更されれば，それに対応して他の「適切」な価格がえられるであろう．読者はすでに了解されているように上記の規準はパレートの効率原理の適用に他ならないので，「適切」な価格は一義に定まらない．

　「適切」な価格は，パレートの意味での効率性を達成する上で，社会的に交換されるべき情報のもっとも簡明な信号媒体であると解釈しうるであろう．人々は取引相手の効用や技術にたいして何らの情報を直接に有さなくても価格信号を指針として行動することにより，「神の見えざる手にみちびかれるように」（アダム・スミス），社会的視点から効率的な結果に自ずと到達しうるのである．すでに注意したように効率的であるといっても，それが分配の公正上の視点からいって最適であるということを必ずしも意味しない．しかし，いかなる合理的な正義の観点も，効率性の要求をふくむであろうから，ある状態がパレートの意味で効率的な状態にないならば，より効率的な状態への移行によって生みだされる余剰を，設定された正義の原理にしたがい分配することによって，社会的厚生は増大するであろう．したがって「適切」な価格の見いだされうると

ころでは，適切な購買力の配分と結合して市場が使用される蓋然性は，情報交換の経済性という視点からみるかぎり，きわめて高いものといえよう．

しかし，財の非購買者をその使用から排除しうるような市場が確実に設立されえぬということになると，効率的な生産・交換の社会的組織に必要な情報は，いわば市場から漏れてしまう．すなわち，市場において形成される価格は，財の非購買者のうける付加的な外部的利益（不利益）の限界評価を反映することはない．また規模の経済性が存在するならば，効率的な生産・交換の社会的組織に必要な情報を価格信号に翻訳することは理論的には不可能ではないが，それを適切に利用するには個別主体に市場の競争原理にあまりなじまない行動様式にしたがうことを要求する．すなわち，理論的に「適切」な価格にたいして，生産者は販売価格が右下がりの限界費用曲線と交わる点で操業せねばならないが，この要求にしたがうならば，よく知られているように，生産者は利潤の最大化はおろか，正水準の利潤の獲得すら断念せねばならない．したがって，けっきょく「適切」な価格は維持されず，実際に形成される価格はそれから偏りをもったものとなろう．かくして価格メカニズムは効率的な資源配分に失敗する．

外部性と規模の経済性の存在下では，マーケット・メカニズムの利用は，非効率的な生産・交換の社会的組織に導くという意味で，社会に一定のコストを賦課する．そして，社会的なコストは当然その社会の成員のいずれかによって負担されねばならない．逆に，マーケット・メカニズムに代る何らかの方法の利用によって，こうした非効率性が克服されるならば，市場体制においてはこの代替的方法の採用のイニシアチブをとるものに，一定の利得が帰属するであろう．

では規模の経済性と外部性の存在下において，マーケット・メカニズムに代る効率的な情報伝達体系が存在するとすれば，それはいかなるものでありえようか．数量調整メカニズムといわれうる情報伝達体系がそれである．

見える手の効率性

　ワルラスの価格調整メカニズムの模型では市場機能の人格化である1人のセリ人が社会的情報の交換・伝達の組織者としてあらわれる．セリ人は価格信号を発し，各経済主体はその価格に反応して財の需給量を選択する．セリ人はこれらの需給量を集計し，超過需要が正ならば価格を上方に調整し，逆ならば下方に調整する．もし各取引当事者が合理的規準にしたがって需給量を選択するならば，価格は各経済主体の需給選択の背後にある個別的な経済データ(嗜好・資源の所有量・技術的知識など)を要約した社会的に有用な情報の伝達媒体として機能する．

　これにたいして，数量調整メカニズムは，価格でなく，財の数量を社会的情報の伝達媒体として用いるところの，集権的な管理者によって組織化される．この管理者は，統括下にある下位単位の各々に，特定の資源にかんする取引量を直接に指示する．そして，この指定量のもとでの各下位単位における当該資源の限界経済価値がモニターされる．管理者はこれらの限界経済価値を下位単位間で比較し，当該資源の限界経済価値が比較的高い単位から比較的低い単位に，配分量を移転する．このような取引数量の管理的調整は，規模の経済性の存在の下でも，外部性の存在の下でも，効率的な生産・交換の組織化に導くのである[5]．

　アダム・スミスが価格メカニズムについて神の「見えざる手」によって資源の効率的配分が達成されると論じたことに類推的に，アドルフ・チャンドラーは，このような管理者による取引数量の管理的調整を「見える手」によるメカニズムとよんでいる[6]．

　ところで，規模の経済性と外部性によって特徴づけられるもっとも顕著な財の一つが，次にみるように労働である．そして労働という財にかんして見える手のメカニズムが適用されるとき，それは管理機構による労働サービスの権限にもとづく配分の関係，すなわち企業の内部組織として現出しよう．では労働という財が規模の経済性と外部性によって特徴づけられるとは，いかなる意味においてであろうか．

労働財の特殊性と雇用構造の内部化

労働者の技能水準は，いうまでもなく職場における訓練，仕事による学習 (learning by doing) などをつうずる熟練の形成によって，高まっていく．いいかえれば時間で測った投入規模が増大するにしたがい，労働者の生産性は生理的限界に到達するまで逓増する．そのような規模の経済性をしめす資源は，スポット・マーケットによる配分と価格づけをつうじては，効率的に生成され，ないしは使用されることはない．特定の技能は，いったん形成されると，それを使用することの限界的費用は，それを形成することのトレーニング費用に比較して，小さいであろう．したがって，もし個人が彼の特定技能の使用の限界費用のみを支払われるならば，その特定のトレーニングの費用を負担することは，彼らにとって引きあわないであろう．特定の技能から最大限の収穫を引きだすために，むしろ彼らはスポット・マーケットにおいて独占的な方法によって，特定技能の供給をコントロールしようと試みるであろう．

他方において雇用者も，次のような保証がなければ，技能トレーニングの費用を負担しようとはしないであろう．すなわち，被訓練者がトレーニングののちに仕事を替えることがなく，したがって投資にたいする十分な収穫を生みだすという保証である．しかしスポット・マーケットをつうじては，被訓練者は彼のもとにとどまるという保証はなく，また被訓練者は仕事を替えないという自分自身でも信じていない約束を，それによって個人的な利益が引きだされるという期待のもとに行なうことすらあるであろう．

ウィリアムソンによって「機会主義」と名づけられたこのような意図の歪曲は，経済主体のありうべき独占的な行動とともに，次のような結果に導くであろう[7]．すなわち，スポット・マーケット・メカニズムにおいては，特定の技能の生成と使用とは効率的な水準以下にとどまるということである．この場合，ある種の管理的な配分と価格づけが，効率性の観点からとって替わらねばならない．

年功賃金や年功制にもとづく昇進といった管理ルールの一局面は，特定のトレーニングにたいする費用と収穫が，雇用者と被訓練者のあいだでシェアされ

る仕組として理解することができる．この仕組のもとでは，従業員は若いときにトレーニングの費用の一部を負担するが，のちにその収穫を保証される．したがって，従業員はトレーニングをあたえる企業にとどまるというインセンティブをあたえられる．またそのことによって雇用者の投資にたいする収穫をも生みだす保障をあたえる．したがって，もし長期にわたる雇用契約が締結され，その契約のふくむ限度内で，労働サービスの配分が企業の経営者の統一管理の下におかれるならば，労働のより効率的な使用が実現されえよう．そのような制度的配置は，情報的局面からみるかぎり，時間をつうじて機能する数量調整メカニズムの制度化と解釈されうる．

　労働の外部性とは，熟練の共同的性格にあらわれる．すなわち，労働の熟練の少なからぬ部分は，通常チームの生産性として実現され，個人能力には分解・還元しえない場合が少なくない．しかし，チームの生産性にたいして個別的労働者が所有権を確立することはできないので，労働のスポット・マーケットはその使用にたいして適当な報酬をもたらす仕組ではないであろう．たとえば，市場からその熟練の供給を個人的に引きあげたとしても，集団的な生産性の維持にはそれほど大きな影響がないからである．また熟練の形成の少なからぬ部分は，職場における古手の労働者による仕事のうえでの教育や，若手労働者のたんなる模倣にもとづく学習によっても行なわれる．こうしたことも古手労働者の熟練の外部効果を物語るものといえよう（なぜか）．しかしこうした非公式の熟練伝達のプロセスを市場化することもむずかしく，経験ある労働者はスポット・マーケットをつうじては，世代間の熟練の移転にたいする彼らの貢献に応じた価値を引きだすことができないであろう．結果として，経験ある労働者が彼らの熟練を移転しようとする意欲と努力は，おそらく低くなるにちがいない．ここにふたたび，労働の使用を安定的な雇用契約の締結をつうじて企業組織の管理下におき，チームの生産性と熟練の職場形成を効率的に行なうことのインセンティブがあらわれる[8]．

　まとめていうと，労働の管理による配分を特徴とする内部組織が企業によって形成される理由の一つは，それがスポット・マーケット・メカニズムの排他

的利用によってえられない労働の効率的使用を可能にするからである．そしてそれは，企業の内部組織において，ある程度共同的な性格をもった熟練が時間をかけて形成されていくことにもとづくものと考えられるのである．

7.3 モニタリング

　企業の内部組織形成の背後にある要因としての仕事過程のチーム特性の役割は，アルチアン＝デムセッツによっても強調されている[9]．彼らによれば，企業の出現には2つの必要条件がある．第1はチーム志向的な生産によって生産を向上させることが可能であるということである．しかし，チームの個人メンバーの生産性を個々に測定することには費用がかかるから，それぞれのメンバーには怠ける(shirk)というインセンティブが生まれるであろう．たとえば，複数の人間がトラックに重量物を積荷する場合，1人の人間が手をぬいたとしても誰がチーム生産性の低下に責任があるか，結果(たとえば積荷に要した時間)を観察しただけでは容易にはあきらかでないことがあろう．このような場合，個々人の労働の強度を効果的に監視しうるメカニズムが存在しないかぎり，個々の労働者には手をぬこうというインセンティブが生じるであろう．ではどのようなメカニズムが個々人の努力水準をモニター(監視)するのに適切であろうか．もし仕事の性質がチーム的な要素をふくまないのであれば，マーケット・メカニズムがその機能を果たしうるであろう．たとえば，近所の八百屋が彼の仕事をさぼり，その売り物の質がおちるならば，顧客は他の八百屋から品物を買うことによって，その八百屋を「解雇」することができる．したがって，八百屋は，いわばマーケット・メカニズムによる効果的なモニタリングのもとにおかれているということができる．

　しかし，アルチアン＝デムセッツは，このようなマーケット・メカニズムを通ずる規制はチームの生産における怠けをモニターするのには有効でないと考える．すなわち，企業の形成の第2の条件としては，非市場的な方法によって労働の行動を観察し，特定化し，あるいはコントロールすることによって，そ

れらの限界生産物を測定することが経済的になるということがなければならない．コース的にいえば，共同的仕事過程における個人的行動をモニターするということがある特定の主体の特殊化され，集権化された機能となることによって，モニタリングの費用が節約されることが必要である．そしてその主体が共同投入物の限界生産物以上の余剰生産物を受けるようになり，しかもこれらのモニターするという権利および余剰生産物を受け取るという権利が市場をつうじて移転可能となったときに，古典的な企業の本質的な要素がえられるとされている．

以上の議論からただちに認められることは，彼らのチームという言葉の使用法が前節の議論におけるそれとはやや違っているということである．彼らの分析枠においてチーム生産とは，たんにその生産物がそれぞれの労働の分離可能な単純生産物の和としてはえられない場合としてとらえられている．しかし，それぞれのメンバーの限界生産物は，たとえそれを測定することに費用がかかるとしても，原則的には測定不可能ではないのである．それにたいして，われわれが前節で強調したことは，技能が本質的に個人的に取得不可能であるということであった．彼らにとってチームの生産過程は同じような個人的特徴をもったところのアウトサイダーによって，そのメンバーがそっくり置きかえられうるのである．彼らの議論にとって重要なことは，共同する人々の熟練の集団的な性格ではなくて，単に彼がグループのメンバーとして働く時に，個々人が怠けるというインセンティブをもつということである．

労働者の相互規範

最近，奥野正寛は労働者の怠けの効果的なモニタリングは，企業家の特殊化された集権的機能をつうじて行なわれるばかりでなく，労働者内部の自生的な規範をつうじても行なわれうるという興味ある観点を提出している[10]．すなわち，個々の労働者は，たとえ怠けたとしても，もし企業家が個々の労働者の努力水準を有効にモニターしえないならば，彼は同僚の集団的な努力の成果にたいする報酬に参加することから排除されないであろう．したがって一種のフリ

ー・ライダー的な状況が発生するであろう．しかし，すべての労働者がフリー・ライドしようとするならば，集団的な成果も減少し，結局そのコストは各労働者に帰着することになるであろう．したがって労働者集団の間には，こうした罠におのずとはまらないために，ある特定な努力水準を相互に規範として課すという慣習が，確立されるかもしれない．モニターと労働インセンティブの問題をたんにヒエラルキカルなコントロールの問題としてではなく，内的な相互規範の問題としてとらえなおすことによって，奥野の見解は，日本の内部労働組織のあり方に一つの注目すべき洞察をあたえていると思われる．

ウィリアムソンの取引費用理論

コースの理論は，伝統的な経済理論のように個別的な経済主体の「選択」を分析単位とするのではなく，主体間の「取引」のあり方を分析単位として選ぶ．そして市場取引から企業組織へ移行することによって，いかに価格メカニズムを利用することのコストが集団的に節約されるかに注目する．この方法によって企業組織の存在意義に一つの洞察がえられるきっかけがあたえられた．

企業組織に最近積極的な貢献を行なっている経済学者にオリバー・ウィリアムソンがある．彼はコースの視点をさらに発展させて，さまざまな「取引」コストの節約をより詳細に分析することによって，たんに企業組織一般の形成ばかりでなく，企業組織におけるさまざまな組織革新をも説明できると主張している．彼の貢献は，金融取引コストの節約という視点から，多事業部門制の形成を説明するというところにまでおよんでいるが，ここでは内部労働組織に焦点をあてた彼の最近の論文を紹介することにしよう[11]．彼は継続的な労働取引を2つの次元にもとづいて整理分類している．一つは，人的資源が一定の取引に特異(specific)である程度であって，それはわれわれが前節で注目した企業に特有の熟練という要因に対応するといってよいであろう．もう一つの次元は，個々の労働者の生産性が測定されうる容易さの程度である．この性質についてウィリアムソンは，アルチアン＝デムセッツに言及している．しかしアルチアン＝デムセッツが個々の労働者の生産性を測定することの困難は，個々の労働者の労働の強度を観察することを企業家の特殊な機能とすることによって，原理的には解決されうるとみるのにたいし，ウィリアムソンは，労働投入の評価は，単なる努力評価より，はるかに微妙な問題であると強調している．というのは不確実な環境に対応して労働者は一定の判断力の行使を伴った複雑な反応を案出し，実施しなければならないかもしれない．そうした反応

の経済的価値は単に労働者の労働の強度を観察することによっては評価されえないであろう．また，労働者が他の人々の犠牲において自分自身の局所的な目的にもっぱら注意をはらうこともチームの見地からは効率的ではないであろう．ここで正しく指摘されていることは，前々節でみたような効率的な労働組織の共同的集団的な性質であるといえよう．

7-1 表 労働市場・組織の構造化

		取引の特異度	
		一 般	特 異
モニターの難易度	易	スポット・マーケット	継続的雇用契約
	難	原始的チーム	関係的チーム

彼は，7-1表のように，生産性測定の容易・困難，人間資源の取引の特定・非特定にもとづく2つの分類によって次のような労働取引にかかわる組織形態を区分している．もし労働者の熟練の性質が非特定的(一般的)であり，また個々の労働者の生産性の測定が容易であるならば，スポット・マーケットがもっとも効率的な取引形態となろう．しかし熟練の程度が特定化するにしたがい，スポット・マーケットから継続的な雇用契約に移行することによって，取引費用は節約されるであろう．というのは，前々節でみたように継続的な労働契約をつうじて，特定の熟練の形成はより容易となり，またその下での管理的労働配分がより効率的となりうるからである．さらに熟練の共同的性格などのゆえに個々の労働者の生産性を区別して評価することがますます困難になるにつれて，労働組織の関係的チーム(relational team)への移行という組織革新がより効率的となるであろう．労働組織の関係チーム的形態とは，おそらくウィリアムソンが日本企業の内部労働組織にかんする彼のイメージを理想的に理論化したもので，そのもとでは，従業員は雇用者による恣意的な解雇や搾取の犠牲になることなく，また企業の目的に自己同化しているような組織形態をいう．このことは，熟練の特異性，共同性が重要になるにつれて，従業員が企業の統合化された一要素となってゆくことが効率的となることを示唆するのである．

われわれは，本章で企業が労働市場を長期契約の取引の場として構造化し，かつ労働市場のはたらきの一部の内部化を促進するいくつかの要因をみてきた．その一つは，発達した資本市場における投資家の資産分散と結合して可能とな

る長期雇用契約によるリスク・コストの節約である．そして長期雇用契約にはいった労働者は，さらに企業の内部労働組織をつうじて企業に特有の集団的熟練と知識を発展させ，またモニターに服することによって，スポット・マーケットによる労働配分をつうじては不可能な生産性を発揮しうるようになる．そして人的資源が企業に特有の熟練を体現し，また生産効率性の集団的性格が高まるにつれて，労働者従業員は企業のより統合化された要素の一部となるであろう．かくしてわれわれはいまや，企業は利潤最大化をはかる主体であるという第一次近似をこえて，企業はいったい誰のために，どのような目的をもって，運営されるのか，という根本問題をあらためて問わねばならないことになる．

第7章 演習問題

1. もし従業員とともに企業もリスク回避的であるとすると，どのような雇用契約がリスク・コストの節約という観点から効率的となるであろうか．7-2図と7-3図を必要に応じて修正して説明せよ．

2. 日本において，熟練が職場において世代間に移転する仕組を，小池和男の著した一連の著作(例えば『職場の労働組合と参加』東洋経済新報社，1977年；『日本の熟練』有斐閣，1981年など)のいずれかについて学び，熟練が外部性効果をもつことについて理解せよ．

第7章 注

1) P. Doeringer and M. Piore, *Internal Labor Markets and Manpower Analysis*, Boston: D. C. Heath and Co., 1971.

2) R. Coase, "The Nature of the Firm," *Economica* n.s., *4*, 1937, pp. 386–405; reprinted in G. J. Stigler and K. E. Boulding(eds.), *Readings in Price Theory*, Homewood, Ill.: Richard D. Irwin Inc., 1952, pp. 331–351.

3) フォン・ノイマン＝モルゲンステルンの効用関数については，本シリーズ『ミクロ経済学I』第14章をみよ．

4) 規模の経済性と外部性にもとづく，市場の失敗については本シリーズ『ミクロ経済学Ⅱ』の第Ⅵ部を参照せよ．

5) 数量調整メカニズムの詳しい説明については，青木昌彦『組織と計画の経済理論』岩波書店，1971年と同『企業と市場の模型分析』岩波書店，1978年，第Ⅰ部を参照．

6) A. Chandler, Jr., *The Visible Hand: The Managerial Revolution in American Business,* Cambridge, Mass.: Harvard University Press, 1977(鳥羽欽一郎・小林袈裟治訳『経営者の時代』東洋経済新報社，1979年).

7) 「機会主義」については，O. Williamson, *Markets and Hierarchies: Antitrust Implications,* New York: Free Press, 1975(浅沼萬里・岩崎晃訳『市場と企業組織』日本評論社，1980年)の第2章に詳しく説明されている．

8) 熟練にかんする規模の経済性と共同性については，青木昌彦『現代の企業——ゲームの理論からみた法と経済』岩波書店，1984年の第2章が詳しく議論を展開している．

9) A. Alchian and H. Demsetz, "Production, Information Costs, and Economic Organization," *American Economic Review 62*, 1972, pp. 777–795.

10) M. Okuno, "Corporate Loyalty and Bonus Payments: An Analysis of Work Incentives in Japan," M. Aoki(ed.), *The Economic Analysis of the Japanese Firm,* Amsterdam: North-Holland, 1984, pp. 387–412 をみよ．

11) 以下の議論は O. Williamson の未発表論文 "Efficient Labor Organization" による．

第8章 企業の目的と経営者の役割(I)
―― 伝統的「企業の理論」の再検討 ――

本書では,まず第2章から第5章にわたって,(新)古典派的な利潤最大化仮説にもとづいて,企業の製品市場および原材料市場とのかかわりをあつかった.この仮説は,企業がこれらの市場において最大限可能な利益をひきだすべく行動する,という非常に一般的な想定を形式化したものと考えれば,無理なく受け入れられる性質のものであるといえよう.そしてわれわれは,この「利潤」が「企業」に属するという以外には,具体的にそれがだれに帰属するかについて,意図的にあいまいなままに残しておいたのである.しかし,第6章,第7章において,金融市場や労働市場とのかかわりを考慮にいれてくると,事態はすこしずつ複雑になってきた.まず,金融市場をとると,企業が金融市場をつうじてかかわりあう当事者の一つは,一面では企業の所有者ともみなされうる株主にほかならないのである.伝統的な考えにしたがって,「利潤」は株主に帰属すると考えるならば,一定の条件(不確実性の不存在ないしは不確実性が存在しても株主たちが理想的なリスク分散を金融市場において行ないうるという条件)のもとで,利潤最大化仮説は,株価最大化仮説としてより具体的に再定式化されうるのであった.しかし,第6章においては,この仮説の企業の投資決定と財務政策への含意を主として調べただけで,株式所有と企業経営の分離という現象のもつ意味には深く立ち入らなかった.しかし,企業はほんとうに株主の利益にのみしたがって運営されるのであろうか(あるいは,されるべきなのであろうか).いいかえれば,第2章から第5章であつかったような抽象的な「利潤」は,すべて株主にのみ帰属するのであろうか.

さらに第7章において企業と労働市場のかかわりが検討されるにおよんで,企業は市場の配分・価格づけ機能を部分的に内部に取りこむことをみた.そうすることによって,企業はスポット・マーケットの使用コストを節約しうる

——いいかえれば，スポット・マーケットの使用によっては得られない利益を生みだしうる——からである．しかし，雇用構造の内部化ということは，とりもなおさず，従業員が実質的に企業の一構成要素となるということを意味するのではなかろうか．株主が企業のメンバーであることに劣らず，従業員も企業のメンバーであるということができないだろうか．そう考えるならば，企業が最大化する抽象的な次元での「利潤」——会計学的な概念とは区別された——の分配に，なんらかの形式で，従業員も参加しうることにはならないであろうか．

さらにより一般的にいうならば，企業は生産物，原材料，資金，労働サービス等の市場をつうじて，消費者，ディーラー，供給者，株主，銀行，従業員などと定型化されたパターンにもとづいてかかわりあいをもつ．企業はいわばそうした関係の束としてあるともいえるのだが，そこにおける経営者の役割は何なのだろうか．しかし，所有と経営の統一されたものとしての古典的な企業家とは区別された，現代企業に特有の経営者の役割はこれまで正面きって取りあつかわれてこなかった．

ある見方からいえば，企業の経営者は市場との多面的な構造をつうじて関係する消費者，ディーラー，原材料の供給者，株主，債権者，従業員などを統合化し，それらのあいだの利害のバランスをとるということを任務としているともいえよう．実際そうした見方は，最初法学者のE.メリック・ドットによって提唱され，さらに『現代株式会社と私有財産』の共著者として経済学者のあいだにも知られているアドルフ・バーリによって受け入れられた見解であり，それは「経営主義理論」と呼ばれる学説を形成している[1]．

しかしこうした見解は，経済学的な立場からいえば，あまりに一般的すぎてそれにもとづいて企業の行動を反証可能な形式で説明し，予想することはできないという批判もありうるであろう．伝統的に経済学では，企業はある特定の目的を特定の制約条件のもとで最大化する主体として抽象化され，それにもとづいて企業の行動を説明し，予測するという方法論がとられてきた．さきほど列挙したような企業が行動的に関係しているさまざまな経済主体を，仮に企業

の構成母体(constituents)とよぶならば，経済学はそれらの多様な構成母体のうちから支配的な構成母体を単独にとりだし，その経済合理的な目的を企業目的と同一化するという方法論をとってきたのである．そして，その支配的なもの以外の構成母体との利害調整は，企業の外部の市場において行なわれると仮定されるか，あるいは支配的母体の最大化行動にたいする制約条件として付随的にとりあつかわれたのである．

しかし，どの主体を支配的な構成母体と考えるかについては，経済学のあいだでも完全な意見の一致があったわけではない．事実のちにみるように新古典派経済学のあいだにおいてすら，ワルラスの見解にしたがうならば，企業に支配的な構成母体は，一見逆説的ではあるが，生産物の消費者であるということになり，他の学説にしたがうならば，企業は企業家ないしは株主集団の利益のために運営される，あるいは運営されるべきである，ということになるのである．また，前述の経営主義理論も経済学においては企業目的を経営者の効用最大化目的と同一視するものにかわってきた．すなわちもともとの法学理論におけるように，経営者はさまざまな構成母体のあいだの利益のバランスをとる「中立的なテクノクラート」と考えられるよりは，それらの構成母体からなかば自立して，それ自身のために企業構造自体の成長を追求する主体とみなされるようになったのである．

従来経済学において「企業の理論」というタイトルのもとで展開されてきた理論は，こうしたさまざまな企業単独目的の理論化と，その企業行動への含意を調べることから成り立ってきたといえる．われわれはこうした伝統的な企業理論が，企業のもつある特定の側面の理解にとっては有用ではあるが，反面このイントロダクションで提起したような，重要な現代的諸問題にたいしてはかならずしも十分な解答をあたえていないことを，本章において批判的に検討しよう．そして，企業の諸側面を総合的に把握し，企業を経営者によって媒介，統合化されたところの，従業員をもふくめた構成母体の相互作用の場としてみるという，もともとの経営主義観が分析的にとりあつかわれえないものか，次章で最近のゲーム理論的試みにまでその視野を広げて考察しよう．そしてこの

2つの章をつうじて，現代企業とは何か，についてのわれわれの理解を徐々に明確にしてゆきたいと考えるのである．

8.1 新古典派的企業の理論

新古典派的と目される企業の理論にもいくつかのバリエーションがある．それらは以下にみるように企業がいかなる目的を有しているか(あるいは有するべきか)についてやや異なった視点にたっているが，次のような想定を共通の立脚点としている．

(a) 企業は市場をとおして供給されるさまざまな投入物を組み合せ，市場で販売しうる産出物を生産する．この投入物の組み合せと産出量の関係は，企業の理論にとって与件としてあつかわれる．いいかえれば企業は技術的「ブラックボックス」としてあつかわれうる．そしてこの投入産出の関係は，第2章で行なったように，通常，生産関数とよばれる一つの数学的関係式として表現される．より一般的な形でくりかえすと，$y_1, y_2, \cdots, y_n$ をそれぞれ第 i 投入物 $(i=1, 2, \cdots, n)$ の投入量，x を産出物の生産量とすると，可能な投入産出関係は

$$x = f(y_1, y_2, \cdots, y_n)$$

のごとくにあらわされる．

(b) この技術的関係において可変的とみなしうる投入物の価格はいずれも企業の外部にある市場において決定される．

今，第 i 投入物の市場価格を q_i，産出物の価格を p とすると販売収入から投入費用を控除した余剰，すなわち利潤は，

$$\pi = px - \sum_i q_i y_i$$

であらわされる．この利潤の理論的あつかい方において，新古典派理論の2つのバリエーションが区別される．

消費者余剰最大化のワルラス理論

　ワルラスは，上記(b)の想定に加え，さらに，生産物の価格 p も市場において外生的に決まり，企業に与件としてあたえられると想定する．すなわち生産物や投入物(生産要素)の価格は，企業家とは区別されたところのセリ人によって「需要と供給の法則」に応じて調節されるとみる．ワルラスのもう一つの基本的な想定は，(a)における生産関数が1次同次であるというものである．すなわち任意の $\lambda > 0$ にたいして関係

$$(8\text{-}1) \qquad \lambda x = f(\lambda y_1, \lambda y_2, \cdots, \lambda y_n)$$

が成り立つ．経済学的にいうとすべての投入量を等比例的に変化させると産出量も同じ比率で変化するという想定であって，こうした生産関数(技術)は規模にかんする収穫一定の法則にしたがうともいわれる．この想定の重要な含みは，想定(b)と相まって生産に関連のあるすべての要素が市場を通じて企業間に移転可能である，いいかえれば，企業に特有の生産要素がない，ということである．

　では企業をコントロールする企業家はワルラスのモデルにおいていかなる機能を果たすのであろうか．それはセリ人によって発せられた価格にたいして，利潤が正であれば，生産規模 λ を増大させ，もし負であればそれを減少させることである．この想定の背後には，一見企業家たちによる利潤最大化行動が前提とされているようにみえるが，企業が主体的均衡に達するのは利潤が0の時である．ワルラスは，「利潤は，偶然的なもので均衡においては消滅されるべきものである」，いいかえれば利潤は単なる不均衡シグナルにすぎない，と述べている．かくして均衡において企業家は，「資本家(資本財サービスの提供者としての)として，地主として，あるいは労働者として，生計の糧をうるのであって企業家としてではない」のである[2]．

　では均衡においては，いかなる経済合理的な目的が達成されているのであろうか．ワルラスによれば，それは「消費者の最大満足」である．現代の経済学の用語でいえばセリ人の指定した価格体系のもとで(需要・供給を均等化する価格体系のもとで)利潤0の主体的均衡がすべての企業において成立し，また

すべての消費者が予算制約内で効用を最大化するような消費計画を選択しているならば，その状態はパレート最適である．すなわちその状態をいかように変化させてもすべての消費者の満足を同時にひき上げることはできない．部分均衡論的にいえば，企業はゼロ利潤を達成したときに，その生産物からの消費者余剰(その生産物からの全体効用から，その生産物の購入費用を差し引いたもの)を最大化する[3]．かくして企業はゼロ利潤を達成することにおいて消費者に最大限奉仕するのである．主体的均衡を追求する企業家はいわば，消費者の目的を最大限達成するために生産要素の結合を規制するいわば触媒のような働きをなしているといえるのである．消費者以外との関係における企業の構造面は，完全競争市場に解消しているといってよいであろう．よくいわれるワルラス経済学においては企業は「質点」の如き存在にすぎないという批判は，こうした点をさしている．

準地代最大化仮説

ワルラスの規模にかんする収穫一定の仮説を次のような仮説によって置きかえよう．すなわちすべての $y=(y_1, y_2, \cdots, y_n)$ と $0 \leq \lambda \leq 1$ にたいして

(8-2) $$\lambda f(y_1, y_2, \cdots, y_n) < f(\lambda y_1, \lambda y_2, \cdots, \lambda y_n)$$

が成り立つ．このことは投入規模を等比例的に増大させても，産出量はそれに

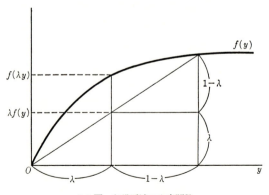

8-1図　収穫逓減の生産関数

応じて比例的には増大しえないことを意味し，このような生産関数は規模にかんする収穫逓減の法則にしたがうという(8-1図参照)[4]．この法則が成立する場合，生産要素の価格は外生的にあたえられるとするならば，産出量単位あたり費用は生産規模の増大とともに逓増することになる．一方市場において決まる産出物の価格は，企業の生産規模からは独立で一定であるとしよう．このとき企業が利潤の最大化を目的としているとすると，それはよく知られているように限界費用が財の市場価格に等しい点で達成される．これまでのところワルラスの仮説体系と異なっている点は，規模にかんする収穫一定の法則を逓減の法則に置きかえただけである．

なにゆえ生産規模にかんする収穫の逓減が現象化するかというと，それは生産関数に陽表的にあらわれていない(すなわち市場をつうじては移転可能でない)何らかの固定的な生産要素があるからであると通常考えられている．したがって利潤は，この固定的な生産要素の生産性に起因するものと考えられる．固定した土地に可動的な生産要素を付加的に適応していくと可動的な生産要素の限界生産物は逓減し，総生産物からこれらの生産要素の生産物(限界生産物に投入量を乗じたもの)を控除した剰余は土地に地代として帰属するということの類推において，このような利潤は「準地代」(quasi-rent)とも呼ばれる．

では市場をつうじて移転可能でない企業に特有の資源とは何であろうか．新古典派経済学者はふつうそれを生産をコントロールし，またリスクをとる企業家能力と同一視している．生産をコントロールする能力とは，前章までにあつかった企業のさまざまな局面における構造化とそれらの統合化とを費用のかからない方法で実現する能力と解釈されうるであろう．そしてさらに特定化しているというと，新古典派経済学者は，それらの能力を資本の所有者と強く結びつけて考えている(とくにリスクをとる能力と資本所有の関係については第6章におけるフランク・ナイトにかんする議論を参照)．このことは新古典派経済学が資本所有と企業経営とが同一人のうちに統合されていたような，新古典派時代にかたちづくられたという，歴史的な事情によるところが大きい．

しかし，前章における議論は，労働者の熟練もまたある程度，企業に特有で

あり，またその集団的性格のゆえに完全に企業間に移転可能ではないということを述べた．そのように考えると企業に特有の資源にたいする報酬としての準地代は，果たして資本家＝経営者としての企業家にのみ帰属するのであろうか，という疑問も生じよう．このような論点は代表的な新古典派経済学者であるマーシャルによってもすでに認識されていた．すこし長くなるが彼を直接引用しよう．

「成功した事業体の稼得額は，実業家自身の視角からみると，第1にかれ自身の才能，第2にその工場その他の物的資本，第3にそののれん，つまり事業組織と営業関係，それぞれの稼得額の集計にほかならない．しかし実は，これらの合計以上のものなのである．それというのも，かれの能率は一部はかれがその特定の事業体にいるということによって成り立っているからである．……使用者の視角は事業体の全利益を包含しているわけではない．かれの従業員に帰属すべき部分がべつにあるからである．じじつ，ある場合にはまたある目的のためには，ある事業体のほとんどすべての所得は準地代とみなすこともできよう．つまりその仕事に従事していろいろな施設や人間を用意するために使った費用とはほとんど関係なく，その商品にたいする市場の状態によって当面決定されるところの所得とみなされるわけである．べつのことばを使うと，その事業体にたずさわるいろいろな人々のあいだに，慣習ならびに公正の観念に考慮をはらいながら，交渉によって分配していくことのできるところの，複合的な準地代だといえよう．これは，文明の初期形態において土地から得られる生産余剰をほとんど永続的に，個別の個人ではなく，耕作する集団の掌中にその処分をゆだねたところの，諸原因といささか類同した力によってもたらされた成果なのである．たとえばその事業体の幹部職員は人間やことがらによく通暁しており，その知識を競争相手の企業へ高い価格で売り渡すことができる場合もあるが，場合によっては，その知識はかれがつとめている事業体にとっては貴重なものでも，それ以外のものにはなんの価値もないこともある．あとの場合，もしかれがその事業体を去るとなると，事業体はおそらくかれの給与の何倍もの損失をこうむることになるで

あろうが,かれ自身もよそではいまの給与の半分もかせげないのである.」[5]
ではこのような共同生産物としての準地代は企業の構成母体,なかんずく企業家と従業員の間にいかに分配されるのであろうか.この問題については後に9.3の項目で取りあつかうことにしよう.

独占的利潤

これまでわれわれは準地代の特性をみるのに生産物の価格は市場で外生的に決定されるというワルラスの仮説を維持しながら,ただ生産関数についての規模にかんする収穫一定の法則を収穫逓減の法則におきかえたのであった.しかし代替的な方法は,規模にかんする収穫一定の想定を維持しながら,生産物価格は企業の生産規模から一定ではなく,その産出量にたいして逓減的であると仮定することである.いいかえれば企業は右下がりの需要曲線 $p=h(x)$ に直面していると想定することである.この場合はよく知られているように逓減的な限界収入 $h(x)+yh'(x)$ が単位費用 $\sum q_i y_i/x$ に等しくなる点で利潤が最大化される.ここにおける想定は生産の拡大には基本的に内的障害はなく,企業の規模にたいする制約は主として市場の制約からくるということである.この見地は最初スラッファによって強調されのちに,エドワード・チェンバレンの独占的競争の理論やジョーン・ロビンソンの不完全競争の理論に引きつがれることになる[6].

「準地代」の視点と「市場の制約」の観点は数学的には生産のスケールの測り方を変換することによって互いに同型の仮説体系に帰着させられるかのようにみえるけれども,経済厚生にたいするその含みは大いに違う.すべての企業が利潤最大化の均衡にあるとすると(他の一般均衡条件は充足されているものとして),前者の視点にもとづけば企業家能力の一定の配分を与件としたパレート最適性が達成されているということになる.しかし後者の視点にもとづけば限界費用(=単位平均費用)は消費者の限界効用(=産出物価格)ではなく,企業の限界収入(<産出物価格=消費者の限界効用)に等しくおかれているために,パレート最適性が達成されていない(消費者余剰が最大化されていない).企業

は，消費者の立場からみて最適規模以下の産出量しか供給していない．したがって潜在的に可能な社会的剰余の一部が生産されず，さらに生産された社会的な剰余も一部は独占的利潤として企業家に帰属する．前者の考えでは企業家と消費者という企業の2つの構成母体の間に利益の調和があるのにたいして，後者の考えでは企業家の利益が消費者の利益を侵食するのである．このことをジョーン・ロビンソンは不完全競争のもとにおいては企業家による「独占的搾取」が生ずるとよんでいる[7]．

8.2　株価最大化仮説

準地代という概念は，資本家＝経営者という古典的な企業家像と結びついていることをみた．しかし現代の企業の多くは，多数の株主によって資本金が供給された株式会社企業である．法的には，株主が所有しているのは会社企業における一連の権利の束，たとえば配当を受けとり，株主総会に出席し，取締役を選出し，合併その他の会社の基本的性格の変更にかんして同意しえないとき，会社に公正な株価で，株式の買取りを請求しうる等々からなる権利の束，であって会社企業そのものではない．しかし，新古典派経済学は，あたかも株主がその所有株式数に応じて会社そのものを所有しているとの想定にたっている．不確実性の存在を捨象すると，すでに第6章でくわしくのべたようにこの想定は株式会社企業と企業家企業とのあいだの質的差異を解消する．すなわち，株主はそれぞれの株式保有比率に等しい，利潤の請求権を有すると考えれば，株主は一致して利潤を最大化するような生産計画案に同意するはずである．利潤の最大化は各株主の配当を，したがって彼の消費集合を最大化するからである．この最大化仮説は，さらに(1)株主が将来の多期間にわたって配当のフローを受けとる場合，(2)企業が利潤の一部を留保して将来の成長のためにそれを投資する場合，にも確実性の仮定を条件に拡張されうることが，第6章において説明された．

プリンシパル・エージェンシーの問題

すでにのべたように新古典派的な企業家には2つの機能，すなわちリスク負担と生産コントロールが帰せられている．しかし現代資本主義経済の顕著な特徴は個人所有者によって経営される企業の経済の本流からの退潮であり，そして巨大な会社企業の優越的な地位への上昇である．すでに前章でみたように巨大会社の構造化の諸局面はますます複雑多岐にわたり，それの統合的な経営は，職業的な経営者にまかされるようになった．他方，投資家の最適なポートフォリオも複数の会社の株式のあいだに分散保有され，個人的な株主は企業の活動の細目を個人的に監督するという特別な関心は通常もっていない．かくして新古典派的な企業家に統合して人格化されているところの2つの機能は，今や株主と経営者という企業における2つの異なった構成母体のもとに分離して，帰属しているようにみえるのである．この観察から次のような問題が提起される．すなわち，現代企業は，真に株主によって所有され，かつ支配されるべきであるとしたら，経営者はいかに制御されうるであろうか．この問題は，法律上本人（プリンシパル）としての株主の立場から，その代理人（エージェント）をいかにコントロールするか，といういわゆるプリンシパル・エージェンシーの問題として言及されることがある[8]．この問題提起の背後には，経営者は株主とは異なった経済的動機をもつということの認識があることに注意しよう．

テーク・オーバー

経営者の制御メカニズムとしてしばしば引合いに出されるのが，株主の株式売却可能性にもとづくテーク・オーバー（乗っ取り，あるいは企業の公開買収）である．株主はポートフォリオ会社の経営に賛成できないならば，その株式を市場において売却することができる．株式の売却はいわゆる「No」の投票であり，もしそれが大規模におこるならば株価は低落し，それは取締役会ないしはテーク・オーバー・レーダーによる匡正的な行動に導くであろう．

テーク・オーバー・レーダーとは，株価を上昇させるような経営政策を採択することによってキャピタル・ゲインを獲得するか，あるいはみずからがコン

トロールするところの他の企業と合併させるという目的をもって，現経営陣を置き換えるに十分な株式を獲得しようとする個人ないしは法人である．もし，株価があまりに低下するならば，株主たちは彼らの株式をこれらのレーダーにたいして，株式市場よりもいくらか高めのオッファー・プライス(公開買付価格)で売るという誘因をもつであろう．したがって，経営者はつねに株価を最大化するように注意を向けなければならない．このように主張される．

しかし企業が小さくなければ，企業の株式にたいする需要曲線は右下がりであろうから，その会社をテーク・オーバーするのに十分な株式を買い占めるためには，現在の市場株価をかなり上まわるプレミアムを払わねばならないことは明らかであろう．市場の株価は，単に限界的な株主の評価を測定するにすぎず，レーダーにとって関連のある価格は非限界的な株主のそれであるからである．

とくに日本では，金融機関や企業グループ・メンバーによる株式相互持合いの程度が高く，これらの法人保有はきわめて流動性が低い．したがって，株価最大化政策を追求しない経営者を，テーク・オーバーの脅威によって規制づけるということはほとんど効果がないであろう．事実，こうした企業間の相互持合いは，1960年代に日本が外国人投資を自由化しつつあったときに，外国企業のテーク・オーバーの可能性に対処するため，経営者たちによっていわゆる「株主安定化工作」をつうじて意識的に作りあげられてきたのである．企業グループにおける株式相互持合いの経済的機能については，本シリーズの『産業組織Ⅱ——日本の制度分析』でくわしく述べられるが，それがテーク・オーバーにたいする障壁としての役割を一つの主要な機能とすることはあきらかであろう．

経営者の競争的市場メカニズム

経営者を株主の利益にしたがってコントロールするメカニズムとして，他に経営者の俸給を競争的市場メカニズムをつうじて調整すること，および経営者に株式を株価最大化のインセンティブとして保有させることなどが考えられる．

しかし経営者の生産性にはチーム的な要素があるので，経営者の行動を競争的メカニズムのみにもとづいて規制しようと試みることは，非効率的であろう．これは第7章でみたように，労働者の企業に特有な熟練の形成・使用・伝達はスポット・マーケット・メカニズムをつうじては効率的には行なわれえないということに対応している．

　経営者は，そのコントロール能力の期待限界価値生産物に等しい報酬を受けとるという契約のもとにあり，株主はリスク・テーカーという立場にもとづいて企業の変動する総価値生産物から経営者を含めた他の生産要素にたいする契約的支払を控除した剰余を受けとるとしよう．しかし株主は，企業の価値生産性に影響をあたえる外生的確率の効果と，経営者の努力水準の効果とを識別しえないとしよう．こうした不確実な状況のもとでは，経営者は，自己の努力水準の追求を怠る(shirk)としても，直接的な損害をこうむることがないようにみえる．そして経営者の期待限界生産力以下のパフォーマンスによって損害をうけるのは，剰余取得者としての株主であるようにみえるかもしれない．しかしファーマは，経営者の競争的市場が経営陣を効果的に規律づけるメカニズムとして有効であると，次のように論じている[9]．

　t期における経営者の観察される限界価値生産物は，その期待値$\bar{z}_t$と攪乱的ノイズε_tの和であるとしよう．すなわち

$$z_t = \bar{z}_t + \varepsilon_t$$

である．そして期待限界価値生産物の将来評価(したがって経営者の将来契約報酬)は，現在の観察された限界価値生産物の値とその期待値の差，すなわちε_tによって部分的に調整されると考えよう．したがって

$$\bar{z}_{t+1} = \bar{z}_t + (1-\phi)\varepsilon_t$$

で，ここにϕはパラメーターである．この場合，限界生産物価値の期待値は次のように展開する．

$$\bar{z}_{t+1} = (1-\phi)z_t + \phi(1-\phi)z_{t-1} + \phi^2(1-\phi)z_{t-2} + \cdots$$

ここからt期における経営者の現実の限界価値生産物z_tは，$t+1$期の限界価値生産物の期待値$\bar{z}_{t+1}$にたいして比重$1-\phi$，$t+2$期の限界価値生産物の期待値$\bar{z}_{t+2}$にたいして比重$\phi(1-\phi)$，$t+3$期の限界価値生産物$\bar{z}_{t+3}$にたいして比重$\phi^2(1-\phi)$等々をもって影響するであろう．したがってz_tの将来の期待限界価値生産物(経営者の賃金)にたいする影響力の総和は，割引率を0とすれば，ちょうどz_tに等しくなる．したがって比重ϕのいかんにかかわらず経営者の現実の限界価値生産物は，将来の賃金の流れに正確に反映されることになる．すなわち，もし経営者がきょうさぼり，したがって彼の限界価値

生産物が彼の契約賃金に充たないならば，それは将来の賃金契約において完全に勘案され，彼の将来賃金の合計額はちょうど現在の賃金と限界価値生産物のあいだの差に等しいだけ減少するであろう．したがってこの賃金の調整過程は，経営者の努力水準を十分に発揮しないというインセンティブを除去するのに効果的であるということになる．いいかえれば，賃金を期待限界生産物の値に調整する経営者の競争的市場は，経営者に彼の努力水準を十分に追求させるためのインセンティブ・メカニズムとしてはたらきうるということになる．

ファーマのアプローチは，しかし経営者の生産性が互いに分離可能であり，個人的に評価可能であると仮定している点において，いちじるしく個人主義的である．しかし経営者の生産性にはチーム的なかつ企業に特有な側面があるから，孤立した状態における経営者の市場価値の和は，時間をかけて形成されたチームとしての彼らの集合的価値にはおよばないということがあるであろう．ロビン・マリスも次のように観察している．

「個別会社における経営の影響力は公開市場における個人能力の価値の和よりも大きい．経営陣は，時間をかけて築きあげられたところのチームであり，特定のビジネスを運営するユニークな能力を獲得している．資産が稼得する利潤は経営陣に依存している．それは決して資産そのものの性格にのみ依存するわけではない．組織は資産を経営する特別な知識と能力とを有しており，また資産は，この特別な才能にひきあうように建設されてきたのである．このことが going concern ということによって意味されるところのものである．したがってチームの価値は，これらのメンバーが分解されたときにそれぞれが獲得できるサラリーの総額よりも，さらに大きいのである．」10)

もしそうだとすれば，競争的な経営者の市場は，ファーマの主張するごとく情報処理において完全に効率的であるとはいえない．こういうことは経営者の市場における評価が経営者を規律づける上で，ある一定の役割を果たすということを否定するものではない．しかしながら，市場の評価はむしろ彼らの組織人としての評判にかかわるものであるかもしれないのである．そのことの正確な意味はひきつづく議論のうちにおいて次第に明らかにしていくこととしよう．

経営者に株式を株価最大化のインセンティブとして保有させるという仕組は，もし株式保有から引きだされる利益がつねに株価の最大化と一致するならば，株主にとって経営者制御の有効な手段であるといえる．しかし，もし株主の一部が株価の最大化をのぞんでいなければ，そのようなインセンティブ・システムは有効でもなければ，またそれらの株主にとってはのぞましいことでもないことになろう．すでに第6章において，日本の企業においては銀行株主はかな

らずしも株価最大化をのぞんでいないことが示唆された．第6章の末尾では，注釈的に，より一般的な枠組のもとで不確実性を導入すると，株価最大化はもはや株主によって一致して支持されうる目的とはならなくなることもあきらかにされた．このことは，株主は一般的に同質的な存在ではなく，その利害調整は一種の政治的プロセスをふくむ，ということを示唆するものだといえよう．さらに，経営政策の形成において経営者は，株主のたんなる代理人にすぎないというよりは，より複雑な利害調整の機能をはたさねばならない，ということをも示唆する．かくしてわれわれは，現代株式会社における経営者の独自の役割を強調する経営主義の理論に，その目を転ずることにしよう．

8.3 経営主義理論

　経営主義理論とは企業システムにおける経営の独自性をみとめる諸理論——実際それにはさまざまなバリエーションがありうるが——を総括してさす呼称である．このような立場にたつ代表的経済学者マリスを引用すると，
　「精密にいうとわれわれは経営陣を，取締役会に法的に帰せられている機能を効果的に遂行する，一部の取締役等からなる特別のイン・グループと定義する．このことは必ずしも株主と経営者が対立しているということを意味するものではなく，またその政策決定が経営者が内在的存在であるシステムにおいて追求されるところのものから異なっているということを意味するものでない．われわれのいっていることは，ただこの2つのグループは十分に区別されうるものであり，経営陣は十分に自立的であり，したがって利害の調和の存在は決して公準として受けとられねばならないというわけではないということである．会社経済システムを理解するためには企業の内部に存在するこれらの2つの力の相互的な影響力ないしはバランスパワーを決定する諸要素を評価するということが必要なのである．」[11]

経営者の効用最大化

しかしこのような見地から出発していかなる経済理論を構想するかというと,さまざまなアプローチがありうるであろう.すでに述べたように,20世紀前半のアメリカにおける巨大企業の株式所有の分散化現象にかんするデーターを整理した経済学者のミーンズと協力して,経営主義理論を最初に構築した法学者のバーリは,経営者は企業のさまざまな構成母体のバランスをとる「中立的なテクノクラート」として機能せねばならぬという考えをしだいにうけいれるようになった.そのような裁定者的機能において経営者は,企業の一つの構成母体にすぎない私的財産の所有者,すなわち株主と区別されるとみたのである.しかし,経営者が私的財産所有者から次第に自立していくということが果たして正しい傾向性であるかということについては,バーリは愛憎並存的(アンビバレント)な意見をもっていたようである.そして裁定者としての経営者というバーリの考えは,その後経済学者のあいだでは必ずしも受けいれられるところとはならず,経済学内部においては経営主義理論のその後の展開は,伝統的な最大化仮説の枠内で行なわれることになった.すなわち経営者は株主から課せられる一定の制約条件のもとで独自の効用関数の最大化によって形式化されるそれ独自の目的を追求するという考え方である.経済学者たちはこのような考え方を多かれ少なかれ企業のサイズと結びつけて考えている.たとえばボーモルは,経営者は企業の販売高の最大化を目的とするという仮説をたてた.オリバー・ウィリアムソンは,経営者の効用関数は,一般管理費で近似される「スタッフ」と,サラリーへの裁量的な追加や会社経費として扱われる個人的消費などからなる「裁量的利潤」とを変数としてもつと考えた[12].またマリスは,企業成長の動学的な文脈で経営者の効用関数は,企業の販売高成長率と後に説明する会社資産の「評価比率」を変数としてもつと考えた.

これらの仮説の背後にある一つの考え方は,企業のサイズや市場シェアと結びついた経営者の威信,名声,会社勘定による個人的な消費やスタッフの充実からえられる経営者の個人的効用などが経営者の目的となっており,それにたいして株主は,最低限必要な利潤水準というような形式で制約を課すにすぎな

いというものである.この考えは,極端にいうならば,企業を統合化し,その活動を指揮する経営者が,事実上企業を個人的利益追求の道具として支配しうるにいたったとみなすものであるといえよう.

そのような極端な考えにたいして,マリスの理論は彼自身の理論を「企業の内的理論を構築する試み」といっているように,より組織論的な志向を有している.すなわち第1に経営目標の一つである企業の成長率の最大化は,単にトップの経営者の私的利益に奉仕するだけではなく,企業の内部にヒエラルキカルに統合化されている管理者層一般の利益を統合化する焦点となっていると主張する点において,また第2にマリス式の経営者の効用関数は,一種の組織内的な過程をつうじて構成された集合的性格を有していると解釈しうる点において,である.

管理者の俸給構造

まず第1の点からみよう.マリスは企業成長の追求が管理者層一般の目標となりうるということにかんして,サイモンの俸給の理論に依拠している[13].まず,管理者の内部組織はヒエラルキカルに組織化されており,その各階梯で上位者はある一定数の下位者を直接指揮下におくとの前提から出発しよう.この数を m としよう.ヒエラルキーの各階梯を最下位から順番に $i=1,2,\cdots$ で番号化し,i 階梯に属する人員を n_i であらわすと,

$$\frac{n_i}{n_{i+1}} = m$$

となる.次に各階梯の人員の所得は,彼の管理する次位者の所得の一定倍数と仮定しよう.したがって i 階梯の人員の所得を w_i とすると

$$\frac{w_{i+1}}{w_i} = \beta$$

で,β は1より大きい定数である.さらにヒエラルキーの最下位者の所得 w_1 は外部市場において決定されるものとしよう.今,階梯 L にある管理者が直接間接に管理する下位者の総数を S_L とすると次のような関係がある.

$$S_L = 1+m+m^2+\cdots+m^{L-1}$$
$$= \frac{m^L-1}{m-1} \fallingdotseq \frac{m^L}{m-1}$$

両辺の対数をとると

$$\log S_L = L \log m + 定数$$

である．他方，L 階梯にある管理者の俸給 w_L は $w_1 \beta^{L-1}$ であるから，その対数をとり，それに上の関係を代入して，L を消去すると，

$$\log w_L = \frac{\log \beta}{\log m} \times \log S_L + 定数$$

がえられる．したがって管理者の報酬は，彼が管理する人員数ではかった責任量 S_L のべき数に比例することになる．もし，企業が速い速度で成長するならば，企業の内部組織も，それに応じて拡張し，各管理者の昇進の期待確率も増大するであろう．そのことは，さらに管理者の企業内部のキャリアをつうじてえられる生涯所得の展望をより豊かなものとするであろう．管理者が，企業成長からうる効用は，たんにキャリア昇進と結びついた高い所得からのみ引きだされるものではなく，企業成長計画の活動への従事それ自体からも引きだされうるかもしれない．しかしサイモン＝マリスの理論は，企業成長がたんにトップの経営者の個人的目標となるばかりではなく，企業の内部にヒエラルキカルに構造化された管理者一般の統合的な目標となりうることを，経済学の伝統的な関心対象である金銭的動機にもとづいて，首尾一貫して説明したところに意味があるといえよう．

組織的効用関数

第 2 の点に移ろう．まず考え方を多少形式的に整理するために，企業の株価総額をあらわす式第 6 章の(6-1)式に注目しそのグラフを (g, V) 平面に描くと 8-2 図のごとくになろう[14]．マリスは株価 V を会社資産の帳簿価格で除したものを企業の評価比率とよんでいるが，帳簿価格は，ある一定時点では，与件であるから，以下においてわれわれは V をマリスの評価比率と同一視するこ

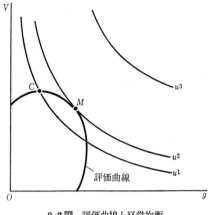

8-2図　評価曲線と経営均衡

とにしよう．そして8-2図の太い曲線を評価曲線とよぶことにしよう．g が O から連続的に増加するとき，V は最初，期待キャピタル・ゲイン率が高まるために増加していくであろう．しかし成長率が増大するにしたがい，成長の限界をうち破るための成長費用支出が逓増して，V の増加率は次第に逓減し，ある臨界的な成長率で V は最大値に到達し，のちには減少するであろう．成長費用の支出はある水準までは株主の富の増加にたいする必要コストであるが，ある一定の臨界点をこえるとそれは株主にとってあまりに高くつきすぎ，したがってより高い成長は，V が減少することにおいてのみ可能となる．言葉をかえていうならば，もし経営者がたんに高い成長率にのみ関心があるならば，彼らの効用はある段階をこえると株主の富を犠牲にしてのみ増加しうるのである．しかしながら株主は，テーク・オーバーに結果するかもしれない株式の売却可能性という形式において，対抗力を発揮しうるであろう．かくしてより高い成長率を追求することにおいて経営陣は彼自身の増大する効用と，増大するテーク・オーバーのリスクとのあいだに，バランスをとらなければならないということになる．

マリスは，株主によって経営者の上に課せられるテーク・オーバーの規律を2通りの方法で定式化している．第1の定式化によれば，会社の評価比率のあ

る最低許容水準が経営陣の成長最大化の外生的な制約条件としてあたえられる.第2の定式化では,企業の成長率 g とともに,評価比率 V を経営者の効用関数のなかにふくめ,それをテーク・オーバーのリスクにたいする一種の代理変数としてあつかう.すなわち,経営者の効用関数は $u(g, V)$ のごとくにあらわされる.

すでにみたように効用関数における成長率変数は,ヒエラルキカル・システムに組織化された俸給管理者の集合的な利益をあらわすというように解釈される.他方,経営者によって推定されるテーク・オーバーのリスクをあらわす評価比率は,直接的には現株主の利益を代表する.それゆえ会社システムにおける異なった要素の利益をあらわすところの2つの変数にたいして定義されたこの効用関数は,実際には俸給管理者の内部組織と株主集団との間に存在するところの,組織内的なパワー・バランスにかんするトップの経営者の認識を表現するものであると考えることができる.もし組織的効用関数ということによって企業の構成員のさまざまな利益がそれぞれの相対的な交渉力にもとづいて比重づけられたところの基準と概念化するならば,マリスの経営効用関数はそのような香をもったものとして解釈されうるであろう.

8-2図の (g, V) 平面における無差別曲線 u^1, u^2, u^3 等々は,このような組織的効用関数から導き出されたものである.経営者は,内部組織の要求によりよくこたえる高い成長率を追求するには,株主からうける株価最大化の要求を犠牲にしなければならないが,その可能性は企業成長率が増大するにつれてますます困難となっていくであろう.そのことが無差別曲線をして通常の原点に凸状の形態をもたせることになる.経営者の効用の最大化,あるいは経営者の評価における経営均衡は,最大限東北方に横たわる無差別曲線が評価曲線に接する点 M であたえられる.いうまでもなく,新古典派株価最大化は点 C であらわされる.株主支配企業と比して経営主義企業の成長率はより高く,その株価水準はより低いであろう.

しかし新古典派企業と経営主義企業のこの行動上の差は,たんに量的なものにすぎない.実際の企業の行動からその企業が株価最大化にもとづいて行動し

ているのか，経営者効用最大化にもとづいて行動しているのか，検証しうることはできないという論点もありえよう．ロバート・ソローはより複雑な株主支配企業と経営主義企業の比較モデルを構成し，それらが生産物市場や税制などの外的パラメーターの変化に対応していかに反応するかを吟味した．この場合彼は，2つの企業モデルの行動のあいだに質的な差異を見いだすことができなかった．したがって実証的に検証しえない企業目的にかんする詮索は，企業行動を説明し，予測するという目的にとっては無意味であるかもしれないと，彼は示唆している[15]．われわれはしかし，次の章において株主支配企業および経営者主義企業とは質的に異なったふるまいが，そこから演繹されるところの，企業目的にかんする仮説のありうることをみるであろう．

8.4 労働者管理企業の理論

　新古典派理論と経営主義理論は，現代株式会社企業におけるさまざまな構成母体の中から株主または経営者という支配的な構成母体をとりだし，企業はその支配的構成母体の単一目的にしたがって運営されるとみなす．そして他の構成母体は，市場ないしは団体交渉装置というような，企業と外部とのインターフェイスをつうじて，支配的な構成母体の効用最大化目的に一定の制約条件を課するにすぎないとしている．さまざまな構成母体の相互作用とそれらのあいだのパワー・バランスを明示的にとりあつかうかわりに，このような方法論をもちいる理由の一つは，それをささえる思想的基盤は何であれ，「制約条件つき最大化」問題の操作的な容易さにあるといえよう．

　ところで現代株式会社企業における特徴の一つは，すでに前章でもみたように，企業に特有の雇用構造の現出である．マリスの理論は，会社企業の俸給経営者の企業行動へのインパクトに注目したのであるが，内部組織の重要性は，経営管理者層の域を越えて，従業員一般にまで広がるという見方も可能であろう．事実，のちにみるように従業員集団の経営にたいする増大しつつある影響力は，ヨーロッパ大陸においては従業員代表の企業の統治構造（監査役会）への

法制的な参加をつうじて制度化さえされているのである．従業員の陽表的ないしは暗黙的な経営参加のインパクトを純粋に抽出して吟味する一つの方法論は，再び制約条件つきの最大化問題を定式化することであろう．すなわち新古典派企業の場合と全く対照的に，株主に帰属すべき利潤水準を外生的な与件として，従業員の効用の最大化がいかなる含みをもつかを理論的にのべることである．こうした方法論は，たとえばドレーズ，宮崎元＝ニアリーなどによって示唆されている[16]．そして，もし従業員の目的が，1人あたりの所得の最大化として抽象化されるならば，そのモデルはユーゴスラビアの市場社会主義経済における労働者管理企業のモデル(ウォード)やソヴェト経済における集産的農場のモデル(ドーマー)に形式的に同型となる[17]．

右下がりの供給関数

労働者1人あたりの所得最大化の仮説から導き出されるひじょうに興味ある結論は，企業が生産している単位生産物の短期供給曲線が完全競争の仮定のもとでは，右下がりのスロープをもつということである．このことは次のように簡単にみることができる．p を競争的市場において決定されるところの生産物の価格，$f(y)$ を企業に連合している労働者の数が y である場合に，それが生産することのできる産出物の量，C を外生的にあたえられる株主にたいする支払必要量を含んだ「固定費用」(従業員の立場からみた)としよう．この $f(y)$ は単調増加の厳密な凹関数である，すなわち労働投入にかんして収穫逓減の法則が働く，とすれば，労働者1人あたりの所得は次のような公式によってあたえられる．

$$w = \frac{pf(y) - C}{y}$$

そして最大化条件は

$$pf'(y) = \frac{pf(y) - C}{y}$$

となる．すなわち労働者1人あたりの所得の最大化は，労働の限界価値生産物

が，ちょうど労働者1人あたりの平均所得と等しいとき，そしてそのときにおいてのみ実現されるのである．もし付加的な労働者の貢献しうる価値が現役労働者の平均所得を上まわるならば，現役労働者にとってその連合を拡大することは便益があろうし，またその逆の場合は，逆であろう．株主への支払を含んだ固定費用 C にかんしては現役労働者は，その連合を拡大することによって労働者1人あたりの費用負担を減少させることができる（富の効果）．他方において，一定の資本に適用されるところの労働の付加的単位からの収穫逓減の法則によって，労働者1人あたりの付加価値を高くするためには，連合体の規模をより小さくすることが望ましい．最大化は，この2つの矛盾した影響のあいだのバランスをとることによって達成される．生産物の販売価値の増加は，第2の効果を増加させ，したがって労働者のより規模の小さい連合，すなわち産出量の減少の方向に働くであろう．かくして生産物の短期の供給曲線は，通常とは逆の右下がりのスロープをもつということになる．

　労働者管理企業が均衡にあるとし，その生産物の市場価格が他の財，またはサービスに比して上昇したと考えよう．上の推論からこのとき企業の産出のレベルと雇用とを減少させることが，それぞれの労働者の利点となる．しかし，労働者管理のもとでは，労働者は解雇されえないかもしれない．そのような場合には，企業は存在する労働者の雇用をただ維持するだけであろう．いずれにしろ，改善された市場条件は，労働者管理の企業にその雇用を増加させるというインセンティブをあたえないのである．

　結合生産物と不完全競争の可能性をモデルに導入しても基本的な論点はかわらない．結合生産物の場合には，一つの財の販売価格の上昇は，その財の減少にかならず結びつかないかもしれないが，他の産出物の減少と労働投入の減少とを導く．不完全競争の状況のもとにおいては，極くまれな場合をのぞくと生産物の需要曲線の上方シフトは，より高い販売価格とより低い産出とに導く．以上の結果の含みは，ひじょうに重要である．労働者管理企業から成り立つところの経済，ないしは労働者の企業内交渉力がひじょうに強い企業から成り立つ経済においては，ケインズ的な有効需要の拡大をつうじて失業を減少させる

というマクロ政策は，短期においては新古典派総合理論が示唆するほどには効果的でないということになろう．

さて，以上では労働者の企業経営へのインパクトの可能性を，労働者の効用最大化仮説の含意を調べるという形式でしらべてみた．しかしこうしたアプローチは，新古典派理論についても述べたように，企業のさまざまな構成母体のあいだの相互作用を明示的にあつかっていないという意味で，かならずしも十分に満足のゆくものであるとはいえない．われわれは次に章をあらためて，企業を異なった構成母体の連合体として分析する新しい理論をあつかうことにしよう．

第8章 演習問題

1. 企業の総収入は生産物価格 p と，雇用量 L の関数である産出量 $f(L)$ との積であたえられるとしよう．生産関数 $f(\cdot)$ は L にかんして収穫逓減の法則にしたがう，すなわち $f''<0$，とする．労働者1人あたりの賃金を w とすると，利潤は $\pi=pf(L)-wL$ である．

   (a) 雇用量 L と賃金率 w の座標空間に等利潤曲線（ある一定量の利潤を生みだすのに必要な賃金と雇用量の組み合せの集合をあらわすグラフ）の群を描け．

   (b) ある最低必要利潤量 $\pi=\bar{\pi}$ のもとで，労働者1人あたりの所得を最大化するための条件と，ある最低必要賃金率 $w=\bar{w}$ のもとで，利潤を最大化するための条件を図示せよ．また，この2つの条件を分析的にも導き出し，それらの同型性を確認せよ．

   (c) p が増大したとき，等利潤制約のもとでの w の最大化点はいかに変化するか，しらべよ．

2. 日本においては，テーク・オーバーがほとんどみられないのはなぜか．代りにいかなる社会的メカニズムが経営者の規律づけとして有効にはたらいているか，考えよ．

第8章 注

1) E. M. Dodd, "For Whom are Corporate Managers Trustees?" *Harvard Law Review 45*, 1932, pp. 1145-1163.

A. Berle, Jr. and G. Means, *The Modern Corporation and Private Property*, New York: Macmillan, 1932, rev. ed., 1962, New York: Harcourt, Brace & World(北島忠男訳『近代株式会社と私有財産』文雅堂, 1958年).

2) 久武雅夫訳『ワルラス純粋経済学要論』岩波書店, 1982年, 211, 453ページ参照.

3) 消費者余剰については, 本シリーズ『ミクロ経済学Ⅰ』の第13章をみよ.

4) 収穫逓減の法則については, 本シリーズ『ミクロ経済学Ⅰ』第5章, 第6章をみよ.

5) マーシャル著, 馬場啓之助訳『マーシャル経済学原理』東洋経済新報社, 1967年, 第4巻163-164ページ.

6) P. Sraffa, "The Laws of Returns under Competitive Conditions," *Economic Journal 36*, 1926, pp. 535-550; E. Chamberlin, *The Theory of Monopolistic Competitions* (8th ed.), Cambridge, Mass.: Harvard University Press, 1962, First published in 1933(青山秀夫訳『独占的競争の理論』至誠堂, 1966年); J. Robinson, *The Economics of Imperfect Competition*, London: Macmillan, 1934(加藤泰男訳『不完全競争の経済学』文雅堂, 1956年).

7) J. Robinson, *ibid*.

8) 正確にいうと, 代理人は本人によっていつでも解雇され, また本人から指示をうける立場にある. しかし, 取締役はその任期中に株主総会によってかならずしも解任されない(アメリカ)か, 株主総会は経営事項について取締役会をかならずしも拘束しえない. したがって, 取締役会と株主総会の関係は, 正確には本人・代理人の関係とはいえない. この点については青木昌彦『現代の企業――ゲームの理論からみた法と経済』岩波書店, 1984年, 71-72ページ, 296-308ページを参照.

9) E. Fama, "Agency Problems and the Theory of the Firm," *Journal of Political Economy 88*, 1980, pp. 288-307.

10) R. Marris, *The Economic Theory of Managerial Capitalism*, New York and London: Free Press and Macmillan, 1964, p. 16(大川勉他訳『経営者資本主義の経済理論』東洋経済新報社, 1971年).

11) R. Marris, *ibid.*, p. 15.

12) W. Baumol, *Business Behaviour, Value and Growth,* New York: Harcourt, Brace & World, 1959 (伊達邦春・小野俊夫訳『企業行動と経済成長』ダイヤモンド社, 1962年); O. Williamson, *The Economics of Discretionary Behavior: Managerial Objectives in a Theory of the Firm,* Englewood Cliffs, N.J.: Prentice-Hall, 1964.

13) H. Simon, "The Compensation of Executives," *Sociometry 20,* 1957, pp. 32-35.

14) 同様のグラフが第4章において, 企業の製品構造(多角化)の決定との関連で導出されたことを想起せよ.

15) R. Solow, "Some Implications of Alternative Criteria for the Firm," in R. Marris and A. Wood (eds.), *The Corporate Economy,* Cambridge Mass.: Harvard University Press, 1971, pp. 318-342.

16) J. Dreze, "Some Theory of Labor Management and Participation," *Econometrica 44,* 1976, pp. 1125-1140; H. Miyazaki and H. Neary, "The Illyrian Firm Revisited," *Bell Journal of Economics 14,* 1983, pp. 259-270.

17) B. Ward, "The Firm in Illyria: Market Syndicalism," *American Economic Review 48,* 1958, pp. 566-589; E. Domar, "The Soviet Collective Farm as a Producer Cooperative," *American Economic Review 56,* 1966, pp. 734-757.

第9章　企業の目的と経営者の役割（II）
――連合体としての企業――

　前章であつかった3つの伝統的モデルは，くり返し述べたように，企業家（株主），経営者，労働者というちがいはあれ，企業目的を単一の構成母体の効用最大化と同一視している点で，共通の視点に立っている．そして他の構成母体，たとえば企業家企業における労働者は，たんに企業家が利潤最大化の解を見いだすために適応しなければならないところの労働供給関数といった形式で，陰伏的にあらわれるにすぎない．

　これにたいして企業目的は企業を構成するさまざまな構成母体の利益のバランスの達成にあるという，経営主義の本来の見方を定式化しようとするならば，どのような議論が可能であろうか．本章では，企業を投資家と従業員の利害の調整の上に成り立った連合体（coalition）としてみる視点にたった企業のゲーム論的な接近法について説明しよう．そしてその説明をとおして，現代企業における経営者の機能の一つの重要な側面――だがすべてではない――についての理解を深めることにしよう．

　もちろん株主と従業員以外にも，たとえば原材料の供給者や銀行などのビジネス・パートナーを企業の構成母体にふくめて考えることによって，たとえば下請制や企業集団についての新しいアプローチが可能となるかもしれないが，それは本シリーズの他の巻（『産業組織論 II――日本の制度分析』）においてあつかわれるであろう．また，法学的経営主義理論のように公衆を企業の構成母体に加えることは企業の社会的責任論にたいする新しい経済学的接近を可能にするかもしれない．しかしそのためには，本書の範囲をはるかにこえた視野の拡大が必要である．そこで，本章では企業の構成母体を株主，従業員，経営者の3つのタイプに限定するわけであるが，しかしながら，この限定された見方でも，企業を企業家あるいは株主のみに同一視した従来の観点にくらべて，現代

企業の本性にかんして新しい知見が得られることが期待されるのである.

さて, 企業を株主(投資家)と従業員の連合体とみるや, 企業行動はたんに全経済的な視点からみた配分効率性(allocative efficiency)の規準にもとづいて評価するだけでは不十分となる. 従業員と株主の利害をいかに効率的に調整するかという, 企業の「内的効率性(internal efficiency)」の問題が別に発生してくるからである. この章では, この内的効率性と配分効率性の双方の視点にもとづいて, 現代企業の行動がいかに評価されるか, を論じよう. そのことをつうじて, 利潤最大化や株価最大化の有効性を新しい光にあてて吟味することができるのである[1].

9.1 共同利益最大化

簡単に, 企業の構成母体として新古典派的企業家ないしは株主集団と従業員集団とを考え, そして前者は利潤ないしは株価 V の最大化を目的としており, 後者は1人あたり所得 w の最大化を目的としているものとしよう. 一つの考え方は, 企業経営者は, この2つの目的の比重づけられた和

$$(9\text{-}1) \qquad \beta w + (1-\beta)V \qquad (0 \leq \beta \leq 1)$$

を最大化するとみなすことであろう. 特殊なケースとして, w は外生的にあたえられる水準 $\bar{w}$ に等しいという制約条件をおくと, 新古典派的モデルが得られ, また $\beta=1$ とおくと労働者管理企業のモデルが対応する.

(9-1)のような比重づけられた共同利益の最大化という考え方は, 古くはサイモンによって提唱されているが, それには2つの難点がある[2]. 一つは, 比重 β が与件としてあたえられており, その比重自体がモデルのより基本的なデーターからいかに定まるかが説明されていないので, 企業の理論としては不十分ではないかということである. 第2は, 比重づけられた株価 V と従業員所得 w の和の最大化という目的には内点解が存在しないかもしれないということである. たとえば, $\pi(n)$ によって従業員数が n の場合の付加価値をあらわそう. このうち $\theta\%$ が企業家ないしは株主集団に帰属するとすると, 第6章の

(6-1)式のように考えて企業の株価は、

$$V = \frac{\theta \pi(n)[1-\phi(g)]}{\rho-g}$$

であらわされる。g は成長率，$\phi(g)$ は成長費用関数，ρ は割引率である。他方，従業員1人あたりの所得は，

$$w = \frac{(1-\theta)\pi(n)[1-\phi(g)]}{n}$$

となる。共同利益最大化の変数は，n, g, θ であるが，いま仮に n と g を固定化し，そのもとで θ のみを動かしてえられる可能な w と V の組み合せを (w, V) 平面にプロットすると，それは関係

$$(\rho-g)V + nw = \pi(n)[1-\phi(g)]$$

を充足する直線となる。g と n を変更させるたびに異なった直線が描かれるが，実現可能な (w, V) の組み合せは，n と g をさまざまに変更してえられる直線群の包絡線に等しく，それは9-1図の太線であらわされるように，原点にむかって凸となる。この曲線を「交渉フロンティア」とよぼう。したがって V と w の線形和の最大化は β の値のいかんにかかわらず，$V=0$ または $w=0$，ないし外生的な V ないし w に最低値が課せられた場合にはその最低値に，定まること

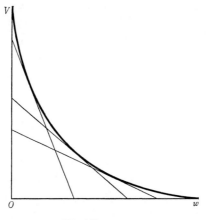

9-1図 交渉フロンティア

となってしまう．したがって企業家(または株主集団)と従業員を企業の構成母体として対称的にあつかおうという意図にもかかわらず，その解は新古典派的企業モデルまたは労働者管理企業のモデルの最適解に帰着してしまうことになる．交渉フロンティアが9-1図のごとくに原点にたいして凸となるにもかかわらず，その曲線上の端点でない点の選択が企業目的となりうるような状況を理論的に追求する枠組は，交渉ゲームの理論によってあたえられる．われわれはそれを次にみよう．

9.2 交渉ゲーム

第7章では，コースの議論を出発点として価格メカニズムの使用コストの節約が，企業形成の誘因となるということを論じた．そのようなコスト節約としては，長期の雇用契約をつうずるリスク・コストの節約，人的資源にたいする管理的配分メカニズムがもたらす情報コスト，モニタリング・コストの節約が強調された．いいかえると企業は，リスク分担の共同機構として，また価格を媒体とする市場情報体系とは本質的に異なった情報体系の制度化としてとらえることができる．そしてリスク・コストの節約と企業内従業員組織の効率的な組織化とは，企業組織の参加者が市場を個別的に，孤立して利用することによって獲得しうる所得の集計以上のものを，企業組織にもたらすであろう．このような余剰は「組織準地代」とよばれうるであろう．

すでにみたように正統的な新古典派的見地は，組織準地代がもっぱら利潤の形式で企業家に帰属するとみなす．企業家は，与えられた労働供給関数にたいして利潤を最大化する．労働供給は，完全に分割可能と仮定されており，いわば労働の供給関数は，企業家と従業員の限界単位のあいだの交渉がもたらすであろう結果を要約しているのである．しかし企業家と従業員のあいだの交渉は限界単位においてのみ行なわれるのではなく，従業員は集団として企業に参加＝非参加の二者択一の選択を行なうことができるかもしれない．そうすることによって従業員は，組織準地代にたいする，より積極的な交渉力を行使しう

る可能性をもつことになる．たとえば従業員は，チームとして企業に特有で集団的な熟練を保有しているとしよう．この場合，従業員が集団的に彼らの協調を企業から引きあげるならば，組織準地代の幾分かは消滅して，投資家の機会もそこなわれることになるであろう．株価の水準は，従業員の協力の水準いかんによって種々に変動すると考えられるが，簡単のために従業員の協調の引きあげ方には唯一の可能性(たとえばストライキ)があり，そのもとでの株価水準は 9-2 図の $\hat{V}$ のごとき点によってあらわされるとしよう．一方，従業員は，当該企業において永続的に雇用されることはなく，継続的に競争的なスポット・マーケットで雇用を求めざるをえないとすると，彼は 9-2 図の $\hat{w}$ であらわされるような競争的な賃金率を獲得しうるにすぎないとしよう．

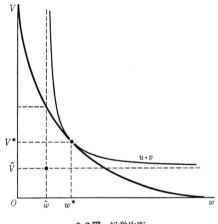

9-2図　経営均衡

さて従業員たちと経営機構をつうずる株主たちとの協調の欠如のもとでは，企業内分配は，$(\hat{V}, \hat{w})$ にとどまるが，両者の協調が実現すれば，組織準地代の生成により従業員の所得，株価はそれぞれ $\hat{w}$，$\hat{V}$ 以上に上昇しうるであろう．とくに経営機構が特定の収入分配比率のもとで適当な雇用・成長政策を選択するならば，交渉フロンティア上からの効率的な点が選ばれうるであろう．しかし，どの点が選択されうるであろうか．この選択は，代表的従業員と株主の交渉力の相対的な強度に依存するが，おのおのの交渉力の強度は，それぞれが他

者の協力なしにうることのできる利得の機会,すなわち外部機会の可能性に,部分的には依存しよう.以下,ツォイテンの古典的な賃金交渉過程の理論を拡張することによって,それをわれわれの文脈における理にかなった交渉解概念を見出すための発見装置としてもちいることにしよう[3].

交渉過程とその均衡

いうまでもなく,企業内分配の決定過程において,株主たちは直接に各期の組織準地代の分配にかんして,従業員と交渉するわけではない.代表的な交渉権,したがって分配の決定権は,企業の管理機構に委託されている.株主たちは経営者を選択する株主総会をつうじて,企業の管理機構により高い株価の可能性にむけて一定の圧力をかけうるにすぎない.他方,企業の管理機構は,株主の要求に一方的にしたがうのみであれば,従業員の反発と協調の引きあげというリスクをおかすことになろう.従業員はこの協調の引きあげの可能性を武器として,経営機構との交渉に臨む.実際に,この協調の引きあげが交渉の過程で実行にうつされるならば,それは管理機構の側からも報復をうけ,結果として分配は$(\hat{w}, \hat{V})$点におわるかもしれない.このような結果は両者にとって不合理である.したがって,両者は協調の実際的引きあげを究極的には回避することに相互的な関心があるが,おのおのはその潜在的可能性を交渉武器として交渉に臨むのである.したがって,組織準地代の分配の交渉過程では,交渉当事者は要求増大の実現による利得と交渉の決裂による損失のリスクとをたえず秤量・比較して,交渉戦術を練らねばならないことになる.

このような秤量・比較は,フォン・ノイマン=モルゲンステルンの効用関数にもとづいて行なわれるとしよう.すなわち,従業員の交渉過程におけるリスク態度は,彼の所得wを変数とする効用関数uであらわされるとしよう.また株主の集合的効用関数をvであらわそう.vは株価Vを変数とする関数である.

経営者と従業員は,一定の交渉時点において従業員の所得wを含意するような分配をベースとして交渉を行ないつつあるとしよう.従業員は分配(シェ

ア)の一層の上昇を要求するにあたって,経営者(究極的にはその背後にある株主)との公然たる対立の可能性を考慮にいれなければならない.所得の上昇 h を含意するような分配分の上昇を経営者が拒否する確率を q と代表的従業員が評価するならば,彼がこの分配分の上昇によって期待しうる効用の増分は,

$$(1-q)[u(w+h)-u(w)]$$

であり,経営者の拒絶,協調の引きあげによって予想される効用の損失は

$$q[u(w)-u(\hat{w})]$$

である.この分配分の上昇要求が従業員にとって合理的であるためには,期待効用の増大が期待効用の損失を上回らなければならない.すなわち,

$$q[u(w)-u(\hat{w})]<(1-q)[u(w+h)-u(w)]$$

でなければならない.これを整理すると,公然たる対立のリスク q は,不等式

$$q < \frac{u(w+h)-u(w)}{u(w+h)-u(\hat{w})}$$

を充足せねばならないことがわかる.不等式の両辺を h で割り,$h\to 0$ の極限をとることによって,

$$\lim_{h\to 0}\frac{q}{h} < \frac{u'(w)}{u(w)-u(\hat{w})} \equiv B_u(w)$$

をうる.u の右肩ダッシュは関数 u の微分をあらわす.$B_u(w)$ は,従業員が所得 w をベースとして,さらにその上昇を要求するために最大限おかしうるところのリスク限度,つまり公然たる対立の最大受容確率(上昇要求分当り)をあらわす.いいかえれば,この値が大きければ大きいほど,従業員は組織準地代の分配分の上昇にたいしてより積極的でかつ大胆たりえよう.したがって,この $B_u(w)$ を,w を交渉ベースとする「代表的従業員の大胆さ」(boldness)とよぼう[4].フォン・ノイマン＝モルゲンステルンの効用関数は一般に原点と単位のとり方にたいして任意であるから,$u(\hat{w})=0$ ととることにより,簡単に,

$$B_u(w) = \frac{u'(w)}{u(w)}$$

と規準化できる.しかし,このことによって交渉力の測度が $\hat{w}$,すなわち,従

業員がもつ外部雇用機会の状態に,決定的に依存することを見失ってはいけない. B_u は従業員の外部雇用機会の状態とともに,さらに u の形状,すなわち彼のリスク態度にも依存するが,後者はひるがえって,人的資本はリスクを拡散するように投ずることはできないという,金融資本に比してのその特異性によって規定されていることを想起しよう.

対称的に,経営者に委託された株主たちの集合的な小域的交渉力を定義することができる.経営者と従業員の交渉が,従業員の所得 w をベースとして行なわれているとき,株主の最大限期待しうる株価を $\phi(w)$ であらわそう ($\phi(\cdot)$ は交渉フロンティアをあらわす関数にほかならない).株主の集合的利益にもとづき従業員の所得増大要求を拒否し,さらには株主に有利な分配様式の変更を実現するために,経営者が最大限おかしうるところのリスク限度,つまり従業員との公然たる対立の最大受容確率は,従業員の場合と全く同様の推論によって,

$$\frac{v'(\phi(w))}{v(\phi(w))}\phi'(w)$$

で与えられる.ここで再び株主のフォン・ノイマン=モルゲンステルンの効用関数は $v(\hat{V})=0$ となるように規準化されているとする.

$$B_v(w) = \frac{v'(\phi(w))}{v(\phi(w))}$$

とおき,この $B_v(w)$ を w を交渉ベースとしたときの「経営者の大胆さ」といおう.

ツォイテンの交渉過程理論のもっとも核心的な想定は,交渉過程の各時点で,最大限受容可能なリスク[確率]の大きさにおいて劣る交渉当事者が交渉相手に譲歩するということである.これをハーサニイは「ツォイテン原理」とよんでいる[5].すなわち,

(9-2) $\qquad B_u(w) + B_v(w)\phi'(w)$

の正負に応じて,従業員の所得は上下に調整される.

そして,ある w^* にたいして,条件,

第9章　企業の目的と経営者の役割（Ⅱ）　187

(9-3) $$B_u(w^*)+B_v(w^*)\phi'(w^*)=0$$

がみたされたときに，交渉過程は「交渉均衡」に達する．この均衡状態は，代表的従業員も経営者も，それぞれの所得あるいは株価を増大させようと試みることが，既得利得に比してあまりにリスクが大きいと判断し，既得の利得で満足する状態である．

9.3　経営者の裁定機能

　前節では，従業員と経営者（株主の代理人としての）のあいだの交渉ゲームを，ツォイテンにならって定式化し，それにもとづいて交渉均衡という概念を構成した．ツォイテンの原書は *Problems of Monopoly and Economic Warfare* と題されているように，もともとは雇用者団体と労働組合のあいだの一定サイズのパイの分配——もしその分配にたいする協力が成り立たないならば，パイ自体消滅してしまうのであるが——をめぐる「闘争」(fight) を定式化し，そこから生じてくるであろう結果を記述しようとしたものであった．

　しかし前節のモデルでは，交渉過程においてはたんに賃金 w のみでなく，選択された w にたいし最大株価 $V=\phi(w)$ の値が実現するように，経営政策（n と g）も同時に調整されねばならない．したがってそれは，一定サイズの分配をめぐるツォイテンの原モデルより複雑な構造をもっている．したがってそれが叙述する過程は，経営政策をも明示的に交渉項目としてふくんだ団体交渉のモデルとしてもっぱらせまく解釈される必要はないのである．すなわち，それは，従業員と株主（投資家）の双方から有形・無形の圧力をうけつつ，双方のあいだの利害バランスをとるように，経営政策と賃金を同時に調整してゆく「経営過程」を叙述しているともみることができるのである．あるいは，8.2 のモデルは，団体交渉のモデルであるとともに，経営者に媒介された暗黙の交渉 (implicit bargaining) のモデルでもあるということができよう．

　もう一度 (9-2) 式をみよう．それは，B_u と B_v をあたかも定数のごとくに考えて

$$B_u(w)+B_v\varphi(w)$$

を増大させる方向に，企業内分配を調整する，というように読むことができる．すなわち，大胆さ，B_u と B_v，によって測られる有形，無形の圧力を従業員と株主から受けながら，経営者は従業員の所得 w と株主の富 $V=\varphi(w)$ の比重和を増大させる方向に，企業内分配と経営政策(成長率 g と雇用量 n)とを連繋させつつ変更させてゆく．その指針となるのは，共同利益の最大化であるが，比重づけの係数は(9-1)における $\beta,(1-\beta)$ のように，モデルの外からあたえられた与件ではなく，モデルの内部で定まってくるのである．すなわち経営政策と分配を変えることによって，経営者が従業員，株主からうけとる圧力は変ってくる．

具体的には，経営政策と分配の限界変化によってより有利なあつかいを受けた当事者が経営者に加える圧力は減じてゆくであろう(なぜか)．そして条件(9-3)が成り立ったときに，経営者の経営過程も均衡に達する．それは，分配と経営政策の限界変化によって，共同利益をもはや増加させえないような状態である．したがって，この状態を「組織均衡」または「経営均衡」とよぶことが適当であろう．

以上のいわゆる暗黙の交渉過程では，経営者は株主の代理人というよりは，いわば株主と従業員のあいだの「中立的な裁定者」(neutral arbiter)の役割をはたしている．この解釈の妥当なことは，実はまったく異なった角度からもあきらかにすることができるのである．交渉均衡ないしは組織均衡の条件(9-3)をもともとの効用関数のタームで書き直すと

$$\frac{u'(w^*)}{u(w^*)}+\frac{v'(\varphi(w^*))\varphi'(w^*)}{v(\varphi(w^*))}=0$$

とかける．これはさらに

$$\left.\frac{d\log u(w)}{dw}\right|_{w=w^*}+\left.\frac{d\log v(\varphi(w))}{dw}\right|_{w=w^*}=\left.\frac{d\log u(w)v(w)}{dw}\right|_{w=w^*}=0$$

と書ける．さらにいいかえると，それは従業員と株主集合体の効用関数の積

$$u(w)v(V)$$

が，$w=w^*, V^*=\phi(w^*)$ において最大化されるところの必要条件にひとしい．（交渉フロンティアは，原点から東北方にむけて凸ではないので，たとえこの必要条件が満たされても，効用積は最大化されないということがあるかもしれない．いいかえれば，この必要条件は，必ずしも十分条件ではない．しかし，このような条件を満たすところの非最大化特異点がたまたま存在したとしても交渉過程が偶然にそのような点から出発しないかぎり，それはさけることができる．）したがってわれわれはほとんど常に組織均衡は，企業の構成母体の効用積の最大点であるということができる．つまり，企業目的は，企業構成母体である株主集団と従業員集団の間の効用積として構成されるといいかえることができるのである(9-2 図参照)．

われわれはツォイテンの古典派的な賃金交渉の理論を拡張して，それを組織的な企業目的を見いだすための発見装置として用いたのであるが，ゲームの理論では，ゲーム・パートナーの効用積の最大化は，ナッシュ交渉解として知られている．それは，ナッシュが交渉の中立的な裁定者にたいする指針として定式化した一組の規則を満たすところの，唯一の解だからである．それらの公準を簡単に記述することは容易でないが，大ざっぱにいって，それは次のような要求をあらわす[6]．

1. **効率性** 交渉解は交渉フロンティアのうえから選択されねばならない．
2. **情報効率性** 企業外の機会 $(\hat{w}, \hat{V})$ が不変にとどまるならば，交渉解以外の可能性のあるものがたとえ実現不可能となっても，交渉解は不変に保たれるべきである．
3. **公正性** 交渉パートナーの双方は，裁定者によって対称的にあつかわれねばならない．

ナッシュの公準は，効率的で公正な裁定者が，交渉当事者のあいだを裁定するに用うべき手引きをあたえるという見方を，株式会社企業という，われわれの文脈に引きなおしてみると，次のようにいえよう．すなわち企業の構成母体の効用積の最大化は，企業の構成母体の間のバランスをはかる経営者に，一つの合理的で公正な組織目的をあたえる．このようにして交渉ゲームの理論は，

経営主義の本来の見地に一つの分析的な用具をあたえるということができるのである.

9.4 内的効率性

　交渉フロンティアの導出の方法から容易にわかるように, 交渉フロンティア上の動きは, たんに企業の構成母体たる株主集団と従業員集団のあいだの内的分配の変更ばかりでなく, それに双対的な経営政策(上記の例でいえば, 雇用量 n と成長率 g)の同時調整を伴わなければならない. いいかえれば, 交渉フロンティアにとどまるという意味で,「内的効率性」が維持されるためには, 賃金調整と経営政策形成とは互いにコーディネイトされねばならないのである. これは, 従業員の効用がたんに賃金率にのみ依存し, 経営政策のいかんには直接に依存しない場合においてすらいえることである. ただし, このような古典的な場合には, 賃金率について労使がまず同意し, しかる後に経営者が株価を最大化するように経営政策を選択することによって, フロンティア上の点を達成することは可能である(その点が, 組織均衡点でもあるという保障はないが). このような決定の二分化を,「新古典派二分化」ということにしよう.

　しかし, 前章で論じたような企業に特有な雇用構造が内部化してくると, 従業員の厚生は単に賃金の水準に依存するばかりでなく, 企業内部におけるキャリア昇進の確率を左右する企業成長率の選択や, 雇用保障やレイオフに関連する価格政策にも依存することになる. このような状況のもとでは, 企業の内的効率性の達成は上記の新古典派的な決定の二分化によっては達成されず, 分配と経営政策は真の意味でコーディネイトされねばならなくなる. いいかえれば, 賃金率を与件とする企業価値や利潤の最大化は, 内的効率性の達成に失敗するのである. このことをマクドナルド=ソローのモデルによりながらレイオフによる雇用調整についてみることにしよう[7].

マクドナルド=ソローのモデル

 簡単のために，短期の企業の収入関数は，労働の雇用量 L の関数 $R(L)$ であるとしよう．労働の雇用は同質的な労働者 N 人からなる企業に特有の労働プールを通じて行なわれるとしよう．労働者個人の私的な効用関数（フォン・ノイマン=モルゲンステルン流の基数的効用関数）は，所得の関数であるとし，レイオフの場合の所得（休業手当，家庭での仕事，その他の代替的所得機会からの収入を含む）は $\bar{w}$ であるとする．企業が賃金 w で労働者 L 人を雇用する場合，個人労働者は確率 L/N で効用 $u(w)$ を獲得し，確率 $1-L/N$ で効用 $u(\bar{w})$ にとどまる展望を有するから，彼の期待効用は，

$$\mathrm{E}u = \frac{L}{N}[u(w)-u(\bar{w})]+u(\bar{w})$$

となる．

 9-3図には，横軸に L，縦軸に w がとられ，定数 u_i にたいして $\mathrm{E}u=u_i$ とおいた場合の無差別曲線群が描かれている．労働者は，リスク回避的とすると（u が強い凹関数であるとすると）無差別曲線は通常のように原点にむかって凸となるが，それはいずれも $w=\bar{w}$ の点で水平線に漸近する．

 一方，企業の等利潤曲線は，定数 v_i にたいして，条件 $R(L)-wL=v_i$ をみたす w, L の組み合せによって与えられる．それは最初 L の増加にしたがって漸

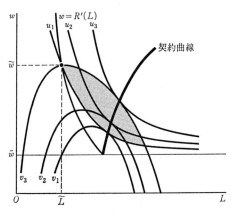

9-3図 非効率的な利潤最大化

増するが,限界収入 $R'(L)$ が賃金 w に等しい点で頂点に達し,それ以後は負の傾斜をもつ.同一雇用量にたいして,賃金が低いほど利潤は高いから,低位置にある等利潤曲線ほど高い利潤を表わすことになる.

さて,いま団体交渉において賃金 $\bar{w}$ が合意され,この1人あたり賃金率を所与として経営は利潤を最大化する L を選択するとしよう.選ばれる雇用量は $w=\bar{w}$ の水準で水平線に接する等利潤曲線の頂点に対応する $\tilde{L}$ である.ところが図から明瞭なように,$(\bar{w}, \tilde{L})$ の組み合せは効率的でない.$(\bar{w}, \tilde{L})$ の点を通る労働者の無差別曲線と等利潤曲線が囲むレンズ状の領域の内点はいずれも,$(\bar{w}, \tilde{L})$ の組み合せよりも,より高い労働者の期待効用とより高い利潤量を与える.いいかえれば,賃金率を雇用量に代替せしめることによって,労働者も企業所有者も共に満足度を高めることができるのである.この意味で,新古典派的二分法は,「高賃金,低雇用量」に結果すると大雑把に言うことができる.二分法の非効率性は,労働者の効用が雇用の確率をとおして,企業の雇用政策に依存するにもかかわらず,団体交渉が賃金についてのみ行なわれ,労働者が雇用量の選択に何らの影響をおよぼしえないからである.

効率的な賃金・雇用量の組み合せはいうまでもなく,等利潤曲線と無差別曲線の接する点の軌跡――いわゆる「契約曲線」――によって与えられる.上の初歩的なモデルについていえば,契約曲線の方程式は,

$$w - r(w) = R'(L)$$

で与えられる.ここに,

$$r(w) = \frac{u(w) - u(\bar{w})}{u'(w)}$$

で,$r(w)$ は賃金率が w の場合のレイオフの限界確率当りのリスク・プレミアムと解釈することができる.というのは賃金率 w,雇用確率 q の場合のリスク・プレミアム h は,

$$(1-q)u(w+h) + qu(\bar{w}) = u(w)$$

によって与えられるが,$u(w+h)$ を w の周辺で展開し,1次以上の項を無視すると,

$$\frac{h}{q} = \frac{u(w)-u(\bar{w})}{(1-q)u'(w)}$$

となり，q を 0 に近づけると上記の $r(w)$ が結果するからである．

したがって，効率的な雇用契約は，賃金率からレイオフの限界リスク・プレミアムを控除したものが限界収入に等しい，という条件によって特徴づけられる．そして，交渉賃金が外部機会によってえられる所得水準に等しいにすぎないという場合にのみ，効率的な解は，限界収入イコール賃金率の条件によって特徴づけられるのである．すなわち「純」新古典派的解は，労働者の内的交渉力がゼロの場合にのみ，成立するといえる．

一般に契約曲線は，この「純」新古典派的解 Σ を極限ケースとしてふくんだ，無数の賃金・雇用量の組み合せからなる (9-4 図参照)．他の極限ケースは，企業の純収入がすべて労働者の所得として呑みつくされ，かつ 1 人当り賃金が最高となる場合である．この解 Ω は，ウォード，ドーマー，ヴァネックらによってモデル化された労働者管理企業の最適解に相当するといえよう．

契約曲線上の点の選択にかんしては，すでにみたような組織均衡といった概念を導入しなければならない．組織均衡の概念を当面のモデルに用いても，またその他の交渉の均衡解の概念を用いても，一般に従業員の交渉力の強化は交渉解を契約曲線上の Σ から Ω の方向にむかって移動させることは明らかであ

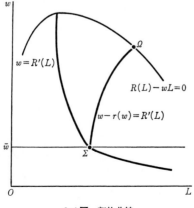

9-4 図 契約曲線

ろう．したがって，われわれは次のような結果をえることができる．

〔A〕 従業員の交渉力の強化は，内的効率的な交渉解をより高い賃金率およびより高い雇用保障によって特徴づける．

〔B〕 企業に特有の労働プールが存在し，それをつうじて雇用調整が行なわれる場合，内的効率的な交渉解は，雇用量と賃金率の同時調整をつうじてのみ可能である．まず賃金率について同意し，しかるのちに利潤を最大化するように雇用量が選択されるならば，結果は内的非効率的となる．

結論〔B〕の意味することをくりかえして述べると，次のようである．第7章で述べたように，企業がそれに特有の雇用構造を内部化するようになり，従業員が賃金ばかりでなく，雇用や価格設定のような経営政策によって直接・間接に影響をうけるようになると，賃金率にたいして利潤ないし株価を最大化することは，もはや内的効率的ではなくなる．効率的な利潤ないしは株価の最大化は，一定の賃金率にたいしてではなく，従業員の一定の効用水準にたいして行なわれねばならないのである．

投資決定再考[8]

第6章で述べたように，株主にとっての最適投資政策は，トービンの限界 q-比率が成長費用関数の弾力性に等しくなる点で達成されるのであった．113ページの均衡条件式を書き直すと，

$$(9\text{-}4) \qquad \frac{1}{\rho-g} = \frac{\phi'(g)}{1-\phi(g)}$$

ともなる．企業の成長費用控除前の粗価値は，$V=\pi/(\rho-g)$ であるから $(1/V)(V/dg)=1/(\rho-g)$ であり，上式の左辺は粗価値の成長弾力性，すなわち企業の成長率が限界単位引き上げられたときの企業の粗価値の上昇率に等しいことがわかる．9-5図の曲線 ΔV は，これを成長率 g の関数として図示したものである．(9-4)式の右辺は，成長率を限界単位に引き上げたときに必要なコストの増分を成長費用控除後のキャッシュ・フローにたいする比率としてあらわしたもので，限界成長効率の逆数とよぶことができよう（113ページ参照）．そのグラフが9-5図の ΔC としてあらわされている．均衡成長率は，いうまでもなく，この両曲線の交点に対応する成長率 g_Σ であたえられる（株価最大点では ΔV は ΔC に下から交差しなければならない）．

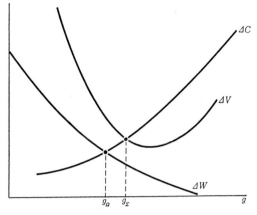

9-5図　均衡成長率の決定

　ところが，企業に固有の雇用構造があらわれてくると，このようなトービンのルールにもとづく投資決定は，企業の組織にとって過小な投資水準に導く．というのは，従業員にたいしての成長からのリターンが無視されているからである．すなわち，内部労働組織が，成長によって拡張すると，すでに雇用されている従業員は昇進のより高い確率をうることができる．したがって従業員は，不確実ではあるが，よりよい将来所得を含意するより高い経済成長率を今日の確実な所得に代替させることができる．その限界代替率は昇進確率を決定する企業の成長率と内部組織のヒエラルキーの構造，従業員の将来所得の不確実性にたいする態度などに依存する．今，簡単のために，2レベルの内部労働組織の構造を考え，上層の空席がもっぱら下層の従業員の内部昇進によって充足され，外部労働市場からの補充は，いわゆる内部組織への「入港点」たる下層のレベルにおいてのみ行なわれるものと考えよう．さらに簡単のために，上層の従業員は，毎期末引退するとし，毎期首において前期からひきつづいて現役の従業員は，下層から上層に昇進するか，あるいは下層のレベルにとどまるかの確率展望をあたえられるとしよう．このとき代表的従業員が上層のレベルに昇進する確率は，内部労働組織の拡張速度，いいかえれば企業成長率 g の関数 $p(g)$ であたえられよう．上層レベルの賃金水準を w_h，下層レベルの賃金水準を w_l とし，代表的従業員のノイマン＝モルゲンステルンの効用関数を u であらわそう．このとき不確実な昇進による所得展望に同値な確実所得は，条件

$$u(\hat{w}) = p(g)u(w_h) + (1-p(g))u(w_l)$$

をみたす $\hat{w}$ であらわされる．そして $\hat{w}$ の g にたいする弾力性は

$$\frac{1}{\hat{w}}\frac{d\hat{w}}{dg} = \frac{p'(g)[u(w_h)-u(w_l)]}{p(q)u'(w_h)w_h + (1-p(g))u'(w_l)w_l}$$

であらわされる．これは成長率が限界単位増加したときに，代表的従業員の所得を確実に何パーセント引きあげたと同値の期待効用を代表的従業員にあたえるかを，あらわしたものである．9-5図の曲線 ΔW は，この弾性値を成長率 g の関数として図示したもので，それを従業員にたいする企業成長率の収穫率とよぶことができよう．この直線の垂直的位置は，賃金体系 w_l, w_h の水準に依存することはいうまでもない．いま仮に，組織準地代のすべてが従業員に帰属する労働者管理企業を想定すると，その最適成長率の条件は，現役労働者にたいする企業成長率からの収穫率がちょうど限界成長費用比率に等しい，すなわち，

(9-5) $$\frac{1}{\hat{w}}\frac{d\hat{w}}{dg} = \frac{\phi'(g)}{1-\phi(g)}$$

という条件であたえられる．すなわち9-5図の g_Ω 点である．

組織準地代が株主と従業員の両者のあいだでシェアされる場合の組織均衡の成長率の条件は，(9-4)式と(9-5)式の比重づけられた和，

$$\theta\frac{1}{1-g} + (1-\theta)\frac{1}{\hat{w}}\frac{d\hat{w}}{dg} = \frac{\phi'(g)}{1-\phi(g)}$$

であらわされる．そしてこの比重 θ および $1-\theta$ は，組織準地代における株主と従業員のシェアによってあたえられる．すなわち均衡成長率を g^* とすると

$$g^* = \theta g_\Sigma + (1-\theta)g_\Omega$$

である．また一般的に従業員への成長の収穫率は，株主にたいする企業粗価値の成長弾力性より低い（したがって $g_\Omega < g_\Sigma$）ので，θ の値の減少，すなわち従業員の交渉力の増大は，企業成長率の低下に導くことが示唆される．これは従業員が企業成長率から便益をうけるといっても，その成長弾力性値は株主がうけるキャピタル・ゲインよりも相対的に低いからである．

組織準地代が株主と従業員の間でシェアされる企業において，もし賃金率が団体交渉により選択されたのちに，企業価値が最大化するように投資率が選択されるときの条件をもとめると

$$\theta\frac{1}{1-g} = \frac{\phi'(g)}{1-\phi(g)}$$

となり，すでに雇用量の選択にかんして述べたのと同様の非効率性が生ずることがわかる．すなわち，$g=\theta g_\Sigma$ で，投資率は過小となる．従業員にたいする成長からの収穫率が無視されているからである．まとめて

〔A〕 従業員の交渉力の強化は，より低い投資率によって特徴づけられる内的効率

な交渉解に導く.

〔B〕 新古典派的二分法は,内的効率性の視点から過小な投資決定に導く.内的効率的な交渉解は,まず賃金を先決し,それにたいして株価を最大化するように投資率を選択することによっては不可能である.

以上の論点[A]をわれわれは「産業民主主義のジレンマ」とよぶこともできるであろう.というのは,現代企業における従業員の内的交渉力の強化は,現代技術のあり方に対応した企業に特有な内部労働組織の形成の必然的な結果であり,また現代政治におけるデモクラシーの拡大の不可避的な反映でもあるのだが,他方では国民経済的に望ましくないスタグフレーションの源泉ともなりがちだ,という矛盾をはらんでいるからである.論点[B]は,しかし中立的で効率的な裁定者である経営者は,賃金率を与件として利潤ないしは株価を最大化する新古典派的経営者より,高い成長率を選択することを意味する.すでに述べたように,後者は従業員に帰属する成長の便益を無視するからである.中立的裁定者としての経営者は新古典派的経営者より,より成長志向的であるという意味で,交渉ゲーム論的アプローチは経営主義的経済理論の成長最大化仮説に,ひとつの新しい論拠をあたえたとみることもできよう.

第9章 演習問題

1. マクドナルド=ソローのモデルにもとづきながら,賃金率を与件とした場合の利潤最大化と,従業員の効用水準を与件とした場合の利潤最大化が,異なった雇用水準に結果することを確認し,それらの内的効率性にたいする含意を論じよ.

2. 組合の目的関数が賃金総額 wL の最大化にあるとき,マクドナルド=ソローのモデルの分析結果はどのように変るか,検討せよ.

3. 経営者はその一つの機能として企業構成母体のあいだの「中立的裁定者」的機能をはたすという特徴づけと,経営者が積極的に企業成長の可能性を追求するという可能性とは矛盾しないか.

第9章 注

1) この章の内容のより詳しい展開については，青木昌彦『現代の企業——ゲームの理論からみた法と経済』岩波書店，1984年，第Ⅱ部を参照．

2) H. Simon, "A Comparison of Organisation Theories," *Review of Economic Studies 20*, 1952-3, pp. 40-48.

3) F. Zeuthen, *Problems of Monopoly and Economic Warfare*, London: George Routledge & Sons, 1930.

4) この用語は R. Aumann and M. Kurz, "Power and Taxes," *Econometrica 45*, 1977, pp. 1137-1160 による．

5) J. Harsanyi, *Rational Behaviour and Bargaining Equilibrium in Games and Social Situations*, Cambridge: Cambridge University Press, 1977.

6) ナッシュの公準の説明と，ゲーム・プレイヤーの効用積の最大化がその公準を満たす唯一の解であることの説明については，本シリーズ『経済のゲーム分析——協調』を参照．

7) I. McDonald and R. Solow, "Wage Bargaining and Employment," *American Economic Review 71*, 1981, pp. 896-908.

8) 詳しくは，青木昌彦『現代の企業——ゲームの理論からみた法と経済』岩波書店，1984年，第7章をみよ．

第10章　企業の法制的構造

　第7章で，企業は労働市場とのかかわりを一部内部化することによって，スポット・マーケット使用のコストを節約しうることをみた．このことは，企業の目的にとって2つの重要な結果をもたらすのであった．

　第1には，企業の内部労働組織に継続的に参加する従業員は実質的に企業のメンバーの一部となり，企業の生みだす便益——第3章から第5章までは抽象的に「利潤」として概念化され，第8章において，より特殊に「組織準地代」として概念化されたものに相当する——にたいして，一定の分配分を主張しうる交渉力を獲得するようになる．その分配分は，たとえばプレミアム賃金，ボーナス，利潤参加などのさまざまな制度的形態をとりうるであろう．

　第2には，雇用構造の内部化によって，従業員は現在所得の増大という直接的便益以外にも，職の保障や将来昇進の可能性という形式で帰属する間接的な便益を，管理機構の内的効率的な経営政策からうけることになる．前章の後半では，このことの利潤最大化ないしは株価最大化政策にたいしてもつ意味をしらべた．結果をあえて再述すると次のようになる．団体交渉ないしは個別的な雇用契約によって先決された・賃・金・率・にたいして，利潤ないしは株価を最大化するように経営政策を策定することによっては，内的効率性は達成されえない．そうではなく，企業内の従業員の交渉力に対応した従業員のある特定の・効・用・水・準・にたいして，利潤ないしは株価が最大化されるべきである．このことは，賃金決定と従業員の厚生に関連のある経営政策の策定とが，コーディネイトされねばならないということを意味する．そのことはまた，経営政策の形成において，株主（投資家）の利益のみでなく，従業員の声が適当に反映されねばならないということをも意味する．

　企業の内的効率性の達成に必要な決定のコーディネーションと従業員の声の反映とは，しかし企業の意思決定機構がどのように制度化されることによって，

実現可能となるのであろうか．現在，世界の発達した資本主義国においては，どこでも内的効率性に適した企業の構造化にむけてのさまざまな模索が試みられている．それはいわば，古典的な資本主義(classical capitalism)の法制的枠組にたいして，株主資本主義(stockholder capitalism)と従業員人本主義(employee humanism)とを効率的なしかたで結合させようという，壮大な歴史的動きであるとさえいうことができよう．本章では，こうしたさまざまな動きを，3つの様式化された企業の法構造モデルに単純化して整理し，それらの内的効率性にたいする意味を，前章のゲーム・モデルを参照枠としながら調べることにしよう．またそのことは，前章までの企業の分析的あつかいを，具体的・歴史的なパースペクティブのもとにおくことにもなろう．

まずわれわれは，企業を経営陣(M)，株主集団(S)，従業員集団(E)の3つから成るとして，次のように3つの様式化された企業の意思決定の法制的モデルを定義する．

(1) **株主主権＝団体交渉モデル** MがSの代理人としてEの代表者である組合と決定変数のあるものについては共同決定し，他の選択領域については，株主の利益にしたがって一方的な決定権を行使する．

(2) **経営参加モデル** SとEの代表がMを構成して共同決定を行なうか，あるいはSとEの共同監督のもとにMが決定を行なう．

(3) **コーポラティブな経営主義モデル** 中立的なMがSとEの利害を統合し，裁定するべく決定を行なう．

さらに(3)の退化した，あるいは変型のモデルとして，次のモデルを考えることもできよう．

(3B) **裁量的経営主義モデル** 自立的MがSとEの課す一定の制約のもとで自己の利益を最大化するように決定を行なう．

さて現実には，上記の3つのモデルの純粋型はどこにも存在しないが，(1)にかんしては英米の組合化企業，(2)にかんしてはドイツの共同決定企業，(3)にかんしては日本企業やアメリカの非組合化企業の一側面が，ある程度抽象化されて反映されているということができるであろう[1]．

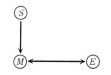
(1) 株主主権=団体交渉モデル

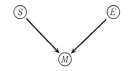
(2) 経営参加モデル

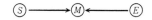
(3) コーポラティブな経営主義モデル

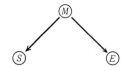
(3B) 裁量的経営主義モデル

10-1図 3つの法制的企業モデル

10.1 株主主権＝団体交渉モデル

　伝統的な経済学者の労働組合観は，労働カルテルのそれである．そして団体交渉は，相互独占の典型例とみなされる．しかし，このような見解は実際には片寄ったものである．前章でみたように，現在賃金の水準と継続雇用の保障ないしは企業の成長によってもたらされる昇進の可能性とのあいだにある，パレート効率的なトレード・オフの関係を見すごしているからである．ライファの表現を借りるならば，企業の内部における交渉は，「競争」的タイプではなく，分け合うパイのサイズそれ自体を大きくするために協力しうるという意味で，「統合的」(integrative)タイプともいわれるべき側面がある[2]．

株主主権＝団体交渉モデルの内的効率性には，理論的には3つの要因，すなわち交渉のレベル，交渉の視野，および団体交渉協定の継続期間がかかわっている．このことを以下団体交渉枠組がもっとも発展しているアメリカとイギリスの制度的な枠組を参照しながらみていこう．

団体交渉の企業別化傾向

まず第1に交渉レベルの含みからみていこう．もし従業員の関心が現在賃金の水準にのみあれば，協定賃金率がたとえ産業別・地域別等の企業を越えたレベルにおける団体交渉で決定されたとしても，それを制約条件として経営者が株価を最大化するように経営政策を選択することは，110～113ページでみたように，株主の最大利益に奉仕する明確なガイド・ラインをあたえるであろう．しかしこの場合ですら，企業に特有の資源の存在パターンが異なっていたり，あるいは生産される組織準地代の量に差異があれば，従業員と株主とのあいだの適当なバランスのとり方にはおのずと企業ごとに差異が生じてくるであろう．したがって賃金が企業を越えた産業別レベル等で決定される場合，その交渉結果がすべての企業にとっての均衡条件を一挙に与えることはないであろう．さらに企業が特有の雇用構造を深く内部化するようになると，すでに何度かのべたように賃金レベルと他の経営政策の選択はコーディネイトされねばならないから，産業別レベルで決定された賃金はいっそう個別企業にとっての均衡値から乖離するであろう．

事実多くの産業諸国では，企業レベルないしは工場レベルにおける団体交渉の重要性の増加が一つの傾向として観察されるのである．そして全国的ないしは地域レベルのより集中化された交渉が伝統的であるところでも，超企業レベルの協定は，工場や企業レベルでの賃金調整や補充的交渉を伴うことが広く観察されるのである．この場合，誤解をさけるために付け加えておくと，団体交渉が企業別ないしは工場別のレベルで行なわれるということは，労働者側の交渉担当者が日本のように企業の従業員であるということを必ずしも意味するものではない．英米においては，企業別賃金交渉においても労働側に産業別全国

組合の交渉エキスパートの参加することが広くみられるのであって，企業別交渉とは，協定の一方の当事者が一企業であるということを意味するにすぎない．アメリカでは，こうした団体交渉の企業別ないし工場別化は，とくに製造業において広くひろがっている．1976年に行なわれた労働統計局の団体交渉のサーベイによれば，製造業では，280万人の労働者が単一雇用者の協定によってカバーされているのにたいし，60万の労働者が地域ないしは全国レベルでの多数雇用者協定によってカバーされているにすぎないのである．

　労働法専門家のボックは，こうした団体交渉の企業別化傾向をヨーロッパとの比較において，アメリカの労使関係の特色と考えているほどである．ボックは，その理由をアメリカでは団体交渉が独占企業が十分確立したのちに拡延し，その結果独占企業が独自に労使関係に対処する能力と意欲をもっていたからだということを指摘している[3]．われわれの言葉でいえば，企業に特有の雇用構造が発生するようになると，組織準地代の分配をめぐる均衡的な交渉解は，企業レベルにおいてもっとも正確に近似できるからだともいえよう．

　それにたいして，イギリスではまだ産業がたくさんの小さな企業から成り立っており，登場しつつある労働組合にたいする雇用者の共通利害が雇用者連合によって代表された1880年代に，団体交渉が広く確立された．これらの小雇用者たちは，比較的強力な組合と工場の門の外で対処するために，連合したのである．第一次世界大戦は，戦争目的の完遂のために産業の集権化された国家的統制を必要としたので，産業別な交渉機構の整備はさらに大きな刺激を受けることになった．第一次大戦以後，産業別交渉と全国組合主義は，確固とした基盤をもつようになった．

　産業がある特定の地域に集中化した多数の小企業のあいだでの競争によって特徴づけられており，労働者がそれらの企業のあいだに大いに移動していた時代には，複数雇用者（地域的ないしは産業別）の協定は個人の雇用契約の決定に重要な関連性をもっていた．しかしながら，企業の規模が大きくなり，企業に特有の雇用構造が確立した第二次大戦中およびその後をつうじて，職場レベルの交渉機構が発展するようになった．職場レベルでは，職長にたいして労働者

を代表するべく労働者によって選挙され,組合によって信任された職場役員(ショップ・スチュワード)が,問題の生ずるにしたがい,労働条件や労働管理の変更にかんして交渉に従事するようになった.この交渉の草の根的アプローチは,複数雇用者協定によって決定された標準賃金率を補充し,ある場合には,それを超越するためにもちいられるようになった.1964年から66年にわたる全国価格所得局のサーベイによると,出来高払い賃金,ボーナス,刺激給の形式で支払われた補充給与額は平均して労働者の稼得所得の3分の1にまで達するようになった.しかし職場のレベルでの分散化した賃金闘争のもとでは,一つの職場での賃金引上げの獲得が他の職場での賃金率の引上げ要求の引き金として作用し,いわゆる「賃金漂流(ドリフト)」という現象を生みだすことになった.1966年にイギリスの労使関係を調査し,その改革のための勧告を提案するという目的をもって政府によって指名されたドノバン委員会は,企業のレベルでの交渉の空白化がこうした賃金決定の不安定化の主要な問題であると指摘し,したがって望まれるところのものは企業別レベルにおける交渉への体系的な接近であると勧告した.1970年代から80年代にかけてイギリスにおいても,企業レベルでの賃金交渉機構がしだいに整備されるようになってきている.とくに大企業においては,一部の労働経済学者は,多くの場合全国協定によって設定される最低限は,今やフロアですらなく,単なる「安全ネット」にすぎないという指摘も行なっている.このようにして全国的な団体交渉によって決定される賃金率は,大企業にとってはますます無関連となっているのである.

　大規模な独立的組合運動が第二次世界大戦の終了にいたるまで栄えなかった日本企業においては,この団体交渉の分権化傾向は,より明らかとなっている.鉄鋼産業のように,大手会社とそれに対応する企業別組合の連合組織のあいだで賃金率が斉一的に決定される場合ですら,さまざまな形式でのプレミアム支払等によって企業別に微妙な差異が作り出されるのがふつうである.日本における企業別組合の確立は,団体交渉の普遍化が企業に固有の雇用構造の確立と相並んで進んでいったために,それだけ産業資本主義時代の交渉枠組の歴史的慣性の桎梏から自由であったという点によるところが多いであろう.

団体交渉の視野

　団体交渉の視野ということについていうならば，すでに前章から強調してきたように，企業に固有の雇用構造が出現するようになると，賃金と他の経営政策のあいだには，パレート効率的な(労使双方を同時に有利化しうるような)トレード・オフの関係が生まれてくる余地がある．ライファのいう「統合的」交渉の進展は，団体交渉の視野がどの程度に広範囲であるか，すなわち賃金やその他の古典的な雇用条件以外に，雇用，投資などの経営事項がどの程度に明示的ないしは暗黙的な交渉項目になっているか，におおいに依存しよう．アメリカにおいては，労働組合はこのような交渉項目の拡大に伝統的に懐疑的，禁欲的であり，経営事項の決定に組合が参与するのは，むしろ組合の自主性をそこなうものであるという見解が支配的であった．団体交渉協定においても「ビジネスの経営はそのすべての局面と範囲にわたって雇用者に帰属する」というような明示的な経営専決条項が挿入されるのが一般的であった．このような労働組合の保守的思想と経営専決事項の伝統に加えて，義務的交渉事項を「賃金その他の雇用条件」に限定しているタフト＝ハートレー法の法的枠組のために，アメリカでは団体交渉をつうずる従業員の経営事項にたいする影響の範囲は限られているといってよいであろう．

　しかしこのような形式的な限定にもかかわらず，何らかの暗黙的ないしは明示的な交渉がまったく行なわれなかったということではない．団体交渉は，通常企業別のレベルで行なわれ，また何らかの決定が労働時間，仕事保障などの点において雇用条件に不利な影響をおよぼすとき，経営者はその効果について組合と交渉する義務をおっているだけに，経営者が何らかの重要な経営決定を，組合の反応を考慮することなしに，行なうとは考えられない．また，1970年代から80年代にかけてのアメリカの国際競争力の相対的な低下と生産性上昇率のスローダウンにたいする憂慮から，さまざまな興味ある変化の兆もみえてきている．1984年のUAWとGMとの交渉においては現従業員の職場の保障問題が正式に交渉項目として取りあげられ，協定に書きこまれた．また労使の双方を代表として含んだ生産性委員会の設立が団体交渉によって決定されるとい

うような傾向も広まっている．このような動きは，団体交渉を統合的なタイプに発展させていくという点で注目すべきものであろう．

協定期間の長期化と株価最大化

　株主主権＝団体交渉モデルの内的効率性にかんしてインパクトを与えるもう一つの要因は，賃金協定の有効期間である．日本やドイツにおいては，協定の年次改訂がふつうであり，日本においては2年以上の協定は法的に強制可能ではない．しかしアメリカの団体交渉協定は通常3年ないしそれ以上の継続期間を有している．このような協定の長期化は，2つの効果をもつ．一つは協定で同意されるのが不完全なエスカレーター条項によって補充された貨幣賃金であるので，実質賃金率は貨幣当局の貨幣政策などの外生的要因によって左右される程度が大きい．他は，たとえエスカレーター条項が完全であっても実質賃金率が経営政策の立案にとって長期に与件として固定されてしまうことである．すでにくどいほど強調したように企業に固有の雇用構造が生まれてくると，内的効率性が達成されるためには，賃金と経営政策の決定はコーディネイトされねばならない．もう少し特定化していうならば，効率的な団体交渉が同意点をそこから選ばねばならない，いわゆるエッジワースの「契約曲線」は，前章の9-4図のΣ-Ω曲線のように，賃金率をあらわす座標軸と従業員の厚生にとって関連のある経営政策をあらわす座標軸(9-4図の場合には雇用保障を表わす横軸L)によってはられる空間に横たわる．不確実な世界ではこの契約曲線は企業の外部環境が変化するにしたがいシフトする．この可能性にもかかわらず，環境条件の変化にしたがい，いかに契約曲線がシフトするかについて，交渉の双方当事者が完全な予見能力をもっているならば，それぞれの環境状態に対応する契約曲線から一点を特定化する条件つきの契約に合意することができるであろう．しかし，そのような条件つきの契約はあまりに複雑で「合理性の限界」を越えているであろう．

　しかし，理想的な条件つき契約の不可能性にもかかわらず，インデクセーションによって固定化した実質賃金にたいして経営政策の事後的な調整が効率的

な交渉解を近似しうる特殊なケースがある．前章9-4図をみよう．生産物の市場条件が好転すると，労働の限界生産収入は増大して$w=R'(L)$と$R(L)-wL=0$のカーブは，右方にシフトし，したがって契約曲線も同様にシフトするであろう．そして労使の交渉力が相対的に不変にとどまるかぎり，契約曲線上の交渉解もほぼ平行に移動するであろう(10-2図参照)．したがって，一定の実質賃金率w^*が，適当に調整される雇用決定，L', L'', L'''等，と結合して，内的効率的な交渉解を構成することがありうるのである．しかし，この交渉解が実際に実現されるためには，環境状態の変化に応じて経営政策——この場合は雇用政策——は，契約曲線上にとどまるように調整されるという，暗黙的ないしは明示的な了解が交渉当事者の双方にあり，経営者によってそれが事後的に守られなければならない．ところが一定の賃金率を与件として経営者が事後的に利潤の最大化をはかろうとすると，前章の議論から明らかなように結果は契約曲線からはずれてしまうのである．たとえば10-2図でいうと，環境状態が$\Sigma'\Omega'$であらわされるような契約曲線を指定しているときに，組織均衡解L'のかわりに，$\tilde{L}$が選択されてしまう($w=w^*$という平行線が，等利潤曲線の頂点に接する点)．

賃金協定期間の長い労働組合化企業において，その経営政策が内的効率的で

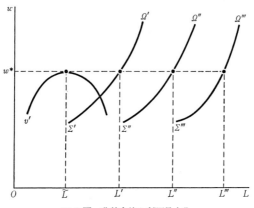

10-2図 非効率的な利潤最大化

あるか否かは,どの程度に経営陣が短期的な株価最大化を目的としているかに依存するであろう.アメリカの組合化企業の経営陣は,どの程度に短期的な株価最大化を追求する圧力のもとにおかれているであろうか.あるいは,協約の長期化にもかかわらず,契約曲線の上にとどまるよう組合との効率的な暗黙の協定に拘束されているのであろうか.この問題は直ちに即答しえない実証的問題であるが[4],印象的な観察からいうと,アメリカの組合化企業の経営陣は,かなりの程度に絶え間ない株価最大化の強い圧力のもとに置かれているということがいえそうである.その要因を二,三あげると,情報技術の発展のゆえに証券アナリストによってあつかわれる情報処理の速度と程度は加速化し,会社企業の経営陣は,株価最大化戦略を追求しているか否かにかんして,絶えずモニターされている.これらの情報はもちろん経営陣を監視する取締役会や潜在的なテーク・オーバー・レーダーに伝達される.経営陣の個人的な利害も株式オプション・プランといったインセンティブ制度のもとで,自社株の株価により強くリンクしている.また,巨大会社の多様化と多国籍化によって財務的コントロール以外の会社管理の手段がますます困難となり,財務担当者が企業の経営陣の中で支配的となるにいたっている.彼らは株価の動向を業績評価のスコアとして与えられている,等々.

この傾向の同じコインの裏側として組合は,短期株価最大化による過少雇用,過少昇進にたいして,高賃金の要求をもって対抗しようと試みるということがあるであろう.高賃金,高いレイオフ,低い投資という1970年代の組合化産業を悩ました問題は少なくとも部分的には株主主権＝団体交渉モデルの非効率的・非協調的な枠組に起因しているところがあるかもしれない.前章の理論的モデルは,このような産業を再活性化し,株主主権＝団体交渉の法制的構造を効率化するためには,団体交渉の視野を拡大し,双務的な賃金決定をより伸縮的なものとすることを必要としているように思われる.

10.2 経営参加モデル

　団体交渉が超企業レベルで行なわれる場合，従業員の決定参加にかんし，企業レベルで真空状態がつくりだされる．そして，このレベルこそが従業員の経済厚生にかんする重要な決定の行なわれる場である．また団体交渉が企業レベルで行なわれる場合も，その視野が従業員に関連のある経営政策問題をカバーするほど幅広くないならば，内的効率性に必要な「統合的」交渉は問題ぶくみとなるかもしれない．この困難から脱する一つの方法はいうまでもなく内的効率的な団体交渉を企業レベルで発展させることであるが，もう一つの代替的な方法は，会社の統治機構を通して，従業員を経営政策決定過程に参加させるような方策を発展させることであろう．そのような経営参加モデルとしては1976年の共同決定法によって制度化されたドイツの共同決定が著名である．石炭鉄鋼産業においてはより徹底した従業員参加が第二次大戦後の連合軍占領時代にすでに実施されており，他の産業も，より制限的な形式であるが，1952年以来従業員参加を経験している．しかし，ここでは1976年法のモデルにもとづいてドイツの経営参加モデルの特性を展望してみよう．

　経営参加モデルの設計にあたって生ずる重要な問題は，2つある．1つは会社機関における従業員の役割は，経営陣の監視と情報の収集に制限されるべきか，あるいは実際の経営政策の決定に参加すべきか，もしそうであるならば，経営参加の主題と団体交渉の主題との境界線は，いかに引かれるべきか．第2は従業員代表は，参加機関において株主代表にたいして少数派にとどまるべきか，あるいは同等の投票権を保障されるべきか．

　1870年以来，ドイツ会社法では株式会社に株主総会以外に2つの機関，すなわち監査役会と経営役会が設定されるべきことを定めている．この二層の構造はもともと従業員の経営参加の考えとは関係なく設定されたもので，株主が株主総会をつうじてなしうるよりも，より有効なコントロールを経営陣にたいしておよぼしうるように，という目的をもって設計されたのである．この構成に

よれば，経営役会が経営政策の決定に責任をもち，第三者にたいして会社法人を代表する．監査役会は，法ないしは会社の定款によって定められた一定の経営行為にかんして承認を与える以外に，直接に経営に参加することはない．それは，経営役を任命し，経営役の報告の審査や会計書類の検査等をつうじて，広範な監視活動を行なうことを主要な任務としているのである．1976年の共同決定法は，会社機関にたいする従業員の参加をこの監査役会に限定している．すなわち，2000人以上の従業員を雇用するすべての会社の監査役会は，法によって定められた同数の株主代表と従業員代表を含まねばならないとしている．監査役会長は，株主代表から選出され，監査役会において投票が賛否同票のデッドロックにのりあげた場合には，会長が決定権を行使する．こうして株主の代表による究極的コントロールが保障されている．

　これにたいして1978年にイギリスにおいて当時の労働党政府によって任命され，ヨーロッパ共同体における会社法の共通化への準備のために従業員の経営参加にかんする勧告を求められたブロック委員会の報告は，その多数意見として経営政策の決定にたずさわる取締役会それ自身への従業員代表の参加を提案した．この報告の勧告は，ひきつづく労働党政府の崩壊によって現実化されることはなかったが，理論的にはドイツ・モデルの特性と対照的で興味深い．すなわちドイツの経営参加モデルでは，従業員代表者は，直接に経営政策の形成に参加するわけではないが，監査役会をとおして企業の経営にかんする情報を獲得することができる．そしてこのような情報の従業員や組合への伝達は，賃金その他の団体交渉において交渉の客観的状態を透明化するうえで役立とう．たとえば，経営困難に企業があるとされるとき，組合は，それが賃上げを抑制するための経営陣の戦略的な宣伝であるのか，あるいは企業の存続のために組合が賃金を抑制せねばならないことを実際意味するのか，より正確な情報を獲得しうるであろう．組合と従業員にたいするこのような情報の拡散は，団体交渉を「統合的」なものとするための必要な前提条件であるといえよう．

　しかし，ドイツのモデルにおけるような間接的な経営参加であっても，従業員代表は経営者の選択過程に参加することをとおして重要な影響力を会社運営

に与えるかもしれない．現役の経営陣や将来の経営陣候補者は，その地位を保全し，あるいは確保するために経営政策の形成において従業員の選好にかなりの比重をおくということがおおいにありうるであろう．そして前章ですでに示唆したように従業員の交渉力の強化は企業の成長率を鈍化させるという可能性がある．また生産物市場の条件が好転しても，現役労働者はそれから生ずる経済利得を彼らのあいだで独占的に分けあうことによって，雇用量を拡大することよりおおくの利益をうるであろう．われわれは，このような現象を指して産業民主主義のジレンマとよんだ．つまり，企業内における産業民主主義の強化が企業外の雇用市場における若年労働者や失業労働者の雇用の阻害要因として働くということである．このことは1976年共同決定法の制定以前に共同決定の改革にかんして勧告する義務をもって政府に任命されたビーデンコップ委員会が，「企業エゴ」の問題としてとくに警告した点でもある．1976年共同決定法は，そのような企業エゴの対抗策として，企業の監査役会はかならず企業の従業員代表ばかりでなく，企業の外部にある全労働者の利益をも代表する全国労働組合の代表を含まなければならないという要求を法制化している．

10.3 コーポラティブな経営主義モデル

このモデルによれば，企業は株主集団と従業員集団の2つの基礎的母体から構成され，経営者は，これら2つの構成母体を相互不可分な全体に統合し，そのあいだの利害の裁定をはかる独自の機能をはたす．企業のこのような見方は，すでにのべたように，本来経営主義理論の視点を継承したものであるが，経済学においては経営主義理論は経営者がそれ自身の効用追求のために企業を効果的に支配するにいたったという見解に変わってきている．それゆえにここではコーポラティブという形容詞をふして，経営の統合的・裁定的機構としての性質を強調することにする．このように経営を特徴づけるにあたっては，少なくとも2つの点でその内容を敷衍して説明せねばならない．第1に，経営者は統合的・裁定機構として概念化されるとしても，このことは経営者が受動的な存

在であるということを意味しない．効率的な資源の内的配分を実現し，パレート改善的な内的分配を特定化するために経営陣は新しい可能性の追求に積極的なリーダーシップを発揮せねばならない．それではいかにして経営者の動機づけは可能であろうか．統合的・裁定機構の人格化としての経営者は，その仕事を巧妙に，効率的に，リーダーシップを発揮することによってやりとげたときに彼に帰せられる威信・名声・正統性から，その主要満足を引き出すと解釈することもできよう．このことは現実的な人格としての経営者が，金銭的その他の利己的動機をもつということを否定するものではない．しかし，一般的にいって経営者の所得は，株主の所得および（ないし）従業員の所得に相関しており，その限りでは経営者独自の金銭的動機は企業の行動にたいする新しい次元を加えるものではないであろう．すでにのべたように経営主義者の通俗的見解は，経営者の個人的動機が統合的・利害裁定という組織的要件を圧倒してしまうというものであるが，むしろ経営陣の企業にとってユニークな本質的性格を理解したのち，経営者のありうべき逸脱行動をいかにチェックするかを討論することが，より実り豊かなアプローチと思われる．

第2に，コーポラティブな経営主義では，経営者は株主主権＝団体交渉モデルのように企業の構成母体の一つである株主集団の単独の代理人でもなければ，経営参加モデルのように基礎的構成母体（株主集団と従業員集団）の代表によって組織される合成体でもない．しかし，このことはこのモデルにおける経営者が他の構成母体から何らのコントロールも受けないというわけではない．経営者は企業に特有な資源の内的配分と分配に一定の裁量的な権限を発揮しうる反面，同時に他の構成母体からのさまざまな相互的なコントロールに服しているのである．このコントロールの相互性は，経営者がその自己利益の追求にふけることなく，統合的・裁定的な機能を効率的に行なうために必要である．またそれは経営者がその裁量権の行使のために，構成母体から同意と正統性を獲得するためにも必要である．

われわれはまず経営者を株主集団から相対的に自立的な存在としてみとめ，かつ従業員集団を企業の構成体の一部としてみとめるという法制的な発展をコ

ーポラティゼーションとしてとらえ，ついで経営者をコントロールし，正統化する企業内のメカニズムのいくつかについて簡単に展望しよう．

コーポラティゼーションの歴史的発展

資本主義の揺籃の地であるイギリスにおいては会社法はパートナーシップの伝統から発展し，世紀の変わり目にはまだ株主総会が会社であり，取締役会は株主総会の代理人とみなされてきた．この古典的な仮定が，当時の経済学者の思考枠組に投影され，現在まで新古典派経済学の基本的な前提をなしているのである．しかし，会社構造の複雑化にともない次第に取締役が独自の決定権を獲得してゆくが，それでも近年に至るまで会社は株主の財産であるという伝統的観念はゆらがなかった．20年前にイギリス会社法の権威ガワーは著名な教科書の中で「従業員が会社の一部であるという事実は法によって無視されている……この伝統的見解は法律が企業の所有とみなしているところの株主に比して従業員がはるかに重要な程度において会社のメンバーであるという疑いようもない事実を無視している」とのべていた[5]．このアナクロティスティックな見解は著名なデーリー・ニューズ社の判決(1962)によって，世の批判の俎上にのぼらされることになる．これは経営難にある新聞を売却した経営者がその売却代金の一部を従業員に退職金として分配しようとしたことが，株主の訴訟によって差し止められた事件である．法的解釈によれば，会社財産はすべて株主に帰属せられるべきものとされたからである．このような時代錯誤的な見解を改正する試みはイギリスにおいてそれ以来何回か行なわれ，ついに1980年の会社法の46条は「会社の取締役会は，その機能の遂行にあたって株主の利益と共に会社従業員一般の利益を考慮しなければならない」という注目すべき条項をふくむようになった．そして会社解散の際に取締役会は，会社定款がそうする権限を取締役会に与える場合に，会社財産の一部を従業員に分与することもできることとなった．

アメリカの会社法の下では，一般に会社はイギリスと異なり，パートナーシップからの自生的な発展の結果としてではなく，地方政府によって授権された

法人格として最初から構想された．そして取締役会は株主の代理人ではない独立の機関と考えられている．法律的には代理人は本人（プリンシパル）の指令どおりに行動すべく義務づけられており，またそれは本人によっていつでも解雇される立場にあるが，アメリカの多くの州においては，会社の定款が定めないかぎり，あるいは州法がそれを認めても定款が除外規定をおくかぎり，取締役会はその任期中株主総会によって理由なく解任されることはなく，また経営政策にかんして指示を受ける立場にもないからである．このようにアメリカの取締役会は法制的には比較的自立性の高い存在として始めからある．そして故ダグラス最高裁判事のようにそれを経営者を監視するためのさらに自立性の高い職業的なエキスパートによって再構成するという構想も，1930年代ごろから提唱されている．1970年代において会社の社会的責任論の関心の高まりに対応して，巨大会社のあいだでは取締役会における外部取締役の比重を増大させ，また取締役会内部の経営者の指名委員会や監査委員会などの監視的性格をもった委員会を外部重役によってコントロールさせるというような発展がみられる．また，ハイテクノロジー関連の会社の中では，会社の定款の中に合併その他の会社の性格の基本的な変更のためには，従業員，子会社，地域共同体との利益を考慮しなければならないという条項をふくめるものもでてきた．また非組合化優良企業の多くは人事担当者の重役が会社の経営陣の中で重要な役割を占めており，調和的な労使関係の運営がその特徴となっているという研究報告もある[6]．

　日本では従業員にたいする利益の考慮は，商法や会社の定款の中に明文化されてはいないが，1960年代以降経営者は従業員の利益に十分な考慮をはらうべきであるという経営主義的理念は，当然のように受けとられてきたといえるであろう．一つの注目すべき法的措置は，会社更生手続きの際，裁判所は更生計画にかんして最終判断をくだす以前に従業員を代表する労働組合の意見を聴取せねばならぬとしていることである．裁判所は組合の意見にかならずしもしたがう必要はないが，もし裁判所が組合の意見を無視することが著しく「公正と衡平」を欠くと判断した場合には，更生案を拒否することができる．

以上の展望では，従業員の会社法における地位は，解散，合併，更生等の非常時においてのみ認められている．しかし戦争とか革命という異常な政治的状況が国家の本質を顕示するうえで役立つように，これらの危機的時期における従業員の法的扱いは，通常の事態においては潜在的な，現代企業の本質的性格を顕示するといってもよいのであり，時代錯誤的な株主主権の新古典派的哲学兼理論の存続にもかかわらず，コーポラティブな経営主義モデルが次第に確立しつつあるということがいえるであろう．

経営者のコントロール

では自主性を獲得しつつある経営陣をして，いかに株主集団と従業員集団のあいだの統合的・利害裁定的機能に責任をもたせることができるであろうか．以下では簡単に経営陣の企業内コントロール・メカニズムを概観することにしよう．株主集団と従業員集団を企業の構成母体とみる見地から，そのようなコントロール・メカニズムは従業員・経営者のインターフェイスと株主・経営者のインターフェイスの2つの側面を有するであろう．この2つのインターフェイスにかんして，ハーシュマンにならって企業内のコントロール・メカニズムとして退出(exit)のメカニズムと発言(voice)のメカニズムを特に取りあげて論じよう[7]．

退出のメカニズムとは，企業の構成母体がもし経営陣に不満足であれば，企業から退出することをいう．株主にとっては，経営政策に同意できない企業の株式を売却することをいう．もしそれが大規模におこるならば，株価は下落し，それは企業金融をより困難にし，取締役会による匡正行為に導くであろう．極端な場合には，外部からのテーク・オーバーを誘因し，それをとおして経営陣は一掃されるかもしれない．テーク・オーバーとはすでにのべたように，下落した市価よりも高い購買価格を提示して，株式の多数を買いしめ，経営陣を交代せしめることによって即座のキャピタル・ゲインを実現するか，あるいは企業のコントロールを獲得する試みをいう．従業員にとっては退出は，企業をやめ，他の職に移ることをいう．企業に特有の人的資源の退出が大規模におこる

ならば，それは新労働者の再補充や再トレーニングという点でコストがかかり，企業の競争的地位も弱まるであろう．

　退出メカニズムは，伝統的経済学(新古典派および経営主義論)において明示的に考慮された唯一のメカニズムといってもよい．しかし退出メカニズムは，潜在的には強力な規制メカニズムではあるが，それにもっぱら依存することは伝統的な理論が想定するように効率的でも効果的でもないかもしれない．すでに明らかにしたように賃金が長期間固定していると短期の株価最大化は必ずしも効率的な結果に導かない．さらに退出メカニズムの有効性は，巨大企業の構成母体が，かなりの程度に企業内部にとじこめられているということによっても限定されている．従業員の場合についてはこのような現象は自明である．すでにみたように従業員の内部組織が市場メカニズムの働きを置き換えるのは，それがスポット・マーケットを利用するためのコストを節約するからである．特にリスク・コストを節約し，企業に特有の技能の集団的蓄積から経済的な利得を引き出すために，従業員のかなりの部分が企業に半永続的にむすびついていくことが必要である．年功制，勤続年数に比例した退職所得保障など，従業員の退出動機をそぐようなさまざまなメカニズムが企業には内蔵されているのはそのためである．

　株主の側ではとじ込め現象はとくに機関株主の重要性の増大という現象によって明らかとなっている．日本においては，企業間，企業・銀行間の株式の相互持合いは株式からの収益を第一次的な理由として行なわれているのではなく，乗っとりをふせぎ，継続的な取引関係を維持する手段として用いられている．ロドニー・クラークがうまく表現したように，これらの株式持合いは「関係そのものではなく，関係の表現である」ともいえるのである[8]．アメリカにおいては，商業銀行は自己勘定において株式を保有することを禁止されているが，成長しつつある年金基金の多くは自己経営されず，銀行の信託部門にその経営が委託されている場合が多い．銀行がその投票権をコントロールする株式の比率は，巨大企業において特に高い．もし有力銀行や年金基金がその経営政策に不満足な企業の株式を売却しようとしても，株価の値くずれがおきて，自分に

もきわめて不利益な結果を生み出す危険性がある．したがってこれらの機関株主はむしろ取締役の派遣やその他非公式な勧告などのルートを通じて直接的な影響力を経営に与えようという傾向をもつかもしれない．

　以上のことは，退出メカニズムの有効性についての限界を議論したものであるが，決して退出メカニズムが重要でないということではない．ハーシュマンも指摘しているように次に取り上げる企業内の発言メカニズムは，信憑性のある退出の威嚇が行なわれる場合に，特に効果的となるからである．

　発言メカニズムとは，もし企業内の構成母体が経営政策に不満足な場合，批判を発言し，可能な場合には，企業の内部の決定を改善させるような提案を行なうことをいう．株主と経営のインターフェイスでは，通常そのメカニズムは株主総会によって与えられると考えられている．しかし，大企業では，株主総会における個人株主の発言は，極めて限られていることはいうまでもない．いわゆる「株主民主主義」がもっとも発達しているアメリカにおいてすら，証券取引委員会の規則によって，株主提案権の範囲は，それが勧告というような形式で案文化されていない限り，会社法が適当とみなす主題に限られている．また株主提案権は，役員の選挙ないしは通常の経営政策にかんするものについては適用できないとされている．

　すでに述べたように巨大な機関株主にとっては発言の機会は株主総会に限らず，取締役の派遣や経営者との非公式な協議・忠告などをも含みうるであろう．しかしここでの問題は，機関株主と個人株主のあいだに利益の一致が必ずしもないかもしれないということである．たとえば，日本においては第6章でみたように銀行株主と個人株主のあいだでは，企業が株価最大化の行動をとるべきか否かにたいして意見の不一致があるかもしれない．現行の金融制度と税制度のもとでは銀行は，企業が株価最大点が適当とみなす点を越えてその投資を銀行借入をもって行なうように有形無形な圧力を加えるかもしれない．また企業が経営困難におちいったときに，銀行株主は株主全体の利益にしたがって行動するというよりは，その債権を保全するための圧力を企業により強くかけるということがあるであろう．

従業員と経営のインターフェイスでは従業員の発言力は，労働組合や工場協議会などをつうじて発揮されるであろう．最近組合の発言機関としての重要性は，フリーマンやメドフの一連の仕事によって強調されている．彼らによれば，企業は2つの顔を有している[9]．一つは賃金を引き上げることによって配分効率性を乱すという独占制度としてのそれであって，もう一つの顔は労働者・経営者間のコミュニケーションにたいするチャネルを維持することによって内的効率性に貢献するという面である．組合は，労働者に不満がある場合，企業を退出することなく，それを表現する手段を与えることによって，企業の経営の明白な誤りを是正することに貢献しよう．また従業員の退出は新労働者の雇用や再訓練などという点でコストがかかり，また職場でのチーム・ワークのスムーズな機能を阻害するから，退出の減少は明らかに企業の内的効率性に貢献するであろう．

　しかし，労働組合の2つの面の関係は，フリーマン＝メドフが観察するより，さらに微妙であるかもしれない．すでにみたように従業員は，その企業に特有な集団的権能を形成することをとおして組織準地代の形成に貢献し，したがって，それにたいするシェアリングの権利をもつ．このシェアリングは，賃金プレミアムといった形式をもつことがあろう．したがって組合の2つの顔，独占制度という面と内的効率性に貢献するという面は，そう簡単には区分できないかもしれない．むしろ労働組合の非効率性は前章の分析結果（194ページを参照）が示唆するように，従業員の経済厚生に関連のある経営政策にかんする従業員の声を伝達することに失敗し，ただ現在賃金の要求にかんする声のみを増幅する場合に生じよう．

　退出・発言のメカニズム以外にも経営陣をコントロールするメカニズムは多くありうる．たとえば，すでにのべたようなドイツの共同決定における監査役会のように企業内部に経営陣にたいする監視メカニズムを組み込むという方法もある．また株主の代表訴訟や組合による調停申請というような法的，準法的なメカニズムも利用可能であろう．さらに企業をとりまく社会の評価や評判も経営者の行動にたいして一定の制約条件を課すであろう．しかし，こうした経

営者の行動を規制するメカニズムもそれらのルールや内容が経営者の心情に共感を呼びおこさないならば,その有効性は減じるであろう.したがって,統合的・裁定的行動の規律が経営者によって職業的な倫理として内生化されることも必要である.そして,そのような職業倫理を内生化していくための経営者の職業的な選抜過程もまた,重要なコントロール・メカニズムとしてかぞえあげられるであろう.

本章の議論では,経営の構成母体を株主,従業員と経営者に限定したために,経営者の統合的・裁定機能にかんしても限定した視点しかもちえなかった.実際には経営者は,その統合的機能において生産物市場とも重要な関連性をもっている.しかし経営者の生産物市場へのかかわりあいは,単に現在市場に限定されるばかりでなく,将来の潜在的市場の開拓にまで広がっているであろう.ここに経営者のもう一つの機能,すなわち新製品を開発し,企業化する「革新活動のリーダーシップ」がうかびあがってくるのである.われわれは,章をあらためて,企業のこの重要な側面を本書のしめくくりとしてとりあげることにしよう.

第10章 演習問題

1. 従業員参加を法制化しているドイツに比べて,日本は産業民主主義の進展という点でおくれているという説がある.この説を論評せよ.

第10章 注

1) この章の内容のより詳しい展開については青木昌彦『現代の企業――ゲームの理論からみた法と経済』岩波書店,1984年,第Ⅲ部を参照.

2) H. Raiffa, *The Art and Science of Negotiation,* Cambridge, Mass.: Harvard University Press, 1982.

3) D. Bok, "Reflections on the Distinctive Character of American Labor Law," *Harvard Law Review 84*, 1971, pp. 1394–1463.

4) 近年 McCurdy and Pencavel によって効率的交渉モデル(彼らが「契約曲線均衡モデル」とよぶもの)と非効率的な利潤最大化モデル(彼らが「労働需要曲線均衡モデル」とよぶもの)のあいだをテストした開拓的な研究がなされている．北アメリカにおけるインターナショナル・ティポグラフィカル・ユニオンによる交渉にかんする彼らの結論は，前者のモデルが統計的説明によりフィットするというものである．T. MaCurdy and J. Pencavel, "Testing between Competing Models of Wage and Employment Determination in Unionized Markets," *Journal of Political Economy*, forthcoming. しかしながら，この結論がアメリカの組合化産業に一般的に成り立つか否かについては，まだ研究の余地があるであろう．

5) L. C. B. Gower, *Principles of Modern Company Law* (3rd ed.), London: Stevens & Sons, 1969, pp. 10-11. この引用句は，1979年に発刊された第4版にも収録されている．

6) たとえば，F. Foulkes, *Personnel Policies in Large Nonunion Companies*, Englewood Cliffs: Prentice-Hall, 1980 をみよ．

7) A. Hirschman, *Exit, Voice, and Loyalty*, Cambridge Mass.: Harvard University Press, 1970.

8) R. Clark, *The Japanese Company*, New Haven: Yale University Press, 1979, p. 180(端信行訳『ザ・ジャパニーズ・カンパニー』ダイヤモンド社, 1981年).

9) R. Freeman and J. Medoff, *The Two Faces of Unionism*, New York: Basic Books, 1983.

第11章 イノベーションと企業家精神

11.1 企業のイノベーション機能

イノベーションの意義

　前章までのわれわれの議論はほとんどすべて，市場経済における企業の基本的な機能としての生産機能(あるいはより広くいえば技術的変換機能)を問題にしてきた．すなわち，生産機能をはたす主体としての企業が市場経済の中でどう行動するかを主な問題としてきたわけである．その生産の量と製品の価格を企業は決め，その生産を行なうための投入要素を市場から調達し，生産の継続的な遂行のためにさまざまな市場と構造関係を作り出し，また自分自身の内部でも構造を作り始める．そんな企業行動を説明の対象にしてきた．

　その生産機能の背後には，企業のもつ技術がある．イノベーションとは，その技術の革新のことをいい，そしてその革新によって同じ製品を生産するのに必要な投入要素の組み合せが変わったり，製品そのものが変化したりすることをいう．技術は企業の基本的性格を規定するものである．それは企業にとって，外生的に与えられた条件ではない．企業はそれを革新しようとしてさまざまな行動をとる．研究開発を代表とする企業のイノベーション活動である．

　第2章の企業活動の基本モデルにそくして言えば，イノベーションによって技術が変わることにより，企業の生産関数が変化し，その結果企業の費用関数の変化や需要関数の変化につながる．費用関数の変化はイノベーションが投入要素の量や質の変化を可能にすることによっておきる．つまり，投入要素の節約や新しい投入要素の利用である．需要関数の変化は，イノベーションが製品差別化を可能にするよう製品の改良を行なったり，あるいは全く新しい製品を作り出して市場創造に成功することによって，可能となる．ひとことでいって

しまえば，イノベーションによって企業のもっとも基本的な機能である技術的変換機能（よりせまくいえば生産機能）が変化し，その能力が向上するのである．だからこそイノベーションが企業の活動としてきわめて基本的な重要性をもつのである．

イノベーションは個々の企業にとって重要であるばかりでなく，現代の経済社会にとってもきわめて重要な役割を果たしている．たとえば，第二次大戦後の日本経済のめざましい成長は，その大きな部分を戦後の技術革新に負っている．重化学工業を中心とした技術革新の波，それにつづく自動車産業や電機産業を中心とした技術革新の波，そしていま野火のごとくひろがりつつあるマイクロエレクトロニクス革命の波．経済の進歩の大きな源泉がイノベーションにあることに間違いはない．

こうしたイノベーションの主役は，ふたたび企業である．上にあげた3つの技術革新の波ごとに，その主役となった企業の名前を思い浮かべることはいともたやすい．イノベーションの源となる科学の進歩のすべてが企業の生み出すものではないが，それがわれわれの経済生活にインパクトを与えるのはつねに企業による製品や生産工程のイノベーションを通じてである．

そのイノベーションのためには当然ながら資源の投入が必要である．企業は生産活動のためにだけ資源を使っているのではなく，かなり膨大な量の資源をイノベーションに費やしている．しかもその資源の投入の原理は，生産活動への資源投入の原理と重なり合う部分も多いのだが，本質的に異なるところもある．イノベーション活動の本質とそれから生み出されてくる技術というものの本質が，生産活動の本質あるいはそれから生み出されてくる物財やサービスの本質とかなり異なる面があるからである．したがって，企業のイノベーション活動の分析は生産活動の分析の単純な応用あるいは拡張ではうまくいかない面も多いのである[1]．

こうして考えると，企業の経済学を論ずるにあたって，企業のイノベーション活動の分析を生産活動の分析とならぶ，二大領域の一つとして位置づける必要があることがわかるだろう．企業が現代の経済社会で果たしている基本的な

機能や資源投入の大きさという面からも，イノベーション機能は生産機能とならぶ重要性をもつし，また分析の視点や方法という面からも生産活動の分析とは異質な面が多いからである．

しかし，そういった重要性をもつ企業のイノベーション活動の分析の蓄積は，じつはまだ十分とはいえない．企業の生産活動の経済分析と比較した場合，分析がかなり難しいのも確かなのだが，それにしても経済学は不当に長いあいだ技術というものを外生変数として扱い過ぎてきたのである．この章では，そういった状態にある企業のイノベーション活動の経済分析について，われわれなりの大きな見取り図を提供してみよう．

イノベーションの段階

イノベーション活動には，大きくわけてつぎの3つの段階が必要である．まず第1に発明(invention)の段階がある．つぎに技術開発(あるいはたんに開発と略す，development)，そして最後の第3の段階として事業化(commercialization)．もちろん，この3つの段階のそれぞれの間に客観的に歴然とした区別がつねにつけられるわけではなく，また1つの技術革新において1つの企業がこの3段階のすべてをつねに自分でやっているわけでもないが，イノベーションという複雑な活動を理解するためによく行なわれる段階分けである．

たとえばナイロンという合成繊維のイノベーションを例にとると，高分子の特殊な重合によって絹に似た特徴をもった繊維を合成できるという原理を見つけるのが発見である．その原理をもちいて工場での(大量)生産が可能になるような技術をつくるのが技術開発．この技術の可能性と市場のニーズを勘案した上で，市場に新技術を導入し商業生産に踏みきるのが事業化である．

ナイロンの場合はアメリカのデュポン社がこれら3段階のすべてを自分で行なった．しかし，発明の段階では必ずしもつねに企業が主役になるとは限らない．大学やその他の基礎研究機関あるいは個人が発明を行なうことも多い．企業が間違いなく大きな役割を果たすのは開発と事業化の段階であろう．とくに事業化の段階は，これを行なうのが企業の本質的な機能とすらいえるものであ

る.発明と技術開発の段階については,それをどの程度みずから行なうかは企業のきわめて重要な意思決定である.たとえば,技術のライセンスというかたちで技術開発については他人に依存して,事業化の段階に自分のイノベーション活動を限る企業も当然ありうるのである.しかし一般にイノベーションといえば,発明はともかくかなりの程度の技術開発活動を含んでいると考えるのがふつうであろう.以下,本章でも基本的にはイノベーションをそのようにイメージして議論をしていく.

発明,技術開発,事業化とイノベーションの段階が進んでいくにしたがって企業の役割が大きくなっていくのはある意味で当然ともいえる.この段階の進展とともに,必要な資源投入量は急ピッチで増加し,不確実性は減少していくのがふつうだからである.たとえばナイロンの事業化に至るまでの投資金額のカーブは11-1図の通りである.

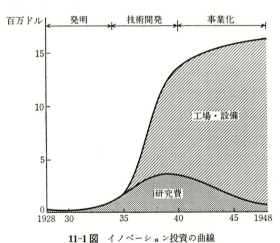

11-1図 イノベーション投資の曲線

この図の示すように,ナイロンの開発は1928年にW. カロザース(W. Carothers)がデュポン社に招へいされて合成繊維の基礎研究を開始したことに始まる.彼を中心にした小さなグループが2年後にナイロンの原理の最初の発見をしたときには,まだ5万ドルに満たない研究資金が使われていただけだった.1934年に実際にナイロンの重合に成功したときでも,それまでに使った資金は

100万ドル程度だった．しかし，話が開発段階に進むにつれて，投資はどんどんふくれ上がる．デュポンの開発部門で大量生産のプロセスが開発され，テストプラントが作られ，繊維の品質の改良が行なわれていくにつれて必要となっていった投資は4400万ドルを超えていた．最終の事業化段階ではさらに巨額の投資が必要となり，しかもその内容はいわゆる研究開発投資の比重は減り，設備投資が圧倒的な比重を占めてくる[2]．

この例はイノベーションの段階の進展の仕方としてかなり純粋なケースではあるが，しかし典型的なケースでもある．発明の段階で必要なものは科学者の才能やひらめきであったり，科学一般の進歩であったり，投資として資源の投入量があまり関係ない，無形の資源が大事なのである．しかもその成果がどんなものとして出てくるか，いつ出るのか，技術的な不確実性はきわめて大きい．技術開発の段階では，その不確実性は減るかわりに，人的な資源投資，物的な資源投資の必要量ははるかに大きくなる．最後の事業化の段階では，技術的な不確実性はさらに小さくなるかわりに，市場にうけいれられるかという市場の不確実性が大きくなってくる．また商業生産のための投資あるいは市場の不確実性を減らすための投資も大きくなる．

このようにイノベーション活動のそれぞれの段階で，そこで必要とされる能力や投資がかなり性格を変える．だからこそ，どの段階をどの程度自分で行ない，どこは他人に任せるのかという意思決定が企業行動として重要な決定になるのである．いわば，イノベーション活動における「業務構造の決定」の問題である．第5章で論じたように，企業の生産機能の流れ全体のなかで，どの業務を自分で行ないどれを他企業に任せるかを決めるのが業務構造の決定であった．それとまったく同じように，企業のイノベーション機能にとってもその「業務構造」の作り方は重要な問題なのである．たとえば，戦後の日本企業の多くがとった行動は，発明段階の大半と技術開発段階のかなりの部分を海外の技術源にあおぐ(つまり一種の模倣)という行動であった．みずからは日本国内市場での事業化を中心的に行なったのである．

11.2 イノベーションの本質,技術の本質

イノベーションの本質

　イノベーションという活動には3つの本質がある.第1に,イノベーションが生み出すものの本質として,技術という情報の生産ということがあげられる.新しい製品を生み出すプロダクト・イノベーションにしろ,製品は変わらないままでその生産プロセスを新しくしていくプロセス・イノベーションにしろ,イノベーション活動の直接的なアウトプットは新しい技術である.そしてその技術とは情報なのである.第2に,イノベーションのプロセスの本質として,実験ということがある.なにか新しいことを試すのがイノベーションなのである.

　イノベーションの第3の本質は,イノベーションの結果なにが起こるのかについての本質である.それは,現状の創造的破壊ということである.イノベーションの生み出す技術が事業化されて,旧来の状態は破壊され新しい世界の秩序が生まれる.新製品が旧来の製品を陳腐化させ,新しい生産プロセスが古いプロセスに取って替わっていく.いずれも現状の創造的破壊によって新秩序が生まれているのである.イノベーションについてのもっとも洞察の深い発言をした経済学者であるシュンペーターは,「不断に古きものを破壊し新しきものを創造して,たえず内部から経済構造を革命化する産業上の突然変異」という「創造的破壊の過程こそ資本主義についての本質的事実である」といっている[3].

　これらの3つの本質から,イノベーション活動についてのいくつかの特徴が導かれる.生産活動の特徴と異なった,それゆえにイノベーションの経済分析を難しくしている特徴である.

　イノベーションの第1の本質は,技術という情報財がイノベーションから生み出されてくる直接的なアウトプットであることだ,と上でのべた.しかし,情報はアウトプットであるばかりでなく,イノベーションのインプットもまたその中核はこれまでの技術蓄積という情報なのである.つまり,イノベーショ

ンは情報をインプットとして情報をアウトプットする経済活動とみることができる．労働や資本設備，あるいはその他の物的な財をインプットとして，製品というこれまた物的な財を主たるアウトプットとする生産活動とは，かなり性格の違った経済活動となる可能性が強い．物的な財と情報財との間にかなり本質的に異なる面があるからである．したがって，情報財の分析特有の問題や分析上の困難さが発生することとなる．

たとえば，アウトプット（技術）が漏洩しそれが無断使用されるのを防ぐための企業行動にはどのようなものが最適か，あるいはその逆にアウトプット（技術）の模倣をすべきかどうか，いずれも技術の問題を考える際には大きな問題となるが，およそ生産活動では発生しそうにない問題である．技術の本質については，次項であらためて詳しく論じたい．

実験というイノベーションの第2の本質から導かれるイノベーションの特徴は，その不確実性である．イノベーションという実験行動に資源を投入してもそこからどのような成果が上がるか，事前にはきわめて不確実なのである．およそすべての実験に共通していえることである．ある量の資源投入からどれだけの産出が期待できるかは，生産活動の場合それほど不確実ではないケースが多い．イノベーションの場合，資源投入によって発明や技術開発が成功するかという技術的不確実性ばかりでなく，その結果作られる製品が市場で受け入れられるかという事業化段階での市場不確実性も大きいのである．

これらの不確実性ゆえに，イノベーションは本質的にリスク・テーキングの行動となり，そのリスクに見合う利潤が保証されるか，リスクを誰が負担するのか，リスクを分散させる手段は何か，不確実性を悪用したモラル・ハザードを防ぐ手段はなにか，といったようなさまざまな問題が生まれてくる．

その実験の結果が成功すれば，現状の創造的破壊が起こる．それがイノベーションの第3の本質である．イノベーションの第1の本質がイノベーションの直接的なアウトプットについての本質で，第2の本質がイノベーションのプロセスの本質であったとすれば，この第3の本質はイノベーションの結果として何が起きるのかについての本質である．イノベーションによって古い秩序が新

しい秩序によって取って替わられることによって，分析上は少なくとも2つの困難さが生まれてくる．

一つは，イノベーションの分析は本質的に不均衡過程の分析でなければならないということである．古い秩序が揺らぐその不均衡ゆえに企業にとっての利潤機会が生まれてくるという面がある．均衡状態では期待できないような利潤機会の存在が，企業を不確実性に満ちたイノベーションへと駆り立てる原動力の一つなのである．だから，その不均衡を企業がどのように生み出し利用し，どのようにプロテクトするか，そして不均衡がどのように新しい均衡に向かおうとするかあるいはしないか，そういった問題が重要となる．しかもイノベーションは変化なのであるから，その分析は同時に動態的な分析であることが本来は必要となろう．とすると，生産活動の均衡分析になれた経済分析にとってはあまり得意でない，不均衡動学的な分析の眼がイノベーションには要求されることとなる．

分析上のもう一つの問題は，「破壊」という点に関連する．つまり破壊ということに対抗して必ず出てくる人間の（あるいは社会の）抵抗ないしは保守的行動というものを，きちんと分析に取り込む必要があるのである．創造的「破壊」をだれもが等しく好むのであれば，たとえば多くのイノベーションが，資金的に苦しく（したがってリスクに対する対応力の小さい）技術の蓄積もあまり大きくない小企業からしばしば生まれるという事実は，説明が難しくなるであろう．

イノベーションに関する議論でかならず登場する企業家精神ということばは，現状の破壊を恐れない，新しいものに挑戦してみようという一種の衝動あるいはそういった精神的態度を可能にする能力という意味をもっていると理解すべきである．その精神があるからこそイノベーションへの原動力が生まれるという面があり，それが世の中に等しく分布していないからこそイノベーションが時々生まれる不均衡過程でありうるのである．創造的破壊にかかわるこうした2つの分析上の問題は，企業の生産活動の分析では大して問題にする必要もなかったことばかりである．

技術の本質

イノベーションの直接的なアウトプットは,新技術という情報財である.ではその技術の本質は何だろうか.

まず第1の本質は,技術が情報であるということであり,それゆえにかなり純粋な意味の公共財であることである.公共財の一つの大きな特徴は排他性がない(あるいはきわめて難しい)ということである.排他性がないとは,ある人がその財を使用しているときに,他の人が同時にそれを使用することを排除することもないし,また他の人の使用する量が影響を受けることもないことをいう.別なことばでいえば,結合消費が可能なのである.

Aという人が使っている情報は,別のBという人がその情報が何であるかを知ることさえできれば,Bも同時にそれを使える.通常の物的な財やサービスであれば,それは一般に物理的に不可能であるが,情報は同時共通利用が可能なのである.Bがその情報を使っているからといって,Aになんの利用上の不便も物理的には生じない.その意味で情報には物理的な排他性がない.

さらに,情報には排除性もないことが多い.対価を支払わない人の使用を禁止する有効な手段がないことを排除性がないという.ある情報をある人が使っているかどうかを他人が探知し,それが本来他人に属するものを無断利用している,あるいはその本人がみずから作り出した情報でないことを立証するのはきわめて難しい.情報には排除性は自然には備わっていない.

技術は情報であり,これらの排他性と排除性のなさは技術の本質的な特徴でもある.その技術に人為的に排除性を持たせようとする制度が,特許制度である.特許制度を人為的に作らねばならないという事実そのものが,逆に技術に本来は排他性も排除性もないことを雄弁に物語っている.

技術のもつこの本質ゆえに,技術の漏洩可能性ということが大きな問題となる.あるいは技術の模倣ということが企業のイノベーション投資を考える際の重要問題となるのである.フリー・ライダー(ただ乗り)の問題である.自ら大きな資源投資をし,リスクを冒して行なうイノベーションの成果を技術の漏洩のために独占できなくなる可能性がある.あるいは,みずからイノベーション

のリスクを負担しなくても，模倣によってその成果のかなりの部分を自分のものとすることが可能になりうるのである．

　公共財のもう一つの特徴は外部性があることである．技術もそれを持つことによって単独の価値を超えたさまざまな外部効果をその技術を開発した企業自身に対してもちうる．あるいは他人が技術を利用するための限界費用はゼロに近いことから，社会的にも技術の外部効果はある．技術に排他性がないことから生まれる外部効果である．

　こうした技術の公共財的な本質から派生する一つの現象は，技術という情報財が市場取引にあまり適さないということである．通常の物財の市場取引と同じようなメカニズムで需要と供給の見合う価格を決め，取引が契約通り行なわれることを保証するのが難しいのである．フリー・ライダーの問題が技術の市場取引の難しさを象徴している．したがって，特許制度などに保護された上での技術のライセンシングを除けば，技術の市場取引はそれほど頻繁に行なわれない[4]．

　技術の第2の本質は，技術というものが本来いくつかの技術が組み合わさってはじめて機能するものだということである．つまり，技術の相互依存性あるいは相互補完性である．たとえば，ソフトウェア技術が進まなければ，コンピューターのハードの技術がいくら進歩してもその成果は小さいのである．一つの技術革新の成果はその周辺技術の進歩があってはじめて十分に生まれてくる．あるいは一つのイノベーションがその周辺技術へも強い影響をあたえ，大きな波及効果をもつことがありうるのである．相互依存性がプラスの方向に働けばそれは技術の外部効果となってあらわれ，逆にマイナスの作用する例が一つの技術革新が周辺技術とあまりにアンバランスであるために陽の目を見ないことである．

　技術という情報の不可分割性が，技術の第3の本質である．一つの技術は一つの固まりであって，それを半分にするわけにもいかないし，また2倍するわけにもいかない．3割だけイノベーションをやろうということもできないのである．あるいは技術を6割だけ切り売りするわけにもいかない．したがって，

多くのイノベーションがかなり急激な変化を企業の技術にもたらし,あるいは企業や社会を不連続に変えていく.

11.3 イノベーションへの誘因

前節でのべたイノベーションと技術の本質は,企業のイノベーション活動にさまざまな影響をあたえている.イノベーションの発生への誘因がその一つである.この問題はじつは2つのやや異なった問いをふくんでいる.第1に,企業はなぜイノベーションをやろうとするのか,という問い.第2に,そのイノベーションをある特定の方向に方向付けるものは何なのか,という問い.この2つの問題を,企業のイノベーション活動にとっていわば外生的に発生する誘因と,イノベーションと技術の本質ゆえにイノベーションがイノベーションを呼ぶとでもいうべきようないわば内生的な誘因,と2つの側面から考えてみよう.

イノベーションへの外的誘因
イノベーションへの外的誘因は,大別して4つに分けることができる.企業の製品市場から生まれる誘因,企業の投入要素市場から生まれる誘因,技術面での企業の外からの誘因,そして規制などの政治的あるいは経済外の誘因である.

製品市場から生まれるイノベーションへの誘因とは,要するに需要構造の変化である.人口動態の変化,産業構造の変化などによって需要者の選好が潜在的に変化していくのを敏感に察知した経営者が,その需要変化にあった新しい財やサービスを提供するというイノベーションによって利潤機会を得ようとするのである.それは新規企業の設立か既存企業の多角化というかたちで行なわれる.

投入要素市場からは2つのタイプの誘因がイノベーションにたいして生まれうる.一つは企業にとっては外生的な理由によってある投入要素の価格が上昇

し，そのためにその要素の相対的使用量を減らせるような技術開発が行なわれるケースである．たとえば，賃金の傾向的上昇に対抗して省力化（つまり労働節約）のための技術開発が行なわれるのがその例である[5]．投入要素市場からの第2のタイプの誘因は，要素供給の不確実性に関連して発生する誘因である．ある要素の供給が不確実であると，それによって企業の生産活動全体が大きな不確実性にさらされることがある．そのリスクを回避しようとして，経営者はその投入要素の必要量を減らすかあるいは他の要素で代替できるような技術開発をしようとする．ストライキによって労働供給が不安定になれば省力化技術の開発に拍車がかかるのが，その例である．

これらの投入要素市場に源をもつイノベーションはいずれも，要素代替を結果としてもたらすこととなる．価格の上昇した要素を節約するように，供給の不確実性の増加した要素を節約するように，イノベーション活動が方向付けられるのである．もちろん，1つのイノベーションの背後に上記の2つの要素供給面での誘因が同時に働くこともある．2度にわたるオイルショックではこの両方の誘因が同時にはたらいて省エネルギーという要素代替（エネルギーを減らして資本設備を増やす）がかなり大規模に起こった．

これら市場に源をもつイノベーションは，市場牽引型（マーケット・プル）イノベーションと呼ばれる．これに対して，次の技術に源をもつイノベーションは，技術圧力型（テクノロジー・プッシュ）イノベーションといわれる．

そのイノベーションの源は技術的により高次な製品や生産プロセスを目指したいという技術者の技術的探求にある．ある意味で，利潤機会があるかどうかは二の次で，技術の征服欲とでもいうべきものが根源にあるイノベーションである．そういった技術的探求に火をつけるのは，企業とは外生的に起こりうる科学上の発見であることが多い．たとえば，エジソンがレコード録音という今にして思えばきわめて大きなイノベーションを行なったとき，彼はレコードに対する需要はせいぜい病人が死の床で遺言を残すためくらいが主なものだろうと想定していた，という話がある．彼を突き動かしていたのは市場需要よりも技術的な探求心だったのである．

つまり、この形のイノベーションではまず新技術が生まれ、それが需要を求めて探しまわることになるのである。実際に大型のイノベーションの多くが、こういったものであるようである。たとえば、20世紀後半の最大の発明の一つといわれ、光通信の基礎にもなっているレーザーのイノベーションはその典型例だといわれている。

イノベーションへの外的誘因の第4のものは、政府による規制などの経済外的要因である。たとえば、公害規制によって公害防止技術の開発が進むのがその例である。この形のイノベーションの多くは、規制によって企業の製品市場や投入要素市場の状況が大きく変化し、需要構造や供給構造が変化することによって生まれる利潤機会を企業が利用しようとして起きることが多い。つまり規制された製品、投入要素、あるいは技術の代替物を求めて企業がイノベーションする、あるいは規制をはずされたことを利用して企業がイノベーションすることが多いのである。したがって、政府の規制の変化が上記の3つの外的誘因をひきおこすケースとも考えられる。

これらの外的な誘因によるイノベーションに共通しているのは、いずれの場合でも外的な誘因の変化によって現在の秩序を破壊できる機会がもたらされることである。その機会を敏感に察知し、実験を行なって成功した企業がイノベーションを実行するのである。機会が外的誘因によって生まれても、それを察知できない企業、その機会を知っても実験を決断できない企業、そういう企業にはイノベーションはできない。外的誘因はそろっていても、イノベーションの本質的要件を欠いた企業にはイノベーションはできない。外的誘因はイノベーションの十分条件ではない。

イノベーションの内的誘因

ここで内的誘因というのは、企業「内部」という意味ではない。イノベーションのプロセス自体に内蔵された、という意味での内的誘因のことである。いわば、イノベーションがイノベーションを呼ぶとでもいうべきことを指す。

その内的誘因は2つある。そのいずれも、イノベーションの直接的アウトプ

ットである技術の本質から出てくる誘因である．まず第1の内的誘因は技術の相互依存性と不可分割性から生まれてくる．

　イノベーションが生みだす新技術は，既存の技術の体系の中で古い技術の占めていた位置に取って替わろうとする．そのときしばしば，その新技術が入ったために既存の技術体系との間にアンバランスが生まれることがある．技術が本質的に相互依存性を持っていることから生まれるアンバランスである．そのアンバランスゆえにそれを是正しようとする動機が働く．既存の体系の中で新技術とアンバランスなものを改良して，アンバランスを解消しようとする動機である．そのアンバランスが解消されなければ，もともとのイノベーションの利潤機会は十分に利用されずに終わることも多く，その点からもかなり強い動機が働くことがある．既存の技術体系のなかのある技術が改良されれば，それ自体が別のイノベーションとなる．こうして一つのイノベーションが技術的アンバランスを生み出し，それが次のイノベーションの内的誘因になっていく．

　たとえば，鉄鋼の製造法であるベッセマー法が生まれてきたプロセスはまさしくそのよい例である．ベッセマーのそもそものイノベーションは高性能銃の原理の発明であった．しかしその銃の砲身として既存の鋳鉄は弱すぎた．彼の銃を現実化するためには，新しい鋼鉄の開発が不可欠であった．そこに開発への圧力が生まれ，さらにベッセマーはどのような性質を持った鋼鉄を開発しなければならないかを自分自身でよく知っていた．彼はその開発に乗り出し，短期間で成功する．それがベッセマー鋼である[6]．

　つまり高性能銃の原理という新技術が既存の銃の技術体系の中にアンバランスを作り出したのである．それは鋳鉄技術との間の許容できないアンバランスであった．そのアンバランスが解消されなければ高性能銃というもともとのイノベーションの価値は現実化しない．それを解消するために，新しい製鋼技術の開発という次のイノベーションの引き金が引かれた．

　複雑な技術体系の中で一つのイノベーションの生みだす許容しがたい技術的アンバランスが，そのアンバランスの修正（つまりバランス復帰）への圧力を生みだす．それが企業の行なうべき次のイノベーションのための実験探索活動の

動機を提供し，さらにアンバランスの詳細そのものがその実験探索活動を方向付ける役割を果たしている．つまりイノベーションの方向付けである．まさしくイノベーションの内的誘因に技術的アンバランスがなっている．すべて技術の相互依存性ゆえに起きたことである．

しかし，なぜ新技術によって既存の技術体系にアンバランスが発生しやすいのか．なぜそもそも許容できないようなアンバランスが発生しないように，限度を考えて新技術の開発を狙わないのか．それは狙ってもできないことが多いからである．その原因は技術の不可分割性にある．

すでにいったように，技術はひとかたまりの情報である．それを何割かだけ作り出そうとするのは無理である．ベッセマーの高性能銃の原理は鋳鉄の限界を考えて発明されたものではない．いったん発明された高性能銃の原理は鋳鉄の限界があろうとなかろうと，そこに新技術としての存在を主張し始めるのである．新技術が本質的であればあるほど，それは不可分割性をもち既存の技術体系との間にアンバランスを作り出す可能性は高い．

こうして起きる可能性のある第2のイノベーションもまた，第1のイノベーションと同じように技術の相互依存性をもち，不可分割性を備えている．とすると，この第2のイノベーションが，第1のイノベーションが第1の技術的アンバランスを生んだのとまったく同じようにして，第2の技術的アンバランスを作り出す可能性も大きい．それは第1のイノベーションが生みだした技術的アンバランスを過剰修正してしまうという形で起きることもあるだろう．第1のイノベーションで生まれた新技術との間に新たなアンバランスが出てくるわけである．あるいは，さらに第3の技術との間にこの第2のイノベーションが技術的アンバランスを作り出す，という形をとるかも知れない．いずれにせよ，そこに第3のイノベーションへの内的誘因が生まれる可能性があるのである．

とすると，一つの本質的なイノベーションから，まるでいつまでもピッタリとあうことのないジグソー・パズルのように，次々とイノベーションの連鎖が生まれることもありうるのである．もちろん，その連鎖のすべてを一つの企業が全部自分でやる必要はない．また，事実それは不可能かも知れない．

イノベーションの第2の内的誘因は，イノベーション活動から企業が手に入れる情報の外部経済によるものである．その情報には2種類のものがある．まず第1に，イノベーションが成功した場合に生みだされる新技術という情報がある．さらに，イノベーションが成功するしないにかかわらず，イノベーション活動の努力のプロセスでいろいろな学習活動が自然に行なわれる結果として企業が手に入れる，さまざまな情報がある．技術面の情報もあるだろうし，イノベーションの事業化段階で学習する市場に関する情報もあるだろう．いわば learning by innovating の情報である．いずれの情報も，情報の本質としての外部性をもっている．

その外部経済を利用しようとして新たな実験探索活動を始めようとする動機を企業はもつであろう．この動機は，その企業がもつ技術的探求心が強ければ強いほど，また企業家精神が旺盛であればあるほど，大きなものとなるであろう．さらに，イノベーション活動が盛んな企業ほどそれに伴う情報の流れは大きく，それゆえに外部性をもった情報の蓄積も大きくなるだろう．ここでもまた，イノベーションが盛んであるほど，次のイノベーションへの内的誘因が大きくなるということになる．

こうした2つの内的誘因を合わせ考えてみると，イノベーションと技術革新の歴史が波を打つように起こってきた理由がわかるであろう．技術革新の波とは，大きくいえば18世紀の産業革命（つまり動力革命），20世紀後半のマイクロエレクトロニクス革命といったように，ある時代に多くのイノベーションが集中する時期があり，その後はしばらく大きな技術革新の少ない時代がやってくる，という波のような変動が見られることをいう．技術の相互依存性，不可分割性，外部性，そういった理由からイノベーションがイノベーションをよぶといってもいいような状況が生まれやすいのである．

しかしイノベーションの連鎖あるいは自己増殖は無限に続くわけではない．イノベーションの内的誘因だけを見ているとあたかも無限連鎖も可能かのごとくに見えるかも知れないが，それが常では話がうま過ぎる．イノベーションの外的誘因やイノベーションに必要なインプットのことを考えないから，うま過

ぎる話になるのである.たとえば,イノベーションの外的誘因としてあげた項目はすべて,うらを返せばイノベーションからの利潤機会やイノベーションの源泉がなくなりうる条件を示す項目としても読めるのである.

では,イノベーションに必要なインプットは何だろうか.それが企業のイノベーション活動をどのように規定するだろうか.次節の分析課題である.

11.4 イノベーションに必要なインプット

3つのインプット

イノベーションも企業活動である以上,企業の生産活動と同じようにさまざまな資源の投入が必要である.たとえば,イノベーションのための人材,研究開発のための資本設備,それらを購入しイノベーション活動を円滑に動かしていくための,いわば運転資金.いわゆるヒト,モノ,カネのすべての資源が,生産活動の場合と変わりなくインプットとして必要であるという側面もある.

しかし,イノベーションがそもそも試みられそして成功するには,イノベーション特有のインプットも必要である.通常の生産活動にはそれほどクリティカルに必要ではないが,イノベーションの発生と成功にはクリティカルであるようなインプットである.それは大別して,つぎの3つのインプットである:情報蓄積,危険資本,企業家精神.

イノベーションの一つの本質は,情報を主なインプットとした新技術という情報の生産であるとすでに述べた.そのインプットとして必要なのが情報蓄積である.イノベーションの発明段階や技術開発の段階では,技術的な情報蓄積がクリティカルであるし,事業化段階では市場についての情報蓄積が重要であろう.情報蓄積は,どんなイノベーションが可能性があるかというイノベーションの可能性の感知のためにも必要だし,またイノベーションのプロセスでさまざまに起こってくるであろう技術的な問題を解決するためにもなくてはならないものである.

イノベーションのもう一つの本質は,それが実験であり,未知への挑戦であ

ることであった.それゆえにイノベーションには大きな不確実性がつきまとう.そのリスク・テーキングを行なえるには,その危険を負担する資本がどうしても必要となる.それが危険資本である.すべての企業活動には大なり小なり不確実性が存在し,その意味では危険を負担する資本は生産活動にも必要なのだが,イノベーションに必要な危険資本は,きわめて大きな危険を負担できる資本なのである.この資本の調達ができなければ,イノベーション活動はそもそも動きだせない.最近よく話題になるベンチャー・キャピタルは危険資本を供給する組織である.

イノベーションに特有の必要な第3のインプットは,11.2でのべたイノベーションの3つの本質の中で,とくに実験という本質と創造的破壊という本質に関係する.それが企業家精神である.そしてここにあげる3つのインプットの中でも,最も重要と思われるインプットである.

企業家精神ということばは経済学でよく使われることばであるにもかかわらず,大変定義のしにくいことばである.ここでは企業家精神とは,イノベーションの機会を感知する能力と現状の破壊を恐れず新しいことを危険を冒して試みようと決断できる能力,という2つの能力がその内容であると理解する.シュンペーターが「勝利意欲と創造の喜び」とよび,アルフレッド・マーシャル(A. Marshall)が「優越性への欲求」といい,ジョン・ケインズ(J. Keynes)が「アニマル・スピリット」とよび,イスラエル・カーズナー(I. Kirzner)が「目ききの速さ(alertness)」といった,それが企業家精神なのである[7].実験であり現状の創造的破壊であるイノベーションに乗り出しそれを成功させるには,このように定義された企業家精神が必要であることは自明である.

イノベーションが生産活動ともっとも基本的に違うのは,イノベーションが実験であり,現状の創造的破壊であることである.その実験や創造的破壊を企業にさせる根源的な原動力は企業家精神である.情報蓄積があっても,危険資本を提供する人がいても,企業に企業家精神がなければ,そもそもイノベーション活動が始動しない.企業家精神はイノベーション活動のエンジンである.だからこそ,3つのインプットの中で最も重要なものなのである[8].

イノベーションと模倣

11.1でイノベーションの段階を，発明，技術開発，事業化の3段階にわけ，その段階によって不確実性の程度や種類あるいは必要な資源投入のパターンが違うことを強調した．そのことから，この節でいっている3つのインプットの相対的重要性もイノベーションの段階によって変わることがわかる．

まず，技術の不確実性が大きく，しかし資源投入はさほど必要でない発明段階では，情報蓄積の重要性がもっとも高く，企業家精神がそれに次ぎ，危険資本はそれほど重要ではない．技術開発の段階になると，技術の不確実性は減りはするもののまだかなり残っている．そして資源投入量が急速に大きくなり，リスクの金額的な大きさはかなりなものとなる．この段階では企業家精神がもっとも要求され，情報蓄積がそれに次ぐ．危険資本は発明段階よりもはるかに重要にはなるが，相対的には他の2つのインプットにおとる．事業化段階でもっとも要求されるのは危険資本で，それに次ぐのが企業家精神である．情報蓄積の相対的重要性は前2段階にくらべると，落ちるであろう．事業化段階ではさまざまな資源投入量は3段階の中でも最高になるであろうが，イノベーションに特有の3つのインプットについては，危険資本を除いて3段階のなかでも必要がもっとも少ない段階と思われる．

このようにイノベーションの各段階によってインプットの必要パターンが変わることを考えると，そこから企業がイノベーションのどの段階に自分の努力を注ぐべきかという「イノベーションの業務構造」の問題への視点が開けてくる．それが，イノベーションと模倣，という問題である．

模倣とはやや不正確ないい方だが，イノベーションのいずれかの段階を他人に依存することと考えてよい．発明を他人に依存すれば，それは基礎研究のレベルでの模倣といえる．技術開発以前の段階を他人に依存すれば，それは技術の模倣である．技術導入がそのいい例である．事業化もふくんですべての段階を他人に依存すれば，それは完全な二番手戦略であり，その企業行動からはイノベーションの要素はなくなる．模倣についての企業の意思決定は，イノベーションの業務構造の意思決定といってよいのである．

イノベーションのすべての段階を企業が自分でやるのが望ましいとつねに考えるのは，必ずしも正しくない．自らのもてる情報蓄積，危険資本，企業家精神のレベルに応じた企業行動が合理的な行動なのである．

たとえば戦後の日本企業の典型的なパターンは，イノベーションの3つの段階を前へ前へとさかのぼることであったと考えることもできる．模倣の段階を一つずつ少なくしていくプロセスで，それが合理的な企業行動ではなかったか．

終戦直後の日本企業には，企業家精神はあったかもしれないが，国際的に見れば情報蓄積も危険資本も不足していた．そのときの日本企業の多くは完全な二番手戦略をとった．事業化段階のイノベーションをするための必要インプットすら十分でなかったからである．その戦略の成功が，企業に情報蓄積を少しずつもたらし，また危険資本の蓄積を進める．その結果，事業化段階をみずから行なうことが合理的になってくる．たしかに，日本企業の多くは昭和30年代以降，積極的な技術導入を海外から行なった．この段階の成功が3つのインプットをいずれも大きくしていく．そして次のステップは，技術開発をも自ら手掛けることであった．日本企業の多くが現在この段階にある．そして，発明段階まで自分で行ない，模倣の要素が消えている企業もかなり出てきた段階だと思われる．この進化のプロセスがどこまでどのくらいの速さで進むかは，企業家精神の供給が進化とともにどのくらい増えていくか（あるいは逆に減ってしまうか）に主に依存するだろう．

どの段階の模倣にせよ，一定の模倣のパターンを長期間取りつづけることは企業にとって最適でない可能性が強い．模倣の成功そのものが，その企業に蓄積されているインプット（情報蓄積，危険資本，企業家精神）のレベルを変化させていくからである．模倣やある段階のイノベーションの成功は，企業に利潤をもたらすばかりでなく，learning by imitating, learnig by innovating ということがあるのである．さらにまた，模倣の成功は模倣源をより注意深くさせ，一定の段階の模倣が次第に難しくなっていくからである．日本企業にたいして海外の企業が技術のライセンスを渋るようになってきたのは，そのいい例である．

11.5 イノベーションと企業組織

イノベーションと企業の役割

 11.1でのべたように，経済社会におけるイノベーション活動の主役は企業である．事業化という当然に企業の守備範囲と思われるイノベーションの段階ばかりでなく，発明や技術開発においても，企業が中核的な役割を果たしている．個人や企業以外の機関はあくまで脇役なのである．それはなぜか．なぜ企業がイノベーションにおいてそれほど大きな役割を果たすのか．なぜ企業という組織体でなく，企業家精神に富んだ個人がもっと中心にならないのか．

 その理由は，大きく分けて3つある．第1に，イノベーションに必要なインプットである情報蓄積を企業の生産活動（イノベーションの結果はいずれ生産活動につながらなければならない）に近い形で持っているのはやはり企業なのである．生産資源の集合体としての企業が，情報蓄積の面で有利なのである．これを別の面からいえば，企業にとって製品生産とイノベーションによる技術の生産とは結合生産されているという面があり，そこに企業が本質的に有利である一つの理由がある．

 第2の理由は，企業の危険負担能力である．株式会社制度のような危険分担制度をはじめとして，企業には個人にとっては利用できないような危険資本の調達の道が開かれている．

 第3の理由は，技術開発と事業化とが切り離しにくいという理由である．だから個人が技術開発を行ない，その結果を企業が買い取って事業化をするということがあまり起こらないのである．その背後の原因は，すでに何度もいっているように，技術開発のアウトプットである技術情報が市場取引にあまりなじまないことである．したがって，技術情報を使って生産活動を行なう経済主体（つまり企業）が，みずからその情報を作り出す必要が出てくる．企業が，発明や技術開発のもたらす経済的便益を享受するのにもっとも有利な位置にいるのである．

イノベーションと企業規模, 独占

では, 企業という組織体がイノベーション活動の中核になるとして, さまざまな企業の中で, とくにイノベーションを盛んに行なう企業のグループが, 何かあるだろうか. この問題は, 有名なシュンペーター仮説をめぐる企業規模や独占とイノベーションの活発さとの関係として, 古くから経済学者によって議論されてきた.

シュンペーター仮説とふつういわれているものは, 2つの異なった仮説からなっている. 一つは企業規模に関する仮説で, 規模の大きい企業ほどイノベーションが活発である, という仮説である. 第2の仮説は独占力にかんするもので, 製品市場において独占的地位の高い企業ほどイノベーションを活発に行なう, という仮説である. 企業規模の大小と独占的地位の高低とは必ずしも直接的につながらないので, 2つの仮説を一応独立な仮説として扱うことにする. 第1の仮説はシュンペーターよりもジョン・ガルブレイス(J. Galbraith)の仮説というべきだとする意見もある[9].

これら2つの仮説を支持する論理も反対する論理も, イノベーションに必要なインプットとして上であげた情報蓄積, 危険資本, 企業家精神, という3つのインプットの供給に関して企業規模や独占力がどのような影響をあたえるか, という観点から議論することができる.

まず企業規模について. シュンペーター仮説を支持する論理は, 規模の大きい企業は情報蓄積と危険資本の両面で優位に立つとする. 規模が大きければ, イノベーションのための研究開発を行なう優秀な人材を多く持つことができる. 基礎研究も含めてさまざまな研究開発を企業内で行なうこともできる. 過去の事業活動からの情報蓄積も大きいだろう. これらの理由で, 大企業ほど情報蓄積の面で有利になる. 危険資本についても, 同様である. 大企業ほど内部資金の蓄積が大きく, それをみずからの責任で企業全体を危険にさらすことなくイノベーション活動に投資できる. あるいは外部からの資金調達の際にも, 企業規模は信用の大きさと関係をもち, やはり大企業は優位に立つ.

シュンペーター仮説に反対する論理は, まず情報蓄積と危険資本の面での大

企業の優位性がそれほど大きくないと主張する．情報蓄積はせまい領域に限定すれば，企業規模に関係なく深い蓄積が可能である．危険資本についても，資金調達の方法を工夫することによって，規模の不利さをかなり克服できるし，発明や初期の技術開発の段階のように危険資本がそれほど大量に必要とされないイノベーションもある．さらに，企業家精神の面では，小企業の方が優位に立つ．大企業につきもののきっちりとした管理組織，とくに官僚制組織はそこに働く人々の企業家精神を殺す傾向がある．さらに大企業のもつ経済的な余裕も，人々を現状に安定させ，実験への意欲，創造への挑戦欲を引き出さない危険がある．また，大企業ほど既存分野での既得権益と利害が大きく，現状への創造的破壊をやりにくい状況におかれている．それに対して，企業者的経営者にひきいられた小企業は企業家精神に関して上にあげたすべての面で，大企業より優位に立つことができる．

　要するに，情報蓄積と危険資本については企業規模は有利に働く(少なくとも不利にはならない)，企業家精神については規模の小さい方が有利だ，というのが支持と反対の論理の骨子である．いずれもそれなりに説得性のある議論である．決着は実証データでつけるしかないのであろう．これまでの研究では，弱いながらもシュンペーター仮説が支持をされるが，企業規模が大きくなり過ぎても，かえってイノベーションの活発さは落ちる，ということである．しかし実証結果は産業によっては反対の結論も示している[10]．

　企業規模についてのシュンペーター仮説が支持されるかどうかは，外部市場の状況にもよることを忘れてはならない．労働市場の流動性が高くて優秀な人材を外部市場でスカウトしやすい状況では，情報蓄積のハンディは小企業にとってそれほど大きくないかも知れない．あるいはベンチャー・キャピタル市場が発達して小企業にも危険資本が供給されやすい体制が整っていれば，この面でも小企業の不利は小さくなる．日本ではイノベーションが大企業中心に行なわれ，アメリカではベンチャー・ビジネスという小企業がイノベーションに大きな役割を果たしているという日米の差は，労働市場と金融市場の日米の差によるところが大きい[11]．

第2のシュンペーター仮説は独占とイノベーションの関係についての仮説である．この仮説を支持する論理は，独占によってうまれる超過利潤が危険資本の源泉となり，また企業内に余裕のある情報蓄積を可能にする財源となる，という．さらに技術の本質の一つがその公共財的な性格とくにフリー・ライダーの可能性であることであるから，独占によって自分の開発する技術の経済的成果を確保する保証がなければ，そのような公共財の私的生産が行なわれにくい．これに反対する論理の骨子は，企業家精神の供給が独占企業では難しくなるということである．独占的地位は既得権益そのものである，とこの論理ではいう．そこではイノベーションの本質である創造的破壊を試みようとする動機は小さくなるのが当然である．また競争による脅威の存在が，企業に実験というリスク・テーキングをさせる刺激になる．

　企業規模についてのシュンペーター仮説同様，どちらの論理にもそれぞれメリットがある．やはり実証データによって決着をつけるしかないのであるが，これまでの実証研究の結果ではまだ結論は出ていない．

　しかし，いずれのシュンペーター仮説でも大企業あるいは独占の優位性が主に情報蓄積と危険資本の供給についての優位性であり，小企業あるいは競争のメリットが主として企業家精神についての優位性であったことは，注目してよい．さらに情報蓄積と危険資本の供給が外部市場の構造によってある程度解決のつく問題であることを考えると，やはり真に重要なのは企業家精神の供給がどのように行なわれるか，ということになる．とすれば，企業家精神の供給に困難が発生する可能性のかなりある，企業の極端な大規模化あるいは極端な独占は，その困難を解決できる組織管理上の工夫がされない限り，おそらくイノベーションにとってあまり望ましくないことになるであろう．最近よくいわれるようになったベンチャー・ビジネスの勃興や社内ベンチャーの試みは，こうした文脈の中でよく理解できるようになるであろう．

　この最終章における企業の概念は，自らの技術基盤をイノベーションによって自己変革していく，ダイナミックな企業の概念であった．このような企業の

イノベーション活動にとって，企業の経営者は2つの役割を持つ．一つには自らが企業者としてイノベーションを主体的に実践していく役割がある．もう一つは，組織の中のイノベーション活動を活発にする組織内体制の設計および管理を行なうという役割である．この場合，企業者となるのは企業に働く人々である．いずれの役割でも，その本質は企業家精神の供給を増やそうとする努力にある．第1の役割では自分自身の企業家精神，第2の役割では企業に働く人々の企業家精神である．

シュンペーターのいうように，資本主義のエンジンは企業によるイノベーションである．イノベーション機能は生産機能とならぶ企業の二大機能の一つである．そのイノベーションにとってのもっとも重要なインプットが企業家精神であるとすれば，その供給の鍵を握る経営者の役割はきわめて大きい．そういった経営者の役割も含めて，企業家精神の供給とそれにもとづくイノベーションの実現プロセスについての経済学の理解はまだあまり深くない．今後の分析の課題は大きい．

第11章 演習問題

1. イノベーションの技術開発段階の不確実性を減らす方法の一つとして，並行開発という研究開発のやり方がある．一つの開発目標のために，複数の異なったアプローチを同時にとらせて，そのいずれかが開発目標を達成することを狙うというやり方である．このやり方のメリット，デメリットを議論し，このやり方の有効性を決める要因は何かを論ぜよ．

2. シュンペーター仮説の当否は，そのイノベーションがプロダクト・イノベーションであるかプロセス・イノベーションかによって変わるだろうか．それぞれの場合ごとにシュンペーター仮説を支持する論理と反対する論理を作ってみよ．

3. この章では，イノベーションを技術開発を中心とするものとイメージして議論を進めてきた．しかし，一般にイノベーションと呼ばれるものの中には，

必ずしも工学的な意味での技術開発を中心としないものもある．たとえば，小売業の業態のイノベーションがその例である．スーパー・マーケットの登場，コンビニエンス・ストアという業態の導入などがそれである．このようなイノベーションにとって，この章にのべた議論はそのまま成立するか，あるいはどこか大幅な修正を要する面があるだろうか．イノベーションの内的誘因，イノベーションに必要なインプット，シュンペーター仮説，のそれぞれについて考えてみよ．

第11章　注

1)　イノベーション活動への資源投入の原理が通常の生産活動への資源投入の場合とあまり変わらない部分があることを利用した分析が，第3章の分析であった．

2)　11-1図およびデュポンのナイロン投資のデータは，F. Scherer, "The Investment Decision Phases in Modern Invention and Innovation," in F. Scherer, *Innovation and Growth*, MIT Press, 1984 による．

3)　J. Schumpeter, *Capitalism, Socialism and Democracy*, Harper & Row, 1950 (中山伊知郎・東畑精一訳『資本主義・社会主義・民主主義』東洋経済新報社，1962年).

4)　情報財の市場取引の難しさについては，第4章でも少し触れた．より詳しくは，野口悠紀雄『情報の経済理論』東洋経済新報社，1974年を参照せよ．

5)　この論理で技術進歩の方向付けの議論をしたのが，J. Hicks, *Theory of Wages*, Macmillan, 1932 である．

6)　ベッセマー法の記述および技術的アンバランスをもとにしたイノベーションの内的誘因と方向付けについては，N. Rosenberg, "The Direction of Technological Change," in N. Rosenberg, *Perspectives on Technology*, Cambridge University Press, 1976 による．

7)　経済学における企業者論の系譜については，池本正純『企業者とはなにか』有斐閣，1984年が詳しい．

8)　危険資本と企業家精神の間にはある限度内で代替関係がありうる可能性がある．危険資本が大量にあれば，企業家精神が多少小さくてもイノベーションのリスクを取ることが合理的でありうるからである．戦後の日本企業のイノベーション活動のある部分は，間接金融によって提供された大量の資金をあまり企業家精神に富んでい

るとも思われない企業がイノベーション活動に注ぎ込むことによって行なわれた，という仮説がある．

9) M. Kamien and N. Schwartz, *Market Structure and Innovation*, Cambridge University Press, 1982 がシュンペーター仮説に詳しい．同書はイノベーションのミクロ経済分析の解説書としても参照すべき本である．ガルブレイスの仮説は，J. Galbraith, *American Capitalism*, Houghton Mifflin, 1952.

10) Kamien and Schwartz の前掲書を参照せよ．日本のデータについては，今井賢一他『価格理論Ⅲ』岩波書店，1972年を参照せよ．日本についての最近の実証分析で，大企業の優位性を明らかにしたものに，青木昌彦「擬似ツリー構造をつうじる革新的適応」『季刊現代経済』1984年夏号．

11) この点の議論については，M. Flaherty and H. Itami, "Finance" in D. Okimoto *et al.*, ed., *Competitive Edge: The Semiconductor Industry in the US and Japan*, Stanford University Press, 1984 を参照せよ．

参 考 文 献

本書で扱ったトピック全体にさまざまな形で関連する書物としては，
[1] 青木昌彦『現代の企業——ゲームの理論からみた法と経済』岩波書店，1984年．
[2] 青木昌彦『企業と市場の模型分析』岩波書店，1978年．
[3] 伊丹敬之『新・経営戦略の論理』日本経済新聞社，1984年．
[4] 今井・宇沢・小宮・根岸・村上『価格理論Ⅰ, Ⅱ, Ⅲ』岩波書店，1971-72年．
[5] 奥野正寛・鈴村興太郎『ミクロ経済学Ⅰ, Ⅱ』(モダン・エコノミックス 1, 2)岩波書店，1985年(Ⅱ未刊)．
[6] K. J. Cohen and R. M. Cyert, *Theory of the Firm*, Prentice-Hall, Second Edition, 1975.
[7] R. Marris, *The Economic Theory of Managerial Capitalism*, Free Press and Macmillan, 1964(大川勉他訳『経営者資本主義の経済理論』東洋経済新報社，1971年).
[8] O. Williamson, *Markets and Hierarchies*, Free Press, 1975(浅沼萬里・岩崎晃訳『市場と企業組織』日本評論社，1980年).

がある．以下，各章別に参考図書を掲げる．より詳しくは，本文の章末注の引用文献を参照してほしい．

第2章，第3章
[9] 宮崎元『産業組織Ⅰ』(モダン・エコノミックス 6)岩波書店，未刊．
[10] 今井晴雄・小林孝雄『ゲームの経済分析——協調』『ゲームの経済分析——競争』(モダン・エコノミックス 22, 23)岩波書店，未刊．
[11] J. Freeman, *Oligopoly Theory*, Cambridge University Press, 1983.

第4章，第5章
[12] 今井賢一・伊丹敬之・小池和男『内部組織の経済学』東洋経済新報社，1983年．
[13] 吉原英樹・佐久間昭光・伊丹敬之・加護野忠男『日本企業の多角化戦略』日本経済新聞社，1981年．
[14] W. Baumol, J. Panzar and R. Wallig, *Contestable Markets and the Theory of Industry Structure*, Harcourt, Brace, Jovanovich, 1982.
[15] E. Penrose, *The Theory of the Growth of the Firm*, Basil Blackwell, 1959(末松玄六訳『会社成長の理論』ダイヤモンド社，1981年).

第6章

[16] 小宮隆太郎・岩田規矩雄『企業金融の理論』日本経済新聞社, 1970年.

[17] F. Knight, *Risk, Uncertainty and Profit*, Houghton Mifflin, 1921(奥隅栄喜訳『危険・不確実性および利潤』文雅堂, 1959年).

第7章

[18] A. Chandler Jr., *The Visible Hand: The Managerial Revolution in American Business*, Harvard University Press, 1977.

[19] P. Doeringer and M. Piore, *Internal Labour Markets and Manpower Analysis*, D. C. Heath, 1971.

第8章, 第9章

[20] A. Berle Jr. and G. Means, *The Modern Corporation and Private Property*, Macmillan, 1932, rev. ed., Harcourt, Brace & World, 1962(北島忠男訳『近代株式会社と私有財産』文雅堂, 1958年).

[21] E. Chamberlin, *The Theory of Monopolistic Competitions*, 8th ed., Harvard University Press, 1962(青山秀夫訳『独占的競争の理論』至誠堂, 1966年).

文献[17]はここでも有用である. さらに, 以下を参照のこと.

[22] J. Robinson, *The Economics of Imperfect Competition*, Macmillan, 1934(加藤泰男訳『不完全競争の経済学』文雅堂, 1956年).

[23] O. Williamson, *The Economics of Discretionary Behavior: Managerial Objectives in a Theory of the Firm*, Prentice-Hall, 1964.

第10章

[24] R. Freeman and J. Medoff, *The Two Faces of Unionism*, Basic Books, 1983.

[25] A. Hirschman, *Exit, Voice and Loyalty*, Harvard University Press, 1970.

[26] H. Raiffa, *The Art and Science of Negotiation*, Harvard University Press, 1982.

第11章

[27] 池本正純『企業者とはなにか』有斐閣, 1984年.

[28] M. Kamien and N. Schwartz, *Market Structure and Innovation*, Cambridge University Press, 1982.

[29] N. Rosenberg, *Perspectives on Technology*, Cambridge University Press, 1976.

[30]　J. Schumpeter, *Capitalism, Socialism and Democracy*, Harper & Row, 1950(中山伊知郎・東畑精一訳『資本主義・社会主義・民主主義』東洋経済新報社, 1962年).

索　引

あ　行

アメリカ会社法　213
アルチアン, A.　146, 148
アロー, K. J.　125-26
暗黙の交渉　187
イギリス会社法　213
イノベーション　10, 22, 221-46
　　技術圧力型──　232
　　市場牽引型──　232
　　プロセス──　226
　　プロダクト──　226
インセンティブ　96-97, 145-47, 166
　　──メカニズム　166
ヴァネック, J.　193
ウィリアムソン, O.　144, 148, 168
ウォード, B.　174, 193
売上高広告費比率　44
エッジワースのボックス・ダイアグラム　138
奥野正寛　147
オッファー・プライス　164
オーバー・ボローイング　121

か　行

階層構造　9
外部金融　115
外部効果　230
外部性　141, 230, 236
価格　20
　　──決定のメカニズム　16
　　──硬直性　34, 36
　　──差別　28, 30
　　──調整メカニズム　143
　　製品──　23
　　要素──　23

確実性　109-10
学習　51, 91, 144
　　──価格　52-56
　　──曲線効果　50
　　──効果　53-56
革新　4, 221
過剰資源　67
カーズナー, I.　238
寡占　36
　　──下の企業行動モデル　33
　　──的市場　32
　　──的相互依存　31-38
合併　162
株価　111, 114-15
　　──総額　111
　　──の最大化　22, 113, 127, 162-67, 206-08
株式
　　──市場　110
　　──相互持合い　164
　　──保有比率　109, 162
株式会社　7-8, 109
　　──企業　109, 125-26, 162
　　──機構　110
株主　7-8, 109-11, 125, 162-63
　　──安定化工作　164
　　──一致性　127-28
　　──資本主義　200
　　──集団　111, 125, 180, 200
　　──主権＝団体交渉モデル　200-08
　　──総会　162, 184, 209
　　──提案権　217
　　──の利益　110
　　──民主主義　217
　　機関──　216
神の見えざる手　141, 143
借入　110, 114
　　──依存　121

ガルブレイス，J. 242
カロザース，W. 224
ガワー，L.C. 213
環境探索活動 95
監査役会 173, 209-10
監視メカニズム 218
完全競争 32
管理構造 22
管理者資源 77
管理組織 2, 7
機会主義 144
企業
　──規模 242-44
　──系列 103
　──戦略 7
　──内コントロール・メカニズム 215
　──の価値 111
　──の境界 3
　──の構成母体 155
　──の目的関数 8-9, 20, 81
　──別組合 204
　──目的 179
企業家
　──企業 109, 162
　──サービス 123
　──精神 65, 126, 228, 237-38
　──能力 65, 123-24
企業者 5, 9
危険
　──資本 237-39
　──の分散 65, 71
　──分担制度 241
技術 4-5, 10-11, 67-68, 221, 226, 229-31
　──開発 4, 63, 223
　──構造 22
　──的アンバランス 234-35
　──的変換 5, 221
　──の経済 88-89
　──の相互依存性 230, 235-36
　──の相互補完性 230
技能 136
　──水準 144
　──トレーニング 144

規模の経済 94, 141
キャピタル・ゲイン 112
　──課税に対する優遇措置 119
　期待──率 114
共同決定 200
　──企業 200
　──法 210
共同利益 101, 103
　──の最大化 180
業務構造 85-105, 225, 239
業務の流れ 85
均衡 35-36
　──投資率 112
　経営── 188
　交渉── 187-88
　組織── 188-89
銀行 110, 120
金融コスト 42
金融市場 4, 6, 110
　──の完全競争性 114
　──の国際化 122
金融仲介機関 110, 120
金融取引コストの節約 148
屈折需要曲線モデル 36
組合化企業 200
クラーク，R. 216
クールノー，A. 33
クールノー・モデル 34-36
経営 109
　──学 22
　──過程 187-88
　──参加モデル 200, 209-11
　──主義理論 154-55, 167-68, 173, 211
　──政策 167, 205
　──役会 209-10
経営者 4-5, 9, 163, 167-68
　──の役割 154
　職業的── 109
経済主体 1-2
契約曲線 138, 192-93, 206
契約的所得 123
ケインズ，J. 238
結合生産物 175

索引　255

ゲーム理論　36, 189
限界収入　26
限界生産物　159
限界成長効率　113
限界費用　26
限界分析　26
限界利潤率　27
権限関係　134
公共財　229
広告　31, 42-43
交渉解　207
交渉ゲームの理論　182, 189
交渉フロンティア　181
公正性　189
合弁企業　101
後方統合　88
効率性　141, 189
コース, R.　134, 140, 147-48
コスト
　――競争力　47
　――節約　182
　――ダウン　31, 41-42, 45
　――ダウン支出比率　46
　――弾力性　45
固定費比率　93
古典的企業家　109
コーポラティゼーション　213
コーポラティブな経営主義モデル　200, 211-12
雇用契約　133
　長期――　134, 139
雇用構造　134
　――の内部化　154

さ　行

財務構造　42, 110, 116
財務選択　110
サイモン, H.　169, 180
裁量的経営主義モデル　200
裁量的利潤　168
産業資本主義時代　204
産業別交渉　203

産業民主主義のジレンマ　197, 211
参入　69-70, 98-99
　――障壁　87-88, 92
事業化　223
事業リスク　71
資源
　――蓄積　63, 67
　――の最小効率規模　73
　――の不可分割性　67, 72-73
　――配分メカニズム　70, 96
市場
　――経済　2, 221
　――原理　98
　――使用コスト　140
　――浸透度　52
　――取引の制御　98, 99-102
下請けの系列化　98
実験探索活動　234-36
実効利子率　113
資本　109
　――金　110, 162
　――所有　125
社内ベンチャー　244
収穫一定の法則　157, 159, 161
収穫逓減の法則　159, 161, 174
従業員集団　180, 200
従業員人本主義　200
熟練　145, 149
需要関数　20, 221
　製品――　20
需要の価格弾力性　26
準地代　124, 159
シュンペーター, J.　74, 226, 238, 242, 245
シュンペーター仮説　242-44
使用経験効果　51
消費者余剰　158
情報　68, 226, 229, 235
　――獲得活動　95
　――交換の経済性　142
　――効率性　189
　――財　75
　――収集能力　69

―― 蓄積　100, 237, 239
―― 的資源　68, 72-75
―― の外部経済　236
―― の経済　65, 69-70, 88, 91-92
―― の硬直性　95
―― の不可分割性　230
―― の偏在　90
職場役員　204
所有と経営の分離　109, 122
新株　110, 114, 118
―― の時価発行　114
新古典派　153, 156, 159
―― 二分化　190
―― 理論　173
人的資源　7, 133, 148
浸透価格　52, 57-58
浸透曲線　52, 57
推測的変動　34-35
垂直的統合　87-97
スウィージー, P.　34
数量調整メカニズム　142-43
スパニングの条件　128
スピルオーバー　49, 74
スポット・マーケット　133, 135-40, 149
―― メカニズム　133, 144
スミス, A.　141, 143
スラッファ, P.　161
生産
―― 活動　9
―― 関数　19-21, 156
―― コントロール　163
―― 的資源　2
―― ノウハウの蓄積　41
―― 量決定の基本式　26
税制の効果　116
成長(率)　78-80
―― の最大化　8, 22
　　均衡 ――　194
　　恒常 ――　111
成長費用　111, 171
―― 関数の弾力性　113
製品差別化　41-42
―― 弾力性　44

セリ人　143, 157
全国組合主義　203
前方統合　88
創造的破壊　226-28
双対性　25
組織
―― 革新　148
―― 原理　98-102
―― 準地代　182, 184
―― 的効用関数　170-73
―― 内取引　88, 98-99
ソロー, R.　173, 190-91

た 行

大規模生産の利益　56
体験学習　51
退出　98-99
―― のメカニズム　215
多角化　62-82
―― 度　78-80
―― の企業者的根拠　64-65
―― の経済的根拠　64-65
―― のための多角化　80
―― の動機　62-63
―― への制約　76
企業者型 ――　67
技術関連の ――　68-69
市場関連の ――　68-69
最適 ―― 度　81
多工場企業　28, 30
多事業部門制　148
タフト＝ハートレー法　205
団体交渉　201-08
チェンバレン, E.　161
チーム
―― 志向的な生産　146
―― 生産　147
―― の生産性　147
関係的 ――　149
チャンドラー, A.　143
中間市場　103
中間組織　103-04

索　引　257

仲裁者　9
中立的な裁定者　188
賃金
　——協定　206
　——ドリフト　204
　——プレミアム　218
　——プロフィール　135
ツォイテン, F.　187
ツォイテン原理　186
ツォイテンの交渉過程理論　186
テーク・オーバー　163-64, 215
　——レーダー　163
テクノクラート　155, 168
デムセッツ, H.　146, 148
ドイツ会社法　209
統合の費用　93-97
統合の便益　88-93
投資家　125, 127-29
投資機会　126
投資の決定　194
同時多重利用可能資源　67, 72
統治構造　173
道徳的危険　90

な　行

ナイト, F.　122-25
内部管理構造　22
内部管理上の制約　77
内部技術市場　70
内部金融　115
内部効率性　180, 190, 199, 218
内部資源市場　70
内部労働組織　148
ナッシュ交渉解　189
怠け　147
ニアリー, H.　174
入港点　133
年金基金　216
年功制　144
年功賃金　144

は　行

配当　109, 162
　——請求権　111
　——のフロー　109, 111
　——利廻り　121-22
配分効率性　180
薄利多売　54, 56, 58
バーゲニング・パワー　122
ハーサニイ, J.　186
ハーシュマン, A.　215, 217
発言メカニズム　215, 217
発明　223
パートナーシップ　213
バーリ, A.　154, 168
パレート, V.　141
パレート最適　158
範囲の経済　65-69, 72, 88-89
ヒエラルキー　169
ヒエラルキカル・システム　172
非組合化企業　200
非効率性　22, 24
ビーデンコップ委員会　211
評価曲線　171
費用関数　23-25, 221
費用曲線　25
費用逓減　25
費用逓増　25
ファーマ, E.　165-66
フォン・ノイマン＝モルゲンステルン効用
　関数　127, 135, 184, 191
不確実性　31-32, 90, 122, 227
　技術的——　225, 227
　市場——　225, 227
不均衡過程　228
複占　32
負債/自己資本比率　110
負債/資産比率　119
部分均衡論　158
部分統合　97, 101
ブランド・ロイヤルティ　41, 51
フリーマン, R.　218

フリー・ライダー　229
プリンシパル・エージェンシー　163
ブロック委員会　210
分散投資　71
ベッセマー法　234
ベリー，C.　79
ベンチャー・キャピタル　238
　——市場　243
ベンチャー・ビジネス　243-44
法人税　116
法制的構造　22
保険プレミアム　135-37
ボック，D.　203
ポートフォリオ　71, 118, 127-29
ボーモル，W.　168

ま　行

マイクロエレクトロニクス革命　93, 222, 236
マーク・アップ率　27
マクドナルド，I.　190-91
マクラップ，F.　15
マーケット・シェア志向　56
マーケット・メカニズム　141-42
マーシャル，A.　160, 238
マージン　54-56, 58-59
マリス，R.　78, 166-69, 171-73
マリスの評価比率　170
「見える手」によるメカニズム　143
宮崎元　174
未利用資源　66-67, 72-73
　——の経済　88, 91
ミーンズ，A.　168
無差別曲線群　137
メドフ，J.　218
メンバーシップ原則　98-99
モジリアニ＝ミラーの定理　110, 114-16
モチベーション　22
モニター　146-48, 208
モニタリング　104, 146-47
模倣　227, 229, 239-40
モラル・ハザード　90, 227

や　行

遊休資源　67, 72-73
要素供給関数　20
要素市場　20
要素代替　232
吉原英樹　78-79
読みのはずれ　36

ら　行

ライファ，H.　201, 205
リカード的地代　123
利潤　23, 123, 153, 156
　——機会　231-34
　——最大化　8, 20, 109, 153
　——の請求権　109, 162
　——率　78-80
リスク　122, 227
　——回避的　125, 135-36
　——コスト　125-26, 134, 139
　——態度　126, 134
　——中立的　125-26, 136
　——テーキング　227
　——負担　110, 139, 163
　——負担能力　122
　——プレミアム　139, 192
リーダーシップ　212
リンド，R.　125-26
ルメルト，R.　78
レイオフ　190
レント　124
漏洩効果　49, 74
労働
　——カルテル　201
　——組合化企業　207
労働市場　6, 133
　外部——　134
　内部——　133
労働者　135-36
　——自主管理　22
　——自主管理企業　8

――1人当たりの所得の最大化 22
――1人当たりの付加価値 138
ロビンソン,J. 161–62

わ　行

ワルラス,L. 143, 155, 157

■岩波オンデマンドブックス■

モダン・エコノミックス 5
企業の経済学

1985 年 3 月 28 日　第 1 刷発行
2002 年 8 月 23 日　第 22 刷発行
2016 年 9 月 13 日　オンデマンド版発行

著　者　青木昌彦　伊丹敬之
　　　　あおき まさひこ　い たみひろゆき

発行者　岡本　厚

発行所　株式会社　岩波書店
　　　　〒101-8002　東京都千代田区一ツ橋 2-5-5
　　　　電話案内　03-5210-4000
　　　　http://www.iwanami.co.jp/

印刷／製本・法令印刷

© 青木れい子, Hiroyuki Itami 2016
ISBN 978-4-00-730491-0　　Printed in Japan